CARLOS MOLINA

REMO
DE
COMPETICIÓN

WANCEULEN
EDITORIAL DEPORTIVA, S.L.

Titulo: REMO DE COMPETICIÓN

Autor: Carlos Molina Castillo

Editorial: **WANCEULEN EDITORIAL DEPORTIVA S.L.**
c/ Cristo del Desamparo y Abandono, 56   -   41006 SEVILLA
Tlfs. (95) 465 66 61 y 492 15 11- Fax: (95) 492 10 59

I.S.B.N.:   84-87520-41-3

Dep. Legal: CA-356/97

© Copyright: WANCEULEN EDITORIAL DEPORTIVA S.L.

Primera Edición: Año 1997

Impreso en España: Publicaciones Digitales, S.A.
www.publidisa.com
(+34) 95.458.34.25

REMO DE COMPETICIÓN

Existen muy pocos libros en español sobre Remo y en mi experiencia, tanto de entrenador en activo como docente, he echado en falta un manual que abarcara la mayor parte de los aspectos de este complejo deporte.

Con la ilusión de cubrir esa falta me puse manos a la obra y tras no pocos esfuerzos por fin saco a la luz este manual que espero sirva de ayuda o al menos de punto de reflexión a cuantos rodeamos este bello deporte.

Para los que ya son especialistas en Remo, me gustaría que supusiera un acicate para la reflexión, la puesta en orden de ideas y, sobre todo, la discusión técnica, el intercambio de experiencias, la exposición y publicación de nuevas aportaciones y, con ello, en definitiva, lograr un enriquecimiento científico de todos.

Para los remeros y los que se inician en la labor técnica, espero que pueda servirles como guía de trabajo y estudio..

Carlos Molina.

ÍNDICE

PRESENTACIÓN

Aunque sobre el Remo existe una amplia documentación y un suficiente número de publicaciones, no es menos cierto que la mayor parte de ellos no lo están en castellano y las vías de publicación son muy diversas. Por otro lado existen muy pocos libros en español sobre Remo y en mi experiencia, tanto de entrenador en activo como docente, he echado en falta un manual que abarcara la mayor parte de los aspectos de este complejo deporte.

Con la ilusión de cubrir esa falta me puse manos a la obra y tras no pocos esfuerzos por fin saco a la luz este manual que espero sirva de ayuda o al menos de punto de reflexión a cuantos rodeamos este bello deporte.

Para los que ya son especialistas en Remo, me gustaría que supusiera un acicate para la reflexión, la puesta en orden de ideas y, sobre todo, la discusión técnica, el intercambio de experiencias, la exposición y publicación de nuevas aportaciones y, con ello, en definitiva, lograr un enriquecimiento científico de todos.

Para los remeros y los que se inician en la labor técnica, espero que pueda servirles como guía de trabajo y estudio. He tratado de no dejar fuera ningún tema que pueda ser necesario para entrenadores de tipo medio, entrenadores que día a día trabajan en sus clubes. Por razones obvias de espacio, no he pretendido profundizar hasta los últimos avances de la investigación en cada uno de los temas. Conscientemente no están incluidos temas sobre medicina deportiva, control de peso, valoración funcional, ergometría, etc. que podrán ser objeto de un tratamiento más avanzado en su momento.

Para los que apenas conocen nuestro deporte, pero que se acercan a presenciar las competiciones, me llenaría de satisfacción que les ayudara a conocerlo y comprenderlo. Estoy pensando en técnicos de otros deportes, dirigentes deportivos y profesionales de los medios de comunicación. Su mejor conocimiento del Remo contribuirá, sin duda alguna, a su mayor divulgación y reconocimiento social.

Termino esta breve introducción con mi agradecimiento a mi familia, a la que nunca podré devolver las muchas horas que el Remo les ha quitado. También quiero agradecer el trabajo de cuantos remeros y entrenadores han trabajado conmigo y de modo muy especial a mi Club, el Club Náutico Sevilla, que me ha permitido preparar a sus remeros durante tantos años. Por último, sobre la realización de este libro, tengo que agradecer el trabajo de los dibujantes Raúl Nieto y María Tejada, y la colaboración prestada por Fernando Rodriguez, Ramón Cobo, mi hermano Fernando y mi mujer Belén.

PARTE I. INTRODUCCIÓN

Capítulo 1. RESUMEN HISTÓRICO.

1.1. LA ANTIGÜEDAD Y LA EDAD MEDIA.

El origen de los barcos propulsados por remos se pierde en la oscuridad de la prehistoria, y en las crónicas históricas más antiguas encontramos datos de la existencia de embarcaciones bastante perfeccionadas. Además incluso encontramos referencias de barcos movidos por remos como deporte y no ya, como solía ser normal, para fines comerciales o bélicos. Así, Homero, en la Ilíada, nos narra una regata de barcos a remo y mucho tiempo antes también hay datos de unas regatas celebradas en el Nilo en tiempo de los faraones.

Como la rueda, que hoy nos parece bien simple, el hombre tardó en descubrir que un tronco en movimiento podía ser un elemento útil propulsado por remos y este hecho, se supone que se remonta a una época entre la Edad de Piedra y la Edad del Hierro. El posterior desarrollo de los remos va aparejado con el de la navegación y así, ya dentro de la Época histórica, encontramos que en Egipto la marina disponía de unas embarcaciones llamadas pentecontores, impulsadas por cincuenta remeros. También se tiene noticia de la existencia de torneos acuáticos.

Posteriormente en Grecia también se tiene certeza de la existencia de auténticas «regatas» de trirremes; Platón relata las grandes regatas de El Pireo y también Virgilio en la Eneida se refiere a la gran emoción de estas competiciones.

El Imperio romano sigue la línea trazada por los griegos y aparecen en la Edad Media, las galeras en las que los remeros, llamados galeotes, remaban por estar «condenados a galeras», o bien por ser esclavos turcos o moros. A lo largo de la misma se mantiene la necesidad de la propulsión a remo de los barcos para los desplazamientos de cortas distancias y se desarrollan nuevas formas de navegación, combinando remos y velas, mejorando y aligerando los barcos y los remos, etc. Se hacen famosos los remeros de algunos ríos que por causa de la pesca o transporte «competían» para así lograr mejor remuneración de lo pescado o transportado.

Se cree que la primera «regata» de la que se tiene certeza se lleva a cabo en Italia, de hecho la palabra tiene raíz italiana: riccatare significa concursar para obtener el premio. Venecia parece ser la cuna de las regatas de remo pues cuentan que en el siglo X la fiesta de la Candelaria movilizaba a los venecianos, que con gran expectación asistían a la ceremonia presidida por el Dux y en la que doce muchachas recibían una importante dote en dinero del Tesoro. Un buen día en el siglo X, unos piratas de Istria en un ataque por sorpresa, apresaron a las doce muchachas y el dinero de la dote. Inmediatamente los venecianos dirigidos por el propio Dux, prepararon las embarcaciones, se hicieron a la mar y a golpe de remos dieron caza a los piratas, rescataron a las muchachas y a los tesoros tras aniquilar a los piratas. De esta forma, como conmemoración de aquella gesta nació la fiesta «delle Marie». En ella las góndolas compiten para obtener importantes premios en metálico.

En 1315 se celebra la primera competición que podemos considerar una auténtica «regata» en Venecia.

1.2. EL DESARROLLO DEL REMO A PARTIR DEL SIGLO XVII.

La verdadera formación y evolución del Remo como deporte hasta llegar al estado en que lo conocemos actualmente, se lleva a cabo en Gran Bretaña durante los siglos XVII al XIX. Desde la Edad Media se venía desarrollando de manera creciente una importante profesión: los remeros, que en el siglo XVII llegaron a ser 40.000 en una Inglaterra de 6 millones de habitantes. El transporte de personas y cosas por vía fluvial era una importante alternativa al transporte terrestre. Tal cantidad de barcos y remeros dio como resultado el crecimiento de una ardorosa competitividad y pronto se desarrollaron torneos con premios en metálico. De esta época cabe mencionar la anécdota que le ocurrió al actor Thomas Dogget quien un día que se había retrasado en su actuación encontró muchas dificultades para que un barquero le cruzara el Támesis pues se encontraba muy agitado. Cuando al fin un joven recién terminado su aprendizaje se ofreció a prestarle el servicio, el actor, durante la travesía concibió la idea de crear una competición que consagrara cada año al mejor barquero novel de la ciudad. En 1716 se llevó a cabo la primera competición de esta «Dogget's Coat and Badge» que se mantiene hasta nuestros días. Posteriormente, con la creciente construcción de puentes, la profesión de barquero fue desapareciendo pero, al mismo tiempo, en los jóvenes estudiantes iba surgiendo la afición al remo y continuaron las competiciones ya en un plano puramente amateur.

A finales del siglo XVIII, en 1793, el Colegio de Eton inaugura sus «Cursos de Remo». En 1815 lo hace Oxford. Así varias Universidades y Colegios van creando afición al remo y se desarrollan las primeras competiciones entre escolares y estudiantes, en las que los remeros llevaban puesto chaqueta y sombrero de copa. Detalles como éste nos hacen ver la mucha importancia que tenía el ser auténticamente amateur en contraposición a los barqueros de toda la vida. Esta definición de amateurismo tan estricta, como veremos más adelante, provocará una separación entre el remo británico y el del resto del continente hasta bien entrado el siglo XX. La primera regata de éstas tuvo lugar en Ranelagh Garden, en Putney, en 1775, aunque no sabemos a ciencia cierta si se trató más de una exhibición en el agua o de una competición como la entendemos hoy día. Al principio las embarcaciones fueron de seis remeros pasando más adelante a ser de «ocho».

En 1821 se tiene noticia de las actividades del Club de Regatas de Barcelona.

En 1828 el carpintero inglés Ridley construye un soporte de madera para la chumacera, pocos años después, en 1830, el también británico Frank Emmet sustituye la madera por el acero, creando así el primer outrigger.

El año 1829 constituye una fecha muy importante en nuestro deporte pues el día 10 de junio, se lleva a cabo la primera regata entre las universidades de Oxford y Cambridge.

En 1839 nace la famosa regata de Henley que desde 1951 se constituye en la «Henley Royal Regatta»

En los años 40, Harry Clasper de New Castle, buscando una mejor superficie del bote y una reducción del peso de los botes, construye el primer barco de cuatro remeros con la superficie del casco totalmente lisa, esto es sin tablillas y sin quilla. Se hizo muy famoso ya que con estas innovaciones ganaron varias regatas con una tripulación formada por él mismo y sus otros cuatro hermanos. En la regata Oxford-Cambridge de 1846 ambas tripulaciones adoptaron este tipo de barco. Sin embargo, otros autores, atribuyen la construcción del primer barco de casco liso sin quilla, a Bill Pocock.

En 1852 nace otra gran clásica: Harvard-Yale.

En 1854 el alemán Rettich fabrica el primer remo con la pala cóncava.

La creación del carro que se desliza sobre carriles se la debemos al norteamericano John C. Babcock en 1857. Poco tiempo después, en 1863, fue perfeccionado por el berlinés Schiller. El carro móvil se limitaba al principio a un recorrido de unos 10 á 15 cms. Inmediatamente, y no nos faltan testimonios de ello, se produce la polémica entre los que defienden la tradición y los que corren a adaptar el sistema al comprobar que es más rápido. Para los primeros, resultaba «ridículo» ver elevarse las rodillas de los remeros por encima de la banda del barco. Además el propio Babcock reconocía que el carro móvil solo era ventajoso si la tripulación tenía gran pericia y remaba al unísono. Sin embargo, el uso del carro se extiende rápidamente, en 1872 triunfa en las regatas de Henley, en 1873 lo usan ambas tripulaciones en la regata Oxford-Cambridge y hacia 1880 la polémica ya no era entre carro fijo o móvil sino entre los que defendían una mayor o menor longitud de vías. Steve Fairbairn, en los últimos años del siglo, aparece entre los que defienden unas vías de 35 cms. frente a las existentes de 20 cms.

En 1874 aparece otro de los elementos importantes en nuestros botes: la chumacera, obra del americano Mike Davis. Hasta entonces los botes montaban un pivote o estrobo en el que se apoyaba el remo. Sin embargo, la chumacera no comienza a extenderse en su uso hasta que no se generalizó realmente el uso del carro móvil. Se aplicó primero a los botes de scull pero incluso ya entrado el siglo XX, aún encontramos botes largos que no la montaban.

En 1879 surge la Federación inglesa de Remo con el nombre de Metropolitan Rowing Association que en 1882 pasó a denominarse Amateur Rowing Association desvinculándose así de todo tipo de remo profesional para dedicarse puramente al practicado por puro deporte. Esta asociación acuñó los primeros reglamentos y se convirtió de este modo en la auténtica madre de nuestro deporte a pesar de que, como veremos más adelante, no solo no participó en la creación de la FISA sino que hubieron de pasar muchos años hasta que pudo ser admitida.

También en 1879 se crean en España el Club Catalán de Regatas (más tarde, Real Club Marítimo de Barcelona) y el Real Club Mediterráneo de Málaga.

A lo largo de todo el siglo XIX se fueron creando clubes de Remo en los cinco continentes, muchos de ellos promovidos por ingleses que en esta época gozaban de una importante presencia en todo el mundo. En Europa de modo muy especial en Francia, Bélgica, Suiza, Italia, etc. el desarrollo del Remo tuvo tal pujanza que determinó que en 1892 se creara la Fédération Internationale des Sociétés d'Aviron (FISA).

1.3. LA CREACIÓN DE LA FISA.

Como ocurrió con casi todos los deportes, la segunda mitad del siglo XIX es la época en la que se multiplican los clubes y asociaciones en todos los países europeos y su área de influencia y consiguientemente va aumentando también el ámbito de las competiciones poniendo de relieve la necesidad de ir unificando las normas y reglas de juego.

El suizo Louis Choisy nos describe así la situación en nuestro deporte:

«Los reglamentos de regatas eran distintos en cada club. No se remaba con las mismas normas en Gand, Zurich o Como. Los recorridos en aquel entonces eran de 3000 o 4000 metros con varias curvas. Se giraba alrededor de una boya, de una estaca o de un balón, unas veces alrededor de un solo punto de curva, otras veces alrededor de tres puntos dispuestos en triángulo; unas veces por babor y otras por estribor... No existía ninguna restricción en lo referente a la construcción y material de las embarcaciones. No hay más que imaginar lo que podía ser una regata en la que participaran tres tipos distintos de embarcaciones. Además libertad completa en cuanto a los premios. En este sentido, se puede decir que no se conocía prácticamente la figura del amateur. Los corredores de apuestas hacían su agosto, mientras que los remeros y los miembros del jurado eran los apostantes más empedernidos. El Jurado era soberano y sin posible apelación, no existía el juez-árbitro. Cada vez resultaba más urgente salir de semejante caos».

Ante tal situación no es de extrañar que el proyecto de creación de una federación que uniera todos estos reglamentos fuera acogido favorablemente. La Federación belga, que desde 1890 celebraba un Campeonato de Europa en la modalidad de skiff, tomó la iniciativa y decidió reunir un congreso de delegados de distintas naciones en las que se practicara el Remo.

El 21 de julio de 1891 se reunieron en Bruselas representantes de las federaciones de Bélgica, Francia, Holanda, Italia y Suiza. Se ponen de acuerdo en definir el remero amateur y en reunirse el año siguiente para redactar un Código de Regatas.

El 13 de septiembre del mismo año se celebra la segunda edición del citado Campeonato de Europa con la participación de cinco remeros belgas y uno de Estrasburgo. Obtiene la victoria Edouard Lescrauwaet, de la «Societé Royale Nautique» de Amberes, con un tiempo de 11'34".

El 25 de junio de 1892 se reúnen en Turín los siguientes congresistas:

Giovanni Giorguli, austríaco, en representación de la Sociedad de Regatas de Trieste, que incluía a todas las sociedades del Adriático.

Hector Colard, Aime Duhot y J. de Dryver, en representación de la Federación Belga de Sociedades de Remo.

R. Biscaretti, en representación del «Rowing Club» de Estrasburgo.

P.V. Stock, francés, en representación de la Unión de Sociedades de Remo, de la Federación de Sociedades Náuticas del Norte y de la Unión de Sociedades de Remo del nordeste de Francia.

M. Frilet en representación de la Federación del Sudeste de Francia.

E. de Vilanova y L. Capuccio, en representación del Club de Remo italiano.

A. Seguin, en representación de la Sociedad Náutica de Ginebra (Suiza).

El Real Club Marítimo de Barcelona no envió representación pero declaró su adhesión a las decisiones de la reunión, y la «Amateur Rowing Association» inglesa manifestó su pesar por no poder enviar un delegado pero transmitió sus deseos de éxito.

Estos delegados culminaron sus trabajos con la creación de la FEDERACION INTERNACIONAL DE SOCIEDADES DE REMO (FISA), primera de las Federaciones deportivas Internacionales.

El año 1893 ve la celebración de los primeros Campeonatos de Europa organizados por la FISA en el Lago Orta (Italia).

En 1896 se celebran los primeros Juegos Olímpicos de la Era Moderna y el Remo está presente en ellos. Sin embargo, las regatas no pudieron celebrarse debido al mal tiempo y las olas del puerto de El Pireo donde estaba previsto realizar las regatas.

1896 es también el año en que se funda la firma Stämpfli de Zurich que constituye, sin lugar a dudas, la marca con más solera de cuantas ha habido en el remo mundial.

En el año 1900, entre el 25 y el 27 de agosto se celebran las primeras regatas olímpicas. Cabe destacar que tras fuertes discusiones, los equipos de cuatro con timonel no llegaron a un acuerdo sobre el reglamento a aplicar y desgraciadamente tuvieron que celebrarse dos finales en la misma modalidad. Por otro lado, en la prueba de dos con timonel el equipo francés (Deltour-Vedrenne), medalla de bronce, tuvo que sustituir a su timonel habitual por un chico de 6 ó 7 años que de esta forma se convirtió en el deportista olímpico más joven. Las regatas se celebraron en las modalidades de 4+, 2+, 1x y 8+. Una semana después, el 2 de septiembre, en el mismo lugar, Courbevoie (Francia), se celebraron los octavos Campeonatos de Europa masculinos en las modalidades de 4+, 2x, 1x, 2+ y 8+.

El 22 de junio de 1902 se celebra en Barcelona el primer Campeonato de España de Yolas; venció el Real Club de Regatas de Alicante.

En el Congreso FISA de Venecia, el 16 de agosto de 1903 se fija un nuevo sistema de salidas que se habría de mantener durante casi setenta años: cuando las tripulaciones están alineadas en salida, el árbitro pregunta «Messieurs, etes-vous prêts? y a continuación si ningún remero «marca» levanta la mano, baja la bandera y suena un disparo.

1904 es el año de publicación de «Notas de Remo» (Rowing Notes) por Steve Fairbairn que marca sin duda un hito en el desarrollo de la técnica de nuestro deporte; introduce el concepto de que el desplazamiento del peso del cuerpo constituye un elemento fundamental en el movimiento del bote. En este mismo año se celebran los III Juegos Olímpicos en San Luis (USA) en cuyas regatas de remo tan solo participa una tripulación no estadounidense: un ocho de Canadá. Tampoco asiste ningún miembro de la FISA.

En Courbevoie (Francia) se celebran los 12º Campeonatos de Europa en los que se produce una pintoresca situación debido a la escasez de motoras: cada regata es seguida por dos árbitros, uno que la sigue en la primera mitad desde la orilla en coche y otro que la sigue desde una motora en el tramo final.

En 1906 se fija por primera vez el peso del timonel en 55 kgs. mínimo, pudiendo llevar para conseguirlo una sobrecarga de hasta 5 kgs.

Los Campeonatos de Europa de 1907 en Estrasburgo constituyen un hito organizativo: se cuidan todos los detalles: salvamento, comodidades, e incluso se instala un teléfono de la salida a la línea de llegada. Para asegurar que no habrá olas no habrá ni un solo barco a motor en movimiento. Los árbitros siguen las regatas desde la orilla en tramos de 500 mts.

En 1908, las regatas olímpicas se celebran en el prestigioso campo de regatas de Henley-on-Thames en el que desde 1838 se viene celebrando su famosa regata anual. Las regatas se reman sobre una distancia algo mayor de la habitual: 2400 mts. aproximadamente.

Entre el 17 y el 19 de julio de 1912 se celebran las regatas de los Juegos Olímpicos de Estocolmo. En el Congreso de ese mismo año se aprueban normas tales como: fijar un nuevo peso del timonel en 50 kgs. Los árbitros deberán seguir las regatas exclusivamente desde motoras y el aumento de la participación hace que se empiecen a discutir los sistemas de eliminatorias. En los Campeonatos de Europa, celebrados en Ginebra, como no podía ser menos, se confía el cronometraje por primera vez a un fabricante de relojes, concretamente Longines.

En 1913 son ya ocho las federaciones que integran la FISA, entre las que se encuentra Alemania. Se introducen bastantes precisiones en el Código de Regatas, destaca el sistema de clasificación en eliminatorias y la inclusión de la palabra «Partez!» para las salidas. Asímismo la FISA ve reforzada su posición en la composición del Jurado de las regatas. En los Campeonatos, celebrados en Gand, el skiffista Frederich Graf se convierte en el primer alemán Campeón de Europa FISA tras una accidentada regata en la que el belga abandonó y el francés y el italiano fueron descalificados.

Desde 1914 a 1919, debido a la Primera Guerra Mundial no se celebran Campeonatos de Europa de Remo ni Juegos Olímpicos.

En Barcelona, en los locales sociales del Real Club Marítimo, el 18 de mayo de 1918, se lleva a cabo la constitución de la Federación Española de Remo, siendo sus entidades fundadoras:

> REAL CLUB DE REGATAS DE ALICANTE
> REAL CLUB MARÍTIMO DE BARCELONA
> CLUB DE MAR DE BARCELONA
> CLUB NÁUTICO DE TARRAGONA
> REAL CLUB NÁUTICO DE SAN SEBASTIÁN
> REAL SPORTING CLUB DE BILBAO
> CLUB DE REGATAS DE ALMERÍA
> CLUB ONUBENSE DE HUELVA
> REAL CLUB MEDITERRÁNEO DE MÁLAGA

El 14 de agosto de 1920, en el Congreso de Mâcon, es aceptada por unanimidad la solicitud de España para incorporarse a la FISA.

El 21 de agosto de 1921, en el puerto de Barcelona, se celebra el primer Campeonato de España de outriggers en las modalidades de 4+ y 8+. Los resultados fueron los siguientes:

> Cuatro con timonel
>
> > 1º. Club de Mar de Barcelona
> > 2º. Real Club Marítimo de Barcelona
>
> Ocho
>
> > 1º. Real Club Marítimo de Barcelona
> > 2º. Club de Mar de Barcelona.

En 1922, el día 8 de septiembre, una de las salas del Palacio de la «Generalitat de Catalunya» abre sus puertas para la celebración del 25 Congreso de la FISA, en él participan delegados de 21 países. Preside las sesiones el presidente de la Federación Española Joan

Ventos a Calavell. En este congreso se admite la solicitud de Portugal y se inicia un debate sobre la conveniencia de modificar los Estatutos de la FISA.

Los dos días siguientes, 9 y 10, se celebran en el Puerto de Barcelona los 24º Campeonatos de Europa. La organización es unánimemente calificada de perfecta. Para facilitar a los espectadores la información sobre el desarrollo de las regatas se han izado frente a las tribunas las banderas de los participantes regulando la altura de cada una de ellas según la posición que van ocupando en la regata.

El presupuesto total de los Campeonatos rondó las 85.000 pesetas.

En 1923 se modifican los Estatutos de la FISA, estableciendo la dirección de la FISA en un Presidente, un vicepresidente y el secretario-tesorero. Asímismo se establece un orden de regatas: 2-, 4+, 1x, 4-, 2+, 2x, 8+. Con posteriores variaciones en el orden de las pruebas, estas modalidades permanecerán inamovibles hasta el año 1974 en que se añadirá el cuatro scull.

Es elegido Presidente de la FISA, el suizo Eugène Baud. La federación francesa propone el reconocimiento y la incorporación de las regatas femeninas. En respuesta se dan argumentos de tipo médico diciendo que si bien el remo es un ejercicio saludable para la mujer esto es cuando se realiza con moderación, lo cual es evidente que no es el caso de las regatas y campeonatos. Puesto a votación el asunto, sólo Francia vota a favor.

En los VIII Juegos Olímpicos de París, 1924, se celebran por primera vez las Repescas como medio de clasificar a los que no ganan las eliminatorias, mejorando así el anterior sistema de tiempos.

En el mes de septiembre de 1926 se celebran los Campeonatos de Europa en Lucerna, pero no en el lago Rotsee sino en el lago de los Cuatro Cantones.

Las regatas de los Juegos Olímpicos de Amsterdam 1928, se celebran en el canal de Sloten que con sus 35 metros de anchura sólo permite la alineación de dos embarcaciones en cada prueba, lo que obliga a un complicado y largo sistema de clasificación. En el Congreso de este año se admite a la Federación Argentina que con sus 25 clubes y 18000 remeros se convierte en el primer miembro americano de la FISA.

En 1929 entra a formar parte de la FISA la «National Association of Amateur Oasrsmen» de Estados Unidos de América que había sido fundada en 1872 y reunía por aquel entonces a 140 clubes y 30.000 remeros.

Uruguay entra a formar parte de la FISA en 1932.

En 1934 se celebra por primera vez una regata internacional, los Campeonatos de Europa, en el lago Rotsee de Lucerna. Este idílico lago había sido «descubierto» para el remo, tan sólo un año antes. En él se habían celebrado los campeonatos suizos. El lago resultaba ser perfecto, 2400 mts. de longitud, 100 mts. de anchura, perfectamente protegido y situado a tan solo 7 minutos de la estación de Lucerna. Para mayor satisfacción de los asistentes se preparó un tren especial que, capaz de transportar más de 1000 personas, seguía las regatas desde el principio al final. En el Congreso de la FISA es readmitida la Federación alemana que había sido expulsada tras la I Guerra Mundial y que ahora solicita su readmisión sin reservas de ningún tipo ya que le resultaba urgente de cara a los Juegos Olímpicos de 1936.

Del 11 al 14 de agosto de 1936 se celebran las pruebas de Remo de los Juegos Olímpicos de Berlín. La federación alemana celebra el centenario de la creación de su primer club en Hamburgo. La organización es perfecta y las instalaciones impresionantes. Por primera vez se utiliza una cámara de cine en llegada que permite ver la película 15 minutos después de la llegada.

Un grave accidente sufrido por un remero que vio atravesada su pantorrilla por la proa de otro barco determinó la obligatoriedad de la bola de caucho de la proa.

En 1937 se inaugura la primera pista artificial de Remo: BOSBAAN en Amsterdam que se estrena con la celebración del 37º Campeonato de Europa masculino.

1.4. EL FUERTE DESARROLLO A PARTIR DE LOS AÑOS CUARENTA.

El 6 de mayo de 1946 se celebra el primer Congreso de la FISA después de la guerra. Se suprimen las federaciones alemana y japonesa, mientras los italianos, que habían reconstituido su federación, mantienen su plaza.

Por otro lado, por fin, parece que los británicos empiezan a ponerse de acuerdo, ya que sus clubes, desde el XIX se encontraban agrupados en dos federaciones diferentes, la ARA (Amateur Rowing Association) y la NARA (National Amateur Rowing Association). Esta última llevaba más de veinte años intentando entrar en FISA, lo que no resultaba sencillo debido a la existencia de la ARA, más numerosa, importante (las regatas de Henley eran de su jurisdicción) y, sobre todo, no tenía muchas intenciones de solicitar su entrada en FISA debido a una diferencia importante con el concepto de amateurismo, pues la ARA consideraba que no podía considerarse «amateur» todo aquel «mecánico, artesano y obrero que se gane la vida con el trabajo de sus manos, tanto por cuenta propia como por cuenta ajena».

Hasta esta época, pues, el remo británico no había participado en los Campeonatos de Europa y tan solo lo hacía en los Juegos Olímpicos. La NARA quería entrar, la ARA no quería o no podía y la FISA quería dar entrada al remo británico pero sin dejar los importantes clubes y regatas de la ARA fuera. La solución no era otra que un acuerdo de los propios británicos, que así lo hicieron fundando una sola federación: la BARA, British Amateur Rowing Association. Esta fue admitida por la FISA en el congreso ordinario del 27 de agosto de 1947 en Lucerna.

En ese mismo congreso, una vez más, la federación francesa hacía propuestas en pro del remo femenino que volvían a ser rechazadas. El Campeonato de Europa de ese año que volvía a celebrarse en Lucerna, además de ser el primero después de la guerra, incluyó novedades organizativas que merece la pena destacar: el campo de regatas tenía señaladas las calles con unas pequeñas boyas cada 50 metros sujetas a un cable sumergido, el tren que seguía las regatas en 1934 ya no podía hacerlo ahora pero en cambio, desde una motora un «speaker» transmitía las regatas a los asistentes. También se instaura un nuevo sistema de clasificación en el que solo el primero de cada eliminatoria se clasifica pasando los demás a las repescas.

En este mismo año de 1947, Willy Empacher (1902-1994), inicia su actividad constructora de barcos en Eberbach (Alemania).

El célebre campo de regatas de Henley, debidamente preparado para 2000 metros, con el mismo sistema de boyas utilizado en Lucerna el año anterior es el que acoge en 1948 las regatas olímpicas de los Juegos de Londres. que se disputan sobre tres calles. Por primera vez se prohíbe el coaching, o sea, el dar instrucciones desde la orilla a los equipos en competición. Cuba y Chile, entre otros, devienen nuevos miembros de la FISA.

Por fin, en 1950, la FISA acepta el Remo femenino. Los primeros Campeonatos europeos femeninos se celebrarán en Amsterdam en 1954. Se establecen las modalidades 1x, 2x, 4+ y 8+ y se fija la distancia de competición en 1000 metros. En el año 1951 se celebra en la víspera de los campeonatos masculinos una especie de demostración con regatas de remo femenino de 4 países. 60 años después de iniciarse los Campeonatos masculinos los asistentes pueden comprobar que el remo femenino es tan bueno como aquél. En estos Campeonatos de Europa de 1951 celebrados en Mâcon (Francia) el 22 de agosto, España obtiene por primera vez una medalla: el cuatro con timonel formado por Miguel Palau Vila, Joaquín Cortada Pérez, Salvador Costa Fontelara, Pedro Massana Calvet y Luis Omedes Calonje al timón reciben la medalla de bronce tras clasificarse en tercer lugar detrás de Italia y Suiza. En el Congreso de 1951 se incorpora México a la FISA.

Los años cincuenta van a constituir en general, el gran desarrollo organizativo y logístico en los Campeonatos de Europa. Las sucesivas sedes: Milán, Mâcon, Copenhague, etc. competirán por mejorar la organización del año anterior. También constituyen estos años los de la gran eclosión mundial de la FISA, pues cada vez son más los países no europeos que obtienen su ingreso y que participan en los Campeonatos de Europa lo que va haciendo ver la necesidad de celebrar los Campeonatos del Mundo.

Destacamos los Campeonatos de Europa de 1954, celebrados en Amsterdam, los días 20-22 de agosto los primeros campeonatos de Europa femeninos y del 27 al 29 de agosto los 43º campeonatos masculinos.

En el Congreso de 1957 en Duisburg, encontramos que se habla por primera vez de establecer regatas para «pesos ligeros» estableciéndose una media del equipo de 67.5 kg. y un peso máximo de cada remero de 70 kgs. También se simplifica la fórmula de salida: ahora sólo se dirá «Etes-vous prêts? ... Partez».

El 3 de agosto de 1958 muere en trágico accidente pilotando su propio avión el entonces Presidente de la FISA, Gaston Mulleg, una de las personas más carismáticas del remo, pues había sido vicepresidente de 1926 a 1928 en que había sido nombrado secretario-tesorero, cargo que ocupó hasta 1949 en que fue elegido Presidente. El 23 de noviembre en el Congreso extraordinario de Viena es aclamado para presidente el suizo Thomas Keller, convirtiéndose a sus 33 años en uno de los presidentes más jóvenes de una Federación internacional.

Durante Los días 13 y 14 de agosto se celebran, ¡por primera vez en suelo británico! unos Campeonatos de Europa, los 7º Campeonatos de Europa femeninos. No deja de resultar curiosa la tremenda dilación en unir el remo británico, verdaderos padres del remo, con el resto del remo europeo.

En el Congreso de Mâcon de 1959 se instaura la costumbre de hacer en los Campeonatos una regata de árbitros y delegados, se aprueba un nuevo sistema de balizaje que se estrenará al año siguiente y se admite la solicitud de Perú como miembro de la FISA. En los Campeonatos del Mundo aparecen unas palas más cortas y anchas que las utilizadas hasta la fecha que serán conocidas como palas «Mâcon».

Hasta 1960, JJ.OO. de Roma, los timoneles de todas las embarcaciones se situaban a popa. Es entonces cuando aparecen los primeros botes de dos con timonel con el mismo tumbado en la proa. En 1972 aparecen los primeros cuatros con el timonel a proa y en 1980 este sistema se extiende a los ochos. Actualmente es prácticamente imposible encontrar un dos o un cuatro con el timonel a popa. No ocurre lo mismo con los ochos donde encontramos los dos sistemas indistintamente. Durante los años 1980-82 la tripulación soviética de cuatro con timonel femenino utilizó una embarcación con el timonel en el centro.

1960 es también el año de introducción de una gran novedad, el sistema «Albano» de balizaje del campo de regatas que debe su nombre al del lago en que se celebraron las regatas olímpicas y que fue la primera ocasión en que se utilizó este sistema, fruto de los trabajos de la Comisión de árbitros de la FISA que, además, fue la primera comisión constituida dentro de la FISA. El sistema «Albano» consiste en la separación de las calles del campo de regatas por una línea de boyas asidas a un cable sumergido. Asímismo se establecen también la colocación de una plataforma amarilla con una línea vertical negra detrás de la línea de salida y en cada una de las calles para que sirvan de orientación a los competidores. Con este sistema desaparecía definitivamente todo tipo de discusión sobre quién es el que ha abandonado su calle.

También con ocasión de los JJ.OO. de Roma aparece lo que se puede considerar como el primer barco de plástico, el dos sin timonel alemán que se clasificó cuarto, estaba construido en fibra de vidrio. Fue el predecesor de los botes posteriormente construidos en la República Democrática Alemana.

El año 1962, del 6 al 9 de septiembre se celebran los primeros Campeonatos del Mundo y, como no podía ser menos, en Lucerna (Suiza). Cabe mencionar que en este Campeonato seis de las siete finales fueron ganadas sobre botes Stämpfli. En el Congreso previo al mundial se había acordado suprimir la izada de banderas y el himno nacional en la ceremonia de entrega de medallas, motivado ciertamente porque solo podía participar una Alemania, pero que se ha mantenido desde entonces. Por primera vez, también, se celebran las pequeñas finales para los puestos 7 al 12. Los alemanes, con su famoso entrenador Karl Adam ganan las cinco modalidades de punta. El nivel técnico es espléndido, cinco ochos de la final bajan de seis minutos.

En 1964 en los Campeonatos de Europa femeninos triunfa el ocho de Alemania, arrebatando este título a la Unión soviética que lo había ganado ininterrumpidamente desde la creación de los Campeonatos de Europa diez años antes. En el Congreso de ese año se aprueba la actual bandera de la FISA: entre dos franjas azules verticales, cinco palas de remos con los colores olímpicos sobre fondo blanco.

En los Juegos Olímpicos de Tokio participan las dos alemanias en un solo equipo que solo logra la victoria en el cuatro con. El ocho lo ganó el equipo norteamericano en una regata que, por el retraso acumulado, se realizó de noche bajo la luz de bengalas militares y faros de coches de bomberos. Los alemanes tuvieron que conformarse con el segundo puesto y con la pequeña satisfacción de que el entrenador del equipo americano era uno de sus antiguos entrenadores, Dietrich Rose.

El Congreso de la FISA de 1965 se dedica a cuestiones estatutarias y normativas. Se modifica la definición de junior pasando a ser una categoría de edad en vez de resultados deportivos como venía siendo desde los principios de la FISA. Los seniors serán a partir de 19 años. Se introduce el concepto de molestar a otra embarcación además del abordaje que ya existía. En el Congreso extraordinario se confirma por abrumadora mayoría suprimir las banderas y los himnos nacionales en las entregas de medallas de los Campeonatos FISA. También se aprueba la participación de los equipos de la República Democrática Alemana separadamente de los de la República Federal Alemana, lo que hacen por primera vez en los Campeonatos de 1966 en Amsterdam.

En 1967 se celebra el primer Campeonato FISA para Juniors, en Ioannina (Grecia). Por otro lado, Paraguay se convierte en miembro ordinario de la FISA.

Las pedalinas construidas con zapatillas deportivas atornilladas a su soporte aparecen por primera vez con ocasión de los JJ.OO. de México 1968. Hasta entonces estaban construidas siempre con una plantilla de madera o plástico y el empeine quedaba cubierto con dos piezas de cuero sujetos con cordones. Aún actualmente se sigue utilizando este sistema en botes de promoción y recreo ya que son más sencillos y económicos. También es en los JJ.OO. de México donde gana por primera vez una medalla olímpica (plata) un bote de Empacher: el skiff del alemán occidental Meissner.

Los Juegos Olímpicos de México supusieron un verdadero revulsivo en los conceptos de entrenamiento y preparación de los remeros debido a que las pruebas se celebraron en el Lago de Xochimilco situado por encima de los dos mil metros de altitud. Fueron bastantes las tripulaciones favoritas a medallas que dejaban de remar totalmente exhaustos a los 1600 o 1800 metros de regata y fueron muchos los remeros que necesitaron la bombona de oxígeno al final de las pruebas. Por lo demás, Alemania del Este, en su primera participación olímpica, fue la gran triunfadora. En el Congreso de 1968 son admitidos en la FISA las federaciones de Guatemala y Ecuador.

En el Congreso de Klagenfurt (5 septiembre 1969) se crean las comisiones de FISA, y se crea la zona de salida, los cien primeros metros de regata en vez de los 20 primeros segundos que regían hasta entonces para poder detener una regata por avería.

En 1970 Empacher hace las primeras pruebas satisfactorias con botes construidos con resina epoxi y construcción en nido de abeja.

En 1972 se celebra en Macolin (Suiza) el primer Coloquio FISA de Entrenadores.

En 1973 se inauguran las Regatas de Veteranos de la FISA, en Viena (Austria).

En 1974, en Lucerna, se celebra el primer Campeonato del Mundo Femenino, también a partir de este año se decide que haya Campeonatos del Mundo todos los años, excepto los olímpicos. Asímismo se añaden las modalidades de cuatro scull masculino y dos sin timonel femenino y se modifica el orden de las pruebas: 4+, 2x, 2-, 1x, 2+, 4-, 4x, 8+. También se celebra la primera edición del Campeonato F.I.S.A. para Pesos Ligeros Masculinos, en las modalidades de 1x, 4- y 8+. También en este año se celebra la primera Regata Oxford-Cambridge femenina.

En 1976, con ocasión de los XXI Juegos Olímpicos en Montreal se llevan a cabo las primeras regatas olímpicas femeninas y también participa por primera vez un bote de fibra de carbono.

En 1978 por primera vez un remero español se proclama Campeón de la FISA, el skiffista peso ligero José Antonio Montosa Ortega.

Durante los años 1981 a 1983, se admitió por parte de la FISA a título experimental un skiff en el que el asiento era fijo y los portantes móviles. Efectivamente se lograba una mayor velocidad no solo porque se evitaba el desplazamiento a popa del remero sino también porque se mejoraban sensiblemente las palancas y el giro de los remos. Tras no poca polémica al final fue rechazado este sistema en el Congreso de 1983 no admitiéndose para las regatas de los JJ.OO. de Los Angeles en 1984.

Estos Juegos Olímpicos de Los Angeles constituyen sin duda alguna una de las fechas más importantes del remo español ya que los remeros Luis María Lasúrtegui Berridi y Fernando Climent Huerta obtienen, por primera vez para España, una medalla olímpica en remo: plata en el dos sin timonel. También en este año participa en unos Campeonatos del Mundo la primera remera española: Rosa Obiols en el skiff juvenil, clasificándose en decimoprimera posición.

En el Congreso extraordinario celebrado en Roma del 10 al 13 de enero de 1985 se da por primera vez una definición del Remo: «En un bote de remo, todos sus elementos, incluidos los ejes de los elementos móviles, deben estar sólidamente fijos al cuerpo de la embarcación, pero el cuerpo del remero puede desplazarse en el sentido del eje del barco». Con esta definición, que se incluía en el Código de regatas, quedaban definitivamente apartados los botes con el carro fijo y los portantes móviles. También en este congreso se toma la decisión de aumentar las distancias de las regatas femeninas de 1000 a 2000 metros para las seniors y a 1500 metros para las juniors quedando totalmente igualadas a los hombres. Asímismo los Campeonatos FISA para Juniors y para pesos ligeros devienen en Campeonatos del Mundo y se añaden pruebas femeninas en los pesos ligeros. Se incorporan a la FISA las federaciones de Venezuela y Panamá que se unen a la de Puerto Rico que había sido admitida el año anterior.

A partir de este año se suprime el cuatro scull con timonel para la mujeres siendo reemplazado por el cuatro scull sin timonel igual que los hombres.

1986 constituye el año del impulso definitivo al Programa FISA de Desarrollo con el que se pretende la difusión del remo en los países que aún no lo practican ni conocen o que se han quedado atrás en el desarrollo del mismo. Coincide con ello el proyecto de creación de botes «standard» que permitan una rebaja en los costos y los precios de los barcos.

El importante congreso extraordinario del 27 y 28 de enero de 1989 en Atenas toma un nuevo conjunto de importantes decisiones: contratar un Secretario general de la FISA con dedicación plena y exclusiva (será seleccionado posteriormente el australiano John Boultbee), se añade el inglés como segunda lengua oficial de la FISA, se añade el cuatro scull en los campeonatos del mundo de pesos ligeros, se reemplaza el cuatro con timonel por el cuatro sin timonel en las pruebas femeninas, se aumenta la distancia de los juniors, tanto hombres como mujeres, a 2000 metros, y se restringe la prohibición del «coaching» (dar instrucciones desde la orilla) solo para el caso de que ésta se realice con medios eléctricos o electrónicos.

En el congreso ordinario celebrado en Bled los días 2 y 8 de septiembre, se reelige a Thomas Keller como presidente, si bien, como ya él mismo había manifestado, sólo hasta los Campeonatos de 1990. Se decide también que su sucesor será Denis Oswald que hasta ese momento mantenía el cargo de Secretario general honorario. En esta reunión se decide la creación de la Copa de la FISA.

El 29 de septiembre de 1989 muere Thomas Keller de un fallo cardíaco a la edad de 64 años y tras casi 31 años de Presidente. Pocos días después es nombrado Presidente de la FISA el también suizo Denis Oswald.

En 1991, con ocasión de los Campeonatos del Mundo Junior celebrados en Banyoles, nuevamente vuelve a participar un único equipo alemán que en este caso logra trece medallas sobre las catorce pruebas, de las cuales ocho son de oro. A partir de este año las órdenes de los árbitros en las regatas son dadas en inglés. En los campeonatos de Viena de este año aparece una nueva mejora en el campo de regatas, la señalización de la línea de llegada mediante una línea de burbujas en el agua.

En los Juegos Olímpicos de Barcelona'92 celebrados en el lago de Banyoles hacen irrupción las palas «Big Blade» o tipo «Hacha».

En el Congreso FISA de 1993 se admite la candidatura de El Salvador para incorporarse a la FISA. En los campeonatos del Mundo de 1993 celebrados en Roudnice (República Checa) obtiene la medalla de oro la tripulación española de dos sin timonel pesos ligeros formada por Fernando Climent y Fernando Molina. Como quiera que las anteriores medallas de oro obtenidas por los pesos ligeros españoles lo fueron en la etapa en que la denominación del campeonato era la de Campeonato de la FISA, han sido éstos dos remeros los primeros remeros españoles que formalmente se han proclamado Campeones del Mundo.

El Campeonato del Mundo de 1994, celebrado en Indianápolis (USA), pasará a la historia como el de las salidas falsas ya que, por una modificación introducida en el sistema de dar la salida, se produjeron más de 180 salidas en falso y fueron varias las tripulaciones que quedaron fuera de regata por esta razón. La modificación consistió en mantener las órdenes del Juez de Salida (Set ... Go!) sólo que, para evitar las «escapadas», se dio libertad a los jueces para dejar el tiempo que considerasen oportuno entre ambas palabras. Como puede apreciarse, el resultado fué el contrario del deseado.

Sin embargo las reacciones a los problemas y la búsqueda de soluciones idóneas suele ser algo que distingue a la familia del Remo y en los Campeonatos del Mundo de 1995 se probó un sistema nuevo de salidas cambiando la voz del starter por una señal acústica y la bandera por un semáforo, además de suprimir la orden de «Preparados!» («Set!»). El sistema parece que ha tenido éxito y puede ser la solución al problema de la seguridad e igualdad para todos los que disputan una salida.

Capítulo 2. EL REMO COMO DEPORTE.

2.1. EL REMO COMO DEPORTE.

El Remo es un deporte relativamente exigente tanto en lo que se refiere a sus deportistas, los remeros, como a los lugares en que ha de practicarse. Como iremos viendo más adelante este deporte exige una compleja estructura que empieza por la disponibilidad de aguas tranquilas, carentes de corrientes importantes, y, por supuesto, necesita de las embarcaciones, ligeras, frágiles, altamente especializadas y costosas. En torno a estos dos elementos fundamentales han de surgir, el hangar para guardar los barcos y el taller para su mantenimiento, además de las restantes instalaciones habituales para la práctica de cualquier deporte tales como gimnasio, vestuarios, oficinas, etc. Es por ello un deporte exigente en infraestructuras, lo que condiciona seriamente su promoción en nuevos lugares.

Si exigente es en su estructura no lo es menos en su práctica. El Remo es un deporte muy duro y muy completo, el remero utiliza todo su cuerpo y requiere una gran resistencia, fuerza y potencia, sin descuidar la habilidad necesaria para mantener el equilibrio, la velocidad y el rumbo del barco.

Podemos definir el Remo como un deporte en el que el deportista, el remero, ha de desplazar una embarcación utilizando la fuerza y el movimiento de su cuerpo aplicados sobre uno o dos remos que, apoyándose en el agua imprimen el movimiento a la embaración a través de su empuje en la chumacera la cual se encuentra fija a la embarcación por medio de un soporte adecuado. El remero se sitúa de espaldas al sentido de la marcha sobre un asiento que se desliza sobre unas vías, lo que permtie aprovechar la fuerza y el movimiento de las piernas.

Esta definición del Remo como deporte es en líneas generales la que contempla la Federación Internacional de Remo (FISA) y deja fuera a muchas modalidades también deportivas del remo y de las que también se celebran competiciones perfectamente reglamentadas. A este «Remo» que es el que se practica sobre los outriggers y skiffs también se le ha denominado «Remo Olímpico» para diferenciarlo de las demás modalidades, sin embargo esta calificación de «olímpico» no es totalmente exacta pues hay varias modalidades contempladas por la FISA que no están estrictamente incluidas en el programa olímpico. Sin embargo creemos que este apelativo de Remo Olímpico es suficientemente descriptivo y se mantendrá durante mucho tiempo. A lo largo del libro iremos precisando cómo ésta se refiere a este tipo de Remo.

En la definición que hemos dado vemos que en nuestro deporte intervienen los siguientes elementos:

- Remero
- Agua
- Embarcación
- Remos
- Chumaceras y soportes

Seguidamente hablaremos someramente de cada uno de ellos y a lo largo de toda la obra nos referiremos continuamente a cada uno de ellos.

2.2. EL AGUA.

Es el elemento básico sobre el que practicamos nuestro deporte. Puede tratarse de un lago, un canal, un río o el mar, pero en todo caso solo allí donde haya aguas tranquilas es posible remar con los outriggers y skiffs. Esto también condiciona al propio deporte ya que siempre el Remo se desarrollará en amplios espacios, en gran contacto con la naturaleza y lejos del «mundanal rüido», el Remo es un deporte de silencio y el remero suele ir acompañado solo de la música que produce el deslizar su barco y los golpes de sus remos.

Además de la tranquilidad de las aguas, el Remo necesita unas ciertas dimensiones pues el rápido desplazamiento de los barcos hace que no pueda tratarse de un lugar demasiado pequeño, pero tampoco puede ser demasiado grande pues las aguas no serían tan tranquilas.

Lo más ideal es disponer de 10 o 20 kms. con anchura suficiente para permitir el paso de varias embarcaciones y también disponer de algún tramo absolutamente recto de 2.000 mts. con al menos 100 mts. de anchura que permita la celebración de competiciones. A partir de esto todo es posible, cuando hay gran motivación se practica el Remo en lugares increíbles y ello dice mucho en favor de los remeros del lugar.

El campo de entrenamientos y regatas, la práctica del deporte al aire libre tienen también sus inconvenientes como es el sometimiento pleno a las inclemencias del tiempo. El remero ha de soportar el frío, el viento, la lluvia, el calor, y todo aquello que la meteorología le sirva. Ha de adaptarse a todas estas circunstancias pues también las encontrará en las competiciones. Cuando una competición de remo se suspende o retrasa por «mal tiempo» ya se ha sobrepasado con mucho lo que cualquier persona entiende por tal.

La práctica sobre el agua, casi siempre bastante profunda, hace inexcusablemente obligatorio SABER NADAR. Aunque no es normal ver a un remero en el agua, el riesgo está ahí y el compromiso de saber nadar lo han de adquirir todos los remeros.

Como veremos más adelante cuando hablemos de la técnica del Remo, el agua es el elemento condicionante de todo ello y desde un primer momento el remero debe comprender que los movimientos realizados sobre ella no tienen el mismo efecto que si se llevaran a cabo sobre tierra. La adaptación a este nuevo elemento, extraño en la vida habitual, ha de constituir uno de los objetivos prioritarios en el entrenamiento del Remo.

2.3. LOS BARCOS.

Entre el remero y el agua encontramos la embarcación, primer elemento «construido» y que constituye el material que los remeros y clubes han de adquirir a constructores altamente especializados. El progreso técnico ha incidido sobremanera en nuestro deporte y la mejora continua de las embarcaciones, su aumento de ligereza, resistencia, deslizamiento, va aparejado a un creciente aumento de los precios que no ha dejado de ser un elemento tenido en cuenta al considerar el desarrollo y propagación de nuestro deporte, ya de por sí muy exigente.

Las embarcaciones utilizadas en el Remo olímpico se denominan con el nombre genérico de «outriggers» que es una palabra inglesa que quiere decir que las chumaceras donde los remos se colocan y ejercen su empuje están «fuera» del bote.

Junto a las embarcaciones comprendidas en el programa olímpico, o mejor dicho, contempladas y reguladas por la FISA, existen otras muchas modalidades de remo que, generalmente con más tradición que el remo olímpico se mantienen con gran pujanza y apoyo popular. Es quizás una reacción contra el demasiado «serio» deporte del remo olímpico. En España destacan dentro de este tipo las traineras, bateles, y trainerillas que se practican en el Norte, y las jábegas y faluchos, que se practican en el Mediterráneo. Las Yolas constituyen una modalidad que si bien tiene carro móvil como los outriggers, tienen suficiente anchura como para que las chumaceras vayan fijadas a la propia banda del barco lo que permite efectuar las espectaculares «ciabogas» que tanta emoción confieren a sus competiciones. También existen otras modalidades locales de barcos pero que están fuera del ámbito deportivo del Remo, en su aspecto federado, y que forman parte de determinadas fiestas locales. En casi todos los países del mundo, especialmente en los más marineros y pescadores, existen estas modalidades populares y tradicionales del Remo.

Pero volviendo a las modalidades olímpicas, o FISA, que son el objeto de este libro, diremos que fundamentalmente se pueden dividir en dos grupos:

— modalidades de «cuple»

— modalidades de «punta».

Embarcaciones de cuple son aquellas en las que cada remero utiliza dos remos. Estos remos son «pequeños» o «cortos», tienen una longitud de unos tres metros y pesan algo menos de dos kilogramos cada uno. Las modalidades de cuple son:

SKIFF:

Para un solo remero, es la modalidad básica para la iniciación y el entrenamiento. Su existencia se remonta a los orígenes del Remo como deporte, de modo que figura en el programa de los Campeonatos de Europa desde su primera edición en 1893.

El skiff está incluido en los programas de competición de todas las categorías.

Se representa por **1x**.

Skiff

DOBLE SCULL:

Para dos remeros. Aparece por primera vez en los Campeonatos de Europa celebrados en 1898.

Categorías en las que se utiliza: SM, SF, PLM, PLF, JM, JF,

Se representa por 2x.

Doble scull

CUATRO SCULL:

Para cuatro remeros, es la modalidad más reciente del Remo, ya que aparece por primera vez en los Campeonatos del Mundo celebrados en Lucerna en 1974. Sin embargo hay que mencionar que desde 1954, primer año en que se celebran Campeonatos de Europa femeninos se celebraban regatas en cuatro scull 'con timonel' que estaba reservado solo y exclusivamente a las mujeres. Sin embargo a partir del año 1985 se abandonó definitivamente el cuatro scull con timonel y pasó a ser sin timonel para todas las categorías.

Categorías en las que se utiliza: SM, SF, PLM, JM, JF

Se representa por **4x**.

Cuatro Scull

Ninguna de estas embarcaciones lleva timonel, y solo lleva timón el cuatro scull el cual es gobernado con una zapatilla móvil que puede llevar cualquiera de sus remeros.

Embarcaciones de punta son aquellas en las que cada remero utiliza un solo remo. Estos remos son largos, miden entre 3.75 y 3.85 mts. y pesan alrededor de tres kgs. Las modalidades de punta son cinco:

OUTRIGGER A DOS SIN TIMONEL:

Para dos remeros, sus dimensiones y peso son muy parecidas a las del doble scull. Aunque está registrada una regata olímpica en esta modalidad en los Juegos de 1908 celebrados en Londres, no es hasta 1924 en que hace su aparición definitiva tanto en Campeonatos FISA como en Juegos Olímpicos.

Categorías en las que se utiliza: SM, SF, PLM, JM, JF

Se representa por **2-**.

Dos sin

OUTRIGGER A DOS CON TIMONEL:

Para dos remeros y un timonel, el cual además de gobernar el timón, es un importante colaborador de los remeros para su mayor rendimiento y control de la competición.

Tiene unas dimensiones algo mayores que el dos sin y es una de las modalidades veteranas, figura en la relación de pruebas desde los segundos Campeonatos de Europa celebrados en 1894 y ha figurado ininterrumpidamente hasta hoy. Sin embargo ha sido excluida del programa de los Juegos Olímpicos de Atlanta en 1996. Durante muchos años ha estado sometida a una controversia sobre su idoneidad y su eventual continuidad.

Categorías en las que se utiliza. SM, JM.

Se representa por **2+**.

Dos con

OUTRIGGER A CUATRO SIN TIMONEL:

Para cuatro remeros. El timón, al igual que en el cuatro scull, va gobernado por uno de los remeros por medio de su pedalina.

Si exceptuamos los Juegos Olímpicos de 1904 y 1908, no es hasta el año 1924 en que aparece de modo definitivo en los programas de los Campeonatos FISA y Juegos Olímpicos. En la actualidad es una de las modalidades incluidas en los programas de competiciones de todas las categorías.

Categorías en las que se utiliza. SM, SF, PLM, PLF, JM, JF.

Se representa por **4-**.

Cuatro sin

OUTRIGGER A CUATRO CON TIMONEL:

Para cuatro remeros y un timonel

Junto con el skiff y el ocho son las modalidades más veteranas de las competiciones europeas apareciendo en sus competiciones desde el siglo pasado. Sin embargo, al igual que le sucede al dos con, se debate sobre la idoneidad de su existencia y también ha sido retirado del programa de los Juegos Olímpicos de Atlanta'96. Razones de «rentabilidad» pesan en contra de la existencia de estos botes pues en ningún modo son «convertibles» en modalidades de cuple y además sólo están incluidos en las competiciones masculinas de peso absoluto.

Categorías en las que se utiliza: SM, JM.

Se representa por **4+**

Cuatro con

OUTRIGGER A OCHO:

Para ocho remeros y siempre con timonel, es la modalidad más rápida y espectacular del Remo. No en balde es denominada la prueba reina.

También es de las modalidades más antiguas, figura desde el principio en los Campeonatos FISA y Juegos Olímpicos y las grandes «clásicas» se remontan a los principios del siglo XIX.

Categorías en las que se utiliza. SM, SF, PLM, JM, JF.

Se representa por **8+**.

Ocho

Otras modalidades ya desaparecidas o que sólo existen en algunos lugares:

Cuatro scull con timonel: como ya hemos comentado fue una modalidad que practicaban las mujeres pero que fue sustituida por el cuatro scull normal sin timonel a partir de 1985.

Ocho scull con timonel: existen algunas regatas de esta especialidad.

A continuación podemos ver una tabla con las características más significativas de las distintas modalidades:

Modalidad	1x	2x	2-	2+	4x	4-	4+	8+	
Peso.min.Rgto.FISA	14	27	27	32	52	50	51	96	kgs.
Eslora	7	10,0	10,0	10,3	13,4	13,4	13,7	17	mts.
Manga	40	46	46	48	49	49	50	60	cms.
Veloc.media H (1)	4,83	5,23	5,08	4,80	5,71	5,58	5,47	5,97	m/s.
Veloc.media M (1)	4,43	4,78	4,61	-	5,15	5,07	-	5,43	m/s.

(1) Velocidad media de las tripulaciones finalistas en Barcelona'92.

Los barcos pueden estar construidos en madera o una gran diversidad de plásticos y otros materiales sintéticos, diseñados para alcanzar la máxima velocidad, han de ser resistentes a los grandes esfuerzos que sobre ella se realizan y al mismo tiempo muy ligeras de peso, ello hace que su construcción sea muy difícil y especializada empleando materiales de gran calidad y mano de obra altamente cualificada.

Con pequeñas diferencias, en un barco de remo encontramos una serie de elementos que son siempre comunes independientemente de la modalidad de que se trate. Todos estos elementos están construidos con materiales ligeros, llevados al mínimo imprescindible para su correcto funcionamiento, diseñados estrictamente para el uso a que se destinan, capaces de soportar los tremendos esfuerzos de los remeros pero absolutamente frágiles ante cualquier pequeño golpe o movimiento que no sea aquél para el que han sido diseñados. Así por ejemplo el casco suele tener unos pocos milímetros de grosor; el único lugar en el que el remero puede poner el pie al subirse o bajarse del bote, es la tablilla que hay entre las vías; los portantes pueden soportar una fortísima tracción del remo pero son absolutamente endebles en sentido vertical y de ningún modo deben ser asidos para sacar o meter el bote en el agua; apoyarse en la banda podría suponer romperla, etc. Es un barco de competición y está pensado únicamente para remar.

El que se inicia en el Remo deberá hacerse a la idea de que utiliza un material muy delicado, altamente especializado y que una de sus obligaciones, ya que en ello le va su propio rendimiento, es la de mantener su bote y sus remos perfectamente limpios, engrasados los puntos de fricción, ajustados los puntos de apoyo, en definitiva, el remero debe «mimar» su bote. Una avería, que siempre se producirá por falta de cuidado hará perder entrenamientos y, ni que decir tiene, que en una competición es fatal.

En la figura tenemos un dibujo esquemático de los elementos comunes que encontramos en todo barco de remo. Son unos pocos elementos simples con un funcionamiento sencillo.

Su mantenimiento normal no exige grandes conocimientos de mecánica ni carpintería, solo es necesario que el remero muestre interés por su bote.

Los tres elementos fundamentales dentro del bote son: el carro, donde se sienta el remero, las vías por las que se desliza el carro, y las pedalinas en las que quedan perfectamente asidos los pies. Fuera de las bandas del barco encontramos los portantes y las chumaceras para colocar los remos.

Además de estos elementos especializados, en un barco de remo encontramos los comunes a cualquier tipo de embarcación y cuya terminología el remero debe conocer:

PROA: es la parte delantera del barco que corta el agua. Queda situada a espaldas del remero.

POPA: parte posterior que queda situada delante del remero.

BABOR: es el lado izquierdo del barco que, por consiguiente queda a la derecha del remero. Se distingue con el color rojo.

ESTRIBOR: es el lado derecho del barco y por tanto queda a la izquierda del remero. Se distingue con el color verde.

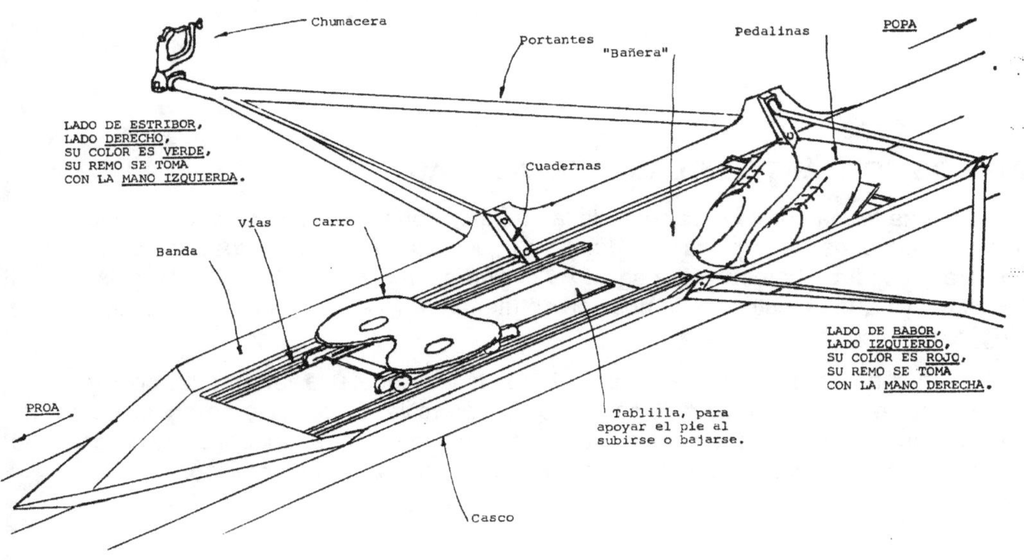

Un puesto de remero

2.4. LOS REMOS.

Además de los barcos, los remos constituyen el otro elemento, no menos importante, que los remeros han de utilizar en su deporte. Los remos son la palanca mediante la cual el remero ejerce su fuerza, el apoyo de ésta en el agua hace moverse a la embarcación. Como ya hemos indicado antes al describir las modalidades olímpicas, los remos pueden ser largos o cortos, los primeros para remar «en punta» y los segundos para remar en «cuple». En cualquiera de los casos están construidos generalmente de madera o fibra de carbono y, también, aunque en menor medida, en otros materiales como el aluminio. Son siempre huecos lo que aumenta su ligereza y su resistencia. Por la misma razón los construidos de madera no son de una sola pieza sino a base de pegar diferentes láminas, colocando los «hilos» adecuadamente, sin ningún tipo de nudos y todo ello realizado con esmero. Es todo un arte que muy pocas personas han dominado.

Un remo en su aspecto externo es bastante simple y consta de las partes que vemos en la figura siguiente.

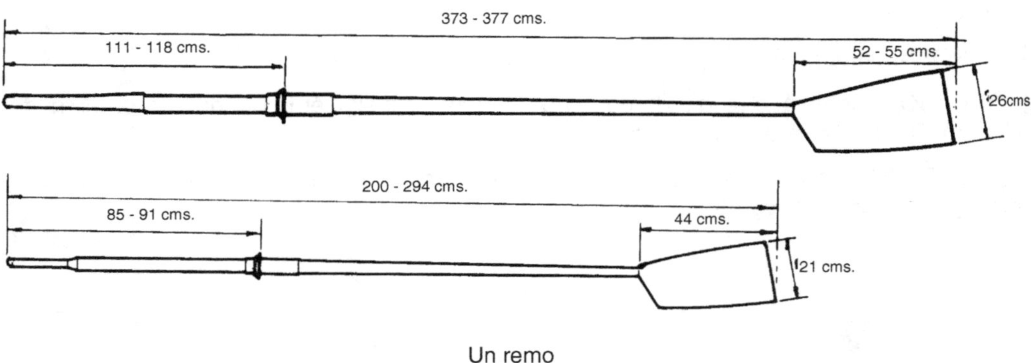

Un remo

2.5. LOS PORTANTES Y LAS CHUMACERAS.

Aunque forman parte integrante de la embarcación y con ella han sido mencionados, hemos querido resaltar aquí su importancia porque es la existencia de los mismos lo que da nombre a nuestros barcos «out-riggers» y lo que diferencia el Remo del Piragüismo y el Canotaje, ya que en éstos los remos son de menores dimensiones y no van apoyados en ningún punto de la embarcación.

La chumacera es una aro, normalmente de plástico, que, una vez introducido el remo en ella, queda perfectamente cerrado por un pestillo, permitiendo que el remo gire en su interior pero que no se salga. La chumacera gira en un plano horizontal alrededor de su eje de acero que a su vez va sólidamente asido al portante que lo une a la embarcación.

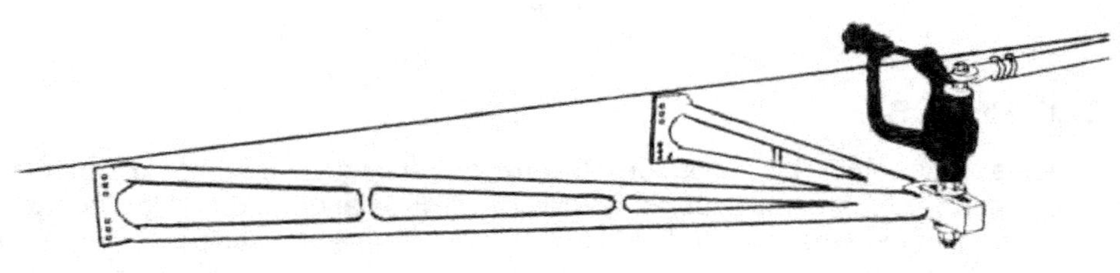

Un Portante

Por su parte interior, encontramos en la chumacera dos planos,uno prácticamente vertical coincidiendo con el eje, y el otro aproximadamente horizontal. Sobre el primero se apoya el remo cuando se encuentra «clavado» en el agua; sobre el segundo cuando se encuentra fuera del agua con la pala en posición horizontal para ofrecer menos resistencia al aire. A este giro alternativo de la pala se le denomina «repaleo».

Los portantes forman una estructura tubular de acero o aluminio que, fijados con tornillos a la banda del barco, llevan fijado en su extremo el eje de la chumacera. Han de ser rígidos y a la vez, siguiendo la tónica de todo nuestro material, ligeros. Hay multitud de diseños pero todos forman dos o tres triángulos cuyos vértices de base van sujetos al barco y en el vértice extremo se encuentra la chumacera; así se logra que ésta quede perfectamente inmóvil tanto en sentido horizontal como vertical. Además, en la mayoría de los botes, se coloca una «quinta barra» o «tirante» que va de la parte superior del eje de la chumacera a la banda del barco. Este evita el posible cimbreo, reparte mejor la fuerza ejercida por el remo sobre las bandas del barco y da más rigidez al eje de la chumacera.

La colocación, altura e inclinación y la distancia de la chumacera al centro del bote junto con aquellas dimensiones del remo que ya hemos indicado, constituyen la parte más importante del reglaje de la embarcación y es algo que todo remero debe conocer para aprovechar al máximo su potencia y su técnica. En este libro dedicaremos varios capítulos al reglaje de las embarcaciones.

2.6. EL REMERO.

Para desplazar la embarcación el remero utiliza casi la totalidad de los músculos y articulaciones de su cuerpo y, por supuesto, todos los grandes grupos musculares del mismo. Ello convierte al remo en uno de los deportes más completos.

El remero utiliza provechosamente el movimiento de sus piernas que, al desplazar el cuerpo, determinan no solo el aumento de la amplitud de la palada, sino que contribuyen a la creación de una fuerza de inercia muy positiva para el aumento de la velocidad del barco. También entran en acción los grandes músculos de la espalda que además de participar por sí mismos en el desplazamiento del remo, son los que transmiten la fuerte presión de las piernas a los brazos. Por último, éstos imprimen la velocidad a los remos y son los que controlan la amplitud de la palada, la entrada y salida de los remos en el agua y el recorrido de los remos cuando están fuera del agua.

Pero la utilización de tanto músculo no es lo mas importante en un remero: es su capacidad de resistencia. El remero más que fuerte ha de ser resistente. Las competiciones diseñadas para los remeros seniors y juveniles tanto masculinas como femeninas son de 2.000 mts. y duran de 6 a 8 minutos. Para remeros de categorías inferiores aunque sus regatas son más cortas tampoco duran menos de cuatro minutos. Ello hace que la mayor parte de la preparación del remero vaya encaminada a conseguir una gran resistencia.

Psicológica y físicamente el remero ha de prepararse para alcanzar una gran resistencia y vencer la fatiga. Tendrá que aguantar siempre, aún encontrándose en el límite de sus fuerzas. Los remeros han de ser unos tipos «duros», en el sentido más deportivo de la palabra.

El remero ha de ser, sobre todo, un extraordinario compañero dispuesto a trabajar en equipo. En una tripulación nadie es más que los otros, y sin embargo, el fallo de uno sólo puede ser suficiente para dar al traste con las aspiraciones de todos.

El remero es pues un poco especial. Son muchos los que se acercan al remo ilusionados por la aparente facilidad y belleza de sus movimientos, por la gran velocidad de sus embarcaciones, pero también son muchos los que lo abandonan al comprobar que es un deporte que exige mucho: unas excepcionales cualidades físicas, un espíritu de sacrificio inigualable, una capacidad de autosuperación total y un espíritu de equipo muy superior al de otros deportes de conjunto.

El remero generalmente no suele estar rodeado de notoriedad. No es el deportista estrella que se da en otros deportes.

Sin embargo, el Remo imprime carácter, forma al remero y lo modela en la disciplina y en la superación constante. Esos «inconvenientes» o «durezas» que he citado provocan que se despierten y desarrollen virtudes en la persona que lo practica. El Remo ayuda a elevar al máximo las cualidades de trabajo y constancia. Si alguno de estos rasgos se perfila como definitivo en la personalidad de un remero son la solidaridad, la superación, y la gran satisfacción del trabajo en equipo, aspectos que habrán de servirle para remar también en las aguas de la vida.

En cuanto a su preparación el remero ha de acostumbrarse desde un primer momento a «autoentrenarse», bien entendido esto en el sentido de que su entrenador será su guía y su ayuda, colaborará con él o ella para lograr sus metas, pero puede tener la seguridad que hará cientos de kilómetros en solitario, sin nadie que lo controle ni le exija en cada momento, es sólo él o ella quien debe exigirse su propia superación.

Por último, hay que señalar que se es remero las 24 horas del día, lo cual no quiere decir que estemos ni obsesionados ni oprimidos por este pensamiento, sino simplemente que un buen deportista vive su deporte en todos los actos de su vida normal: en su descanso, en su alimentación, en sus diversiones, etc.

PARTE II. LA TÉCNICA DEL REMO.

Capítulo 3. INTRODUCCION A LA TÉCNICA DEL REMO.

3.1. DEFINICIÓN DE TÉCNICA.

Si queremos delimitar el significado del término «Técnica», no sólo ya en el Remo sino en cualquier deporte u otra actividad, podemos acudir en primer lugar al Diccionario en el que encontramos dos acepciones del término:

1. Conjunto de procedimientos y recursos de los que se sirve una ciencia o arte.

2. Pericia o habilidad para usar de esos procedimientos y recursos.

Ambas acepciones son perfectamente aplicables al deporte, y concretamente al remo. Así, en el primer sentido constituye el conjunto de movimientos que determinan la mejor manera de aprovechar las leyes de la biomecánica, la mecánica y la dinámica, que actúan sobre el cuerpo, el barco y el medio.

Esta sería la técnica «teórica» del remo, entendida en un sentido objetivo. Sería aquélla que los entrenadores enseñan y muestran a sus remeros y la que trataremos en este manual. Empleamos esta palabra cuando hablamos de «que un determinado entrenador o remero conocen perfectamente la técnica», o bien, «que la técnica del remo evoluciona con el paso del tiempo y el progreso tecnológico».

En el segundo sentido, técnica es la capacidad que tiene un determinado remero para llevar a la práctica los movimientos considerados correctos y precisos por los conocimientos teóricos. Es por tanto, una dimensión subjetiva. Un remero con buena técnica es aquel que rema ejecutando correctamente las pautas y condiciones comúnmente aceptados por los entrenadores y remeros de su entorno. A este concepto corresponde la expresión: «el remero X tiene una buena técnica». También podríamos denominarla como técnica «práctica».

Normalmente para lograr una buena técnica «práctica» es necesario que el propio remero o su entrenador conozcan a fondo la técnica «teórica». Aunque en ocasiones podemos encontrar remeros que han logrado una extraordinaria técnica por intuición, por simple observación. Esto sin embargo no suele ser lo más corriente y se trata de resultados aislados, no de resultados de conjunto.

En la actualidad, tanto el remero como el entrenador deben saber que sólo un trabajo ordenado y cimentado en la seguridad de unos conocimientos avalados por los estudios y la experiencia de otros, dan garantías para la continuidad en la obtención de importantes resultados.

Lógicamente en este manual nos referiremos principalmente a la técnica «teórica» ya que es el objeto propio del mismo y podemos concretar la definición anterior: Técnica de Remo es el conjunto de movimientos que debe realizar un remero para el mejor aprovechamiento de sus cualidades físicas, y cuyo fin es conseguir la máxima velocidad de su embarcación.

Debemos tener en cuenta que estos movimientos quedan condicionados por las leyes de la biomecánica, en lo referente al cuerpo, y por la leyes que nos proporciona la mecánica y la dinámica, por lo que se refiere al barco, los remos y el agua. La técnica debe ser entendida básicamente igual para todos ya que éstas leyes son universales y solamente podríamos entrar en consideraciones debido a la diversa morfología y condición física de cada remero, las diferencias de material y alteraciones de tipo climático. Estas consideraciones determinan la existencia de variantes en las técnicas de remo, algunas de las cuales coexisten y otras responden a la evolución. Con todo, hay una serie de elementos que son comunes a todas ellas.

Creo que puede contribuir a un conocimiento más profundo de la dimensión del concepto «técnica», la lectura de algunas definiciones dadas por importantes estudiosos de la materia:

Forma de ejecutar un ejercicio deportivo. (Starosta, 1991). Es una definición muy simple pero creo que es aproximadamente lo que todo el mundo entiende por técnica deportiva.

Una técnica racional capacita al deportista para que emplee de modo económico y óptimo su capacidad física. (Harre, 1987). Considero que es la definición más acertada y concisa pues en pocas palabras hace referencia al modelo, a la ejecución de tal modelo y al hecho de que lo que sostiene el modelo es el «modo» en que es económico y óptimo.

Modelo ideal de un movimiento deportivo, definido por los conocimientos científicos y experiencias prácticas. (Grosser y Neumaier, 1986). Este aspecto es probablemente uno de los más ampliamente asumidos como definición de técnica en el Remo, ya que cuando los entrenadores hablan de técnica en sentido abstracto u objetivo se vienen a referir a un modelo. Un modelo que efectivamente proviene de conocimientos científicos y experiencias. La evolución de la técnica, que veremos más adelante, no es más que la modificación sucesiva de un modelo técnico. Podemos afirmar que cuando los entrenadores exponen una técnica de Remo, lo que realmente hacen es exponer un modelo en el que por el sustento biomecánico, físico, etc. y por la experiencia exitosa de varios equipos se considera el más eficaz o correcto.

Realizacion del movimiento ideal al que se aspira, es decir, el método para realizar la acción motriz óptima por parte del deportista. (Grosser y Neumaier, 1986). Esta definición es el complemento de la anterior; es una concepción de técnica en sentido subjetivo, es la capacidad o posibilidad que un deportista tiene para realizar aquél modelo considerado como mejor.

La técnica puede ser considerada como la manera de ejecutar un ejercicio físico. Cuanto más perfecta es la técnica menos energía es necesaria para conseguir el resultado. (Bompa, 1983). También es un aspecto que los entrenadores de remo tienen en cuenta. Sobre todo cuando tratan de justificar un modelo técnico ante sus remeros. Aplicando dicho modelo se consigue reducir el consumo de energía para una misma velocidad del barco, o a la inversa, aumentar la velocidad del barco para un mismo consumo energético, en definitiva, aumentar la eficiencia. El remero entiende y acepta el esfuerzo de mejorar técnicamente en tanto en cuanto ello le supondrá ir más rápido para un mismo esfuerzo físico.

3.2. TÉCNICA Y ESTILO.

Dentro de un mismo modelo técnico, se puede agrupar a varios remeros o a muchos, pero es evidente que no hay dos remeros que remen exactamente igual aunque de cada uno de ellos se pueda decir que poseen una buena técnica. No todos los entrenadores enseñan la técnica de la misma forma, y sin embargo, todos ellos pueden estar en una línea de técnica correcta y homogénea. ¿Qué es lo que les diferencia?: La respuesta es lo que llamamos «estilo».

El estilo -es por llamarlo de alguna manera-, el sello personal, el gesto individual de un determinado remero, o incluso de un determinado entrenador o país. Así podemos decir que un remero tiene un estilo muy bueno, o que el estilo de un determinado país es inconfundible.

Ahora bien lo que sucede es que el límite entre técnica y estilo es una línea imperceptible y los entrenadores comprobamos a diario cómo un determinado gesto de un remero en particular puede ser un simple detalle de su estilo o puede influir en la técnica de dicho remero. No siempre es fácil distinguir entre lo que es fundamental y afecta a la técnica, y lo que es accesorio y por tanto se refiere al estilo. Al mismo tiempo el entrenador debe permanecer atento y no caer en el fácil y ridículo fallo de observar en los remeros tan solo aquellos gestos que aún pareciendo extraños no afectan para nada a su técnica.

Aún más, en muchas ocasiones, éste o aquél deportista de alto nivel introduce variaciones en la técnica de su deporte particular, gracias a que descubre una mejor manera de aprovechar las leyes físicas logrando un mejor rendimiento deportivo y triunfando en la competición. Todos podemos recordar el cambio introducido por Fosbury en la técnica del salto de altura, o en nuestro deporte las innovaciones de Steve Fairbairn o Karl Adam, muchas de las cuales aún hoy están vigentes. Todo ello forma parte del contínuo avance de las técnicas que permiten al hombre alcanzar cotas cada vez más altas en el rendimiento deportivo. Por contra, también los entrenadores hemos visto en muchas ocasiones cómo un gesto del «estilo» de un deportista que triunfa es copiado por multitud de nuevos deportistas pensando que ello es algo importante para ir más rápido o bien que dicho gesto imprime un carácter o sello de calidad. El entrenador y el remero deben permanecer atentos para no caer en situaciones tan inocentes. Puede que lo que sea bueno para unos no lo sea tanto para otros. Otra cuestión diferente, y mucho más difícil, sería encontrar la razón y la verdad de todo esto.

3.3. EVOLUCIÓN DE LA TÉCNICA DEL REMO.

Consideraremos la evolución de la técnica desde el momento en que al norteamericano Babcock se le ocurre la idea de colocar un carrito móvil debajo de las posaderas de los remeros para permitir el desplazamiento del remero en dirección popa-proa y viceversa y obtener así un mayor rendimiento.

3.3.1. TÉCNICA ORTODOXA

Con mayores o menores diferencias entre aquellas técnicas utilizadas allá por los años 1870-1900 se las conoce como TÉCNICA ORTODOXA.

La Técnica Ortodoxa no era realmente más que un gesto de remar en banco fijo al que se le había añadido un pequeño movimiento del carro sobre unas vías en verdad cortas (empezaron con 10 cms. para ir alargándose y llegar a los 40 cms.). El trabajo del tronco era por tanto el más importante y se mantenía en todo momento una postura rígida.

Después del ataque, el primer movimiento lo llevaba a cabo el tronco incorporándose el remero desde una posición inclinada hacia delante hasta una posición vertical o incluso inclinado hacia atrás y entonces entraba en acción la extensión de las piernas y la flexión de los brazos.

La salida de la pala del agua debía ejecutarse tratando de describir un movimiento rectangular con las manos. La vuelta a popa o recuperación se hacía a una velocidad bastante rápida.

3.3.2. TÉCNICA FAIRBAIRN

Debe su nombre al famoso entrenador Steve Fairbairn (Australia 1862, Gran Bretaña 1938). Supuso la revolución pues determinaba que el trabajo fundamental del remero fuese el producido por el desplazamiento del cuerpo con la extensión de las piernas y no con el movimiento de balanceo del tronco hacia atrás.

Después del ataque debía iniciarse el movimiento con la extensión de las piernas desplazando el tronco hacia la proa. Inmediatamente se empezaba el balanceo del tronco y después la flexión de los brazos. Sin embargo, la finalización de la acción de estos tres grupos debía ser simultánea. Sin duda propugnaba que la acción de los tres grupos motores -piernas, espalda, brazos- debía ser simultánea. La oscilación del cuerpo tanto hacia delante como hacia atrás podríamos considerarla excesiva desde una perspectiva actual.

Esta técnica suponía el alargamiento de las vías, la disminución de la altura existente entre el carro y las pedalinas y la menor inclinación de éstas. Tenemos constancia de la fuerte polémica que levantaron estas ideas. Sin embargo se impuso por confirmarse como más rápida que la técnica ortodoxa.

Los pensamientos y enseñanzas de Steve Fairbairn quedaron recogidos en su libro «Notas de Remo» publicado en 1904 y 1926, y como podemos comprobar constituyen la base de la técnica que actualmente se practica. Las técnicas posteriores que iremos viendo sólo han venido a perfeccionar a Steve Fairbairn pero prácticamente ninguno de sus más importantes principios ha sido abolido. De los centenares de «Notas» extraemos aquí algunas pocas que nos ayudarán a entender mejor cuál es el contenido de la Técnica Fairbairn:

- «En Remo se usa el peso del cuerpo para mover el bote.»
- «Manos, cuerpo, carro debe ser el orden en la vuelta a popa.»
- «En la pasada, comenzar con el movimiento de piernas.»

A las que se añadían notas sobre la filosofía que todo remero debe tener:

- «Hay que leer y pensar sobre remo cuando se está fuera del bote.»
- «Nunca pensar que no se puede mejorar.»
- «Todos deberían empezar remando en cuple.»
- «El kilometraje hace campeones.»

Sería excesivamente prolijo hacer aquí una reseña mayor de los centenares de frases o notas de este genial entrenador que sentó las bases de la moderna técnica del Remo, sobre todo porque, aparte de los detalles técnicos insistió en la importancia que para el remero tiene la capacidad de percepción del movimiento, el ritmo, la facilidad de movimientos («aquello que no puedas hacer de modo fácil no lo podrás hacer de ninguna manera») y el espíritu de equipo.

La técnica y las enseñanzas de Steve Fairbairn tuvieron su más brillante apogeo en los Juegos Olímpicos de Berlín 1936 y se puede considerar que se mantuvieron hasta casi los años 50.

3.3.3. TÉCNICA DE CONIBEAR

El entrenador norteamericano del ocho vencedor en los Juegos Olímpicos de Londres'48 inició una evolución de las ideas de Fairbairn alargando aún más las vías y disminuyendo el balanceo del cuerpo. También introdujo el hecho de que la flexión de los brazos fuera claramente el último movimiento en la tracción del remo.

3.3.4. TÉCNICA ADAM

Podemos considerar que las aportaciones de Conibear fueron las precursoras de otro gran movimiento técnico liderado por el famoso entrenador Karl Adam de la escuela de remo de Ratzeburg. El llevó al remo alemán a una de sus más altas cotas de éxito y reconocimiento mundiales de modo sobresaliente en los Campeonatos del Mundo de Lucerna de 1962 y en los Juegos Olímpicos de Tokio'64.

La Técnica Adam es en definitiva la culminación del proceso de dar cada vez más importancia al movimiento y fuerza de las piernas constituyéndose éstas en lo fundamental del movimiento y rendimiento del remero. Las piernas se flexionan hasta el límite reduciendo, lógicamente, la distancia de las vías a las pedalinas y, por ende, reduciendo al mínimo el ángulo del tronco hacia adelante. Es más, el tronco puede decirse que se queda en posición vertical.

Después del ataque las piernas se extienden rápidamente a la vez que el tronco se inclina ligeramente hacia atrás. Cuando el remo está en posición perpendicular al bote, el carro está aproximadamente en la mitad de su recorrido mientras el cuerpo tiene un ligero ángulo hacia atrás y los brazos aún permanecen extendidos.

A partir de ahí continuamos extendiendo las piernas, tumbados ligeramente hacia atrás para finalizar con la flexión de los brazos. Ciertamente la mayor parte del movimiento del remo la llevan a cabo las piernas mientras que el cuerpo, permaneciendo «colgado» del remo, contribuye a su tracción y transmisión del movimiento de las piernas. Por último los brazos terminan dando velocidad y aceleración a la pasada.

Esta técnica obligaba como ya hemos indicado a un alargamiento desmesurado, por encima de los 80 cms., de las vías. Las críticas más importantes vinieron posteriormente por las patologías que esta técnica podía causar en las articulaciones de la rodilla y lumbares (en punta) ya que la solicitación de ambas era máxima en el momento del ataque. Puede ser una técnica apropiada más bien para remeros muy altos.

3.3.5. TÉCNICA DDR.

Estas importantes iniciales en el mundo del Remo no son otras que la abreviatura de la «República Democrática Alemana». Una inigualable potencia durante los años de su existencia desde 1966 a 1990. DDR fue la bestia negra de lagos, pantanos y dársenas a lo largo y ancho del mundo.

Los cuantiosos medios que esta nación puso al servicio del remo dieron importantes resultados a todos los niveles de la investigación deportiva de nuestro deporte. La técnica que desarrollaron sus remeros supuso una verdadera maduración de las ideas y no ya una mera evolución como habíamos visto hasta entonces.

La Técnica DDR o RDA, si bien mantiene la elevada importancia de la fuerza y el movimiento de las piernas no por ello deja de utilizar el balanceo del cuerpo hacia adelante para lograr una elevada longitud de palada adelantando (en punta) el hombro exterior por entre las rodillas hasta una posición por delante de éstas. En cuple, el remero abre ligeramente sus piernas para permitir que las axilas lleguen a las rodillas. En ninguno de los dos casos el ángulo de la articulación de la rodilla ha llegado al límite. Las vías no se acercan a la pedalina tanto como en la técnica Adam ni, por tanto, tienen que ser tan largas.

Una vez realizado el ataque, se inicia un rápido movimiento del carro hacia atrás al que se le añade, se le superpone, una extensión hacia atrás del tronco. Desde un primer momento por cada centímetro que se desplaza el carro, el remo debe avanzar algo más ya que le añadimos el balanceo hacia atrás del cuerpo. De este modo cuando el remo está perpendicular al bote, el remero está aproximadamente a dos tercios del recorrido de su carro y el cuerpo posiblemente ha pasado la vertical hacia atrás. Los brazos inmediatamente empezarán su flexión. La palada se termina con una marcada inclinación del cuerpo hacia atrás y la flexión de los brazos. En punta, el hombro exterior debe retroceder algo más que el interior.

Por otro lado, Theo Körner (Körner, 1979) nos hace un resumen de los puntos más importantes de la técnica de la DDR:

- amplia posición delantera con rodillas relajadas flexionadas (no en extremo) y una inclinación del cuerpo de 60° - 70° aproximadamente .

- comienzo simultáneo de la extensión de piernas y de la cadera.

- empuje largo de las piernas con amplio impulso de la parte superior del cuerpo y aplicación de la tracción de los brazos cuando las manos están a la altura de la rodilla.

- extensión ulterior de las piernas, de la cadera y del tronco hasta la posición trasera natural, con lo que actúan estabilizando la tracción de los brazos que llega a ser máxima al final.

- extensión total del golpe en la tracción final hasta cerca del arco inferior de las costillas.

- después de «manos fuera», la parte superior del cuerpo se endereza ligeramente y se presta atención a la palanca interior de la parte superior del cuerpo y al carrito.

- esta sucesión hace posible un deslizamiento sin choques de la masa del deportista hacia popa y con ello un avance uniforme del bote.

3.3.6. TÉCNICA ROSEMBERG

Supone una evolución de la técnica DDR ya que es igual a ésta en su posición más adelantada o posición de ataque pero una vez realizado éste se produce un movimiento explosivo de las piernas de modo que todo el desplazamiento del remo se produce con éstas. Cada centímetro que se mueve el carro supone exactamente el mismo desplazamiento de la empuñadura del remo. No se produce suma de movimiento del cuerpo sobre el desplazamiento del carro. Este sistema se mantiene hasta casi el final del recorrido del carro, de modo que cuando el remo alcanza la perpendicular, las piernas están prácticamente extendidas y el cuerpo aún está algo inclinado hacia delante. A partir de ahí la palada se culmina con la extensión hacia atrás del cuerpo y el final exclusivamente con la flexión de los brazos. La posición final del cuerpo es similar a la de la DDR con un ángulo importante hacia atrás.

En la figura podemos ver con claridad las diferencias en el modo de ejecutar la pasada por el agua de los tres estilos/técnicas Adam, DDR, Rosemberg:

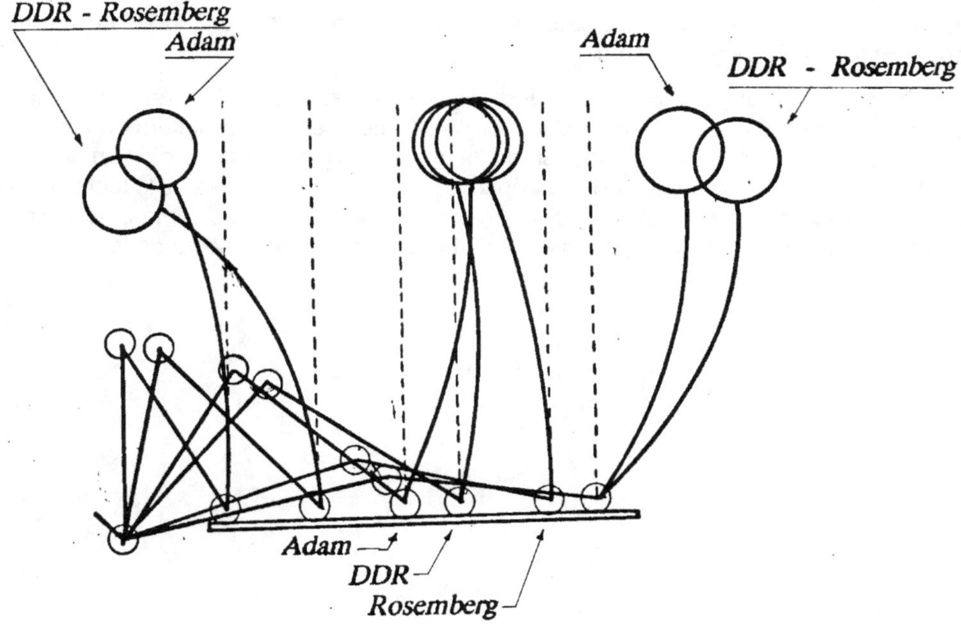

Comparativo DDR-Adam-Rosemberg

3.3.7. TENDENCIA ACTUAL.

Los análisis de la DDR y los múltiples estudios de diversos entrenadores occidentales entre los que cabe destacar al noruego Thor Nilsen, están haciendo llegar algunas «conclusiones», por el momento, sobre la técnica de remo.

Parece que las posiciones hacia delante y hacia atrás con un balanceo de cuerpo bastante importante que encontrábamos tanto en la técnica DDR como Rosemberg y que ya venía desde Steve Fairbairn se consolidan por ser unánimemente aceptadas. Ahora parece que la mejor manera de llevar el remo, el cuerpo y el carro hacia proa está en un planteamiento intermedio entre las técnicas DDR y Rosemberg y se vuelve la mirada a los «viejos» razonamientos de Steve Fairbairn en el sentido de que «aquello que no seas capaz de realizarlo fácilmente no serás capaz de realizarlo nunca», o sea, buscando una total naturalidad de movimientos.

Las bases y el planteamiento de esta técnica será lo que analicemos con mayor detalle en los próximos capítulos.

3.3.8. «MIS REFLEXIONES».

Al exponer las diferentes fases de la evolución de la técnica se puede observar cómo prácticamente solo inciden en la forma de tirar del remo. Esta, en mi opinión, se encuentra en aquella línea imperceptible y confusa de separación entre lo que denominamos técnica y lo que entendemos por estilo. De hecho hay algunos autores (Klavora, 1976) que los definen como Estilo DDR, Estilo Rosemberg, etc.

Lo fundamental y por tanto verdadera técnica del remo ni siquiera ha sido mencionado todavía: palada larga, ataque directo, presión constante-aceleración, soltura y relativa lentitud del carro a popa. En ello todos han estado de acuerdo. Nadie ha defendido un ataque lento o remar corto. Para mí estos son los auténticos puntos fundamentales de la técnica del remo y en ellos deben poner su atención los entrenadores y los remeros. Lo demás, incluso el orden de utilización de piernas, cuerpo y brazos en la pasada, son algo secundario.

Capítulo 4. FUNDAMENTOS DE LA TÉCNICA DEL REMO.

4.1. IMPORTANCIA DE LA TÉCNICA EN EL REMO.

El Remo no es un deporte técnico puro, en el sentido de que el hecho de alcanzar una técnica depurada no constituye el objetivo final. Este sería el caso de deportes tales como la gimnasia deportiva, en la que un jurado puntúa la perfección en los movimientos. En el Remo la técnica no es más que un medio, entre otros varios, para lograr el auténtico objetivo: hacer que la embarcación avance más rápido que la de los demás. Sin embargo, con todo, es un deporte técnicamente exigente. El remo tiene una técnica que no es fácil ni de enseñar ni de aprender. En la técnica del Remo entran en juego el manejo del remo y la embarcación, el control del movimiento del cuerpo y la transmisión de la fuerza muscular en forma de presión sobre la chumacera con eficaz apoyo del remo en el agua; el equilibrio del sistema bote-cuerpo, la captación del movimiento y la velocidad del bote en un medio relativamente extraño como es el agua. Todo ello hace que la técnica del Remo y su dominio, obliguen al remero a realizar una práctica muy continuada durante mucho tiempo y al entrenador a dedicar muchas horas al control de sus remeros hasta proporcionarles la información completa para remar bien.

En otro orden de cosas podemos clasificar al remo como una actividad «cerrada» (Merni, 1991) en el sentido de que se trata de un modelo que siempre se repite invariablemente, si bien no lo es de modo absoluto en tanto en cuanto los factores externos (estado del agua, viento) pueden alterar el patrón técnico.

En resumen podemos fundamentar la técnica del remo en dos premisas básicas:

a) La técnica del Remo no busca la perfección en los movimientos. Sólo pretende que la embarcación avance lo más rápido posible.

b) El peso de la embarcación, incluido el timonel si lo hay, es siempre muy inferior al peso del o los remeros.

Estos dos axiomas son los pilares fundamentales sobre los que se construye todo el modelo técnico del Remo. En ningún momento podemos dejar de tenerlos presentes. De ellos podemos deducir afirmaciones tales como que «ninguna variación técnica sirve si con ella no logramos que el bote vaya más rápido»; o también, que «todo movimiento que el remero realice sobre la embarcación afectará positiva o negativamente a la misma, siguiendo las leyes físicas de la inercia».

Además de estas dos premisas que condicionan la técnica, nos encontramos con otra que condiciona el modo de analizar, aplicar y enseñar la técnica del Remo, ésta es su carácter cíclico, su «continuidad». Los movimientos del remero constituyen un todo continuado que no puede separarse en modo alguno ni tan siquiera de las paladas anteriores y posteriores, ni de la propia velocidad y aceleración del bote.

4.2. ANÁLISIS DE FUERZAS QUE SE APLICAN EN EL REMO.

Sobre el bote se establece un complejo conjunto de fuerzas intermitentes tanto en su intensidad como en la dirección en que se aplican. La naturaleza de dichas fuerzas es también muy diversa. En otros barcos, de vela o a motor, la fuerza es constante o con variaciones no cíclicas ni tan importantes.

Atrás hacíamos la indicación de que el conjunto de los remeros sobre el bote pesa más que el propio bote. Ello determina que los movimientos de los remeros provocan cambios sustanciales sobre la inercia del conjunto remeros/bote.

Tenemos pues, fuerzas intermitentes y movimientos sobre el bote que afectan a la inercia del sistema. Entendiendo por sistema, el conjunto bote, remeros, remos, agua y las fuerzas estáticas y dinámicas entre ellos. Todo ello puede resumirse en que se producen sobre el bote de modo intermitente FUERZAS POSITIVAS que contribuyen a hacer avanzar el bote y FUERZAS NEGATIVAS que actúan ineludiblemente reduciendo la velocidad del barco. Favorecer las positivas y restar las negativas es el verdadero oficio de un remero sobre el bote. Podríamos decir que solucionar estas dos fuerzas felizmente es el «arte de remar». El remero se debe hacer sabio sobre estas dos cuestiones. Esto es lo que realmente importa que ocurra sobre un bote: armonizarse eficazmente consigo mismo, con el bote y con el agua.

El conocido dibujo de Thor Nilsen nos expresa muy gráficamente la existencia de ambos tipos de fuerzas.

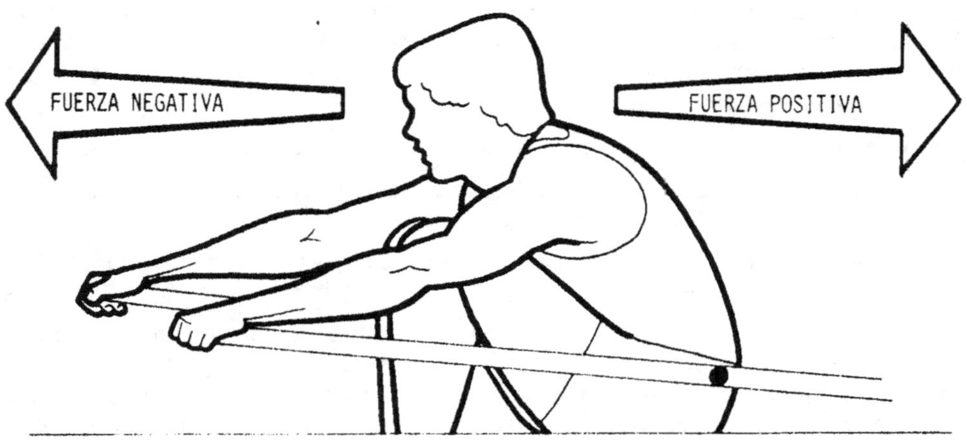

F. Positivas/Negativas (Thor Nilsen, 1978)

Las FUERZAS POSITIVAS se manifiestan durante el desplazamiento del remero hacia la proa al aplicar fuerza sobre la chumacera a través de su remo apoyado en el agua. También hay un aumento de la inercia del sistema que se manifiesta principalmente al final de la pasada debido al propio movimiento hacia la proa del cuerpo del remero y también al iniciar el desplazamiento hacia la popa.

Las FUERZAS NEGATIVAS se manifiestan por un lado como disminución de la inercia positiva del sistema en la segunda parte de la recuperación (vuelta a popa) debido al desplazamiento en sentido negativo del cuerpo del remero, y sobre todo, por la fuerte presión en la pedalina que el remero debe realizar una vez apoyado su remo el agua para poder ejecutar su fuerza y movimiento hacia proa. Es más, la mera detención del movimiento a popa a través de una presión en la pedalina supone un freno importantísimo en la marcha del bote. Si el remero no ejecuta con gran precisión la inversión de su movimiento y aplica presión en la pedalina, sin haber encontrado instantes antes un apoyo de su remo en el agua, provocará una fuerte caída de la velocidad de su barco. La dificultad e importancia que este momento tiene determinan que el ataque sea el momento o fase más importante de la palada.

4.3. ELEMENTOS DE LA TÉCNICA DEL REMO.

Aunque hemos insistido en la característica cíclica y continua del movimiento, no obstante a efectos de explicación y comprensión, son comúnmente aceptados unos «momentos» o «elementos» del movimiento del remero que son:

ATAQUE o entrada de la pala en el agua.

PASADA o movimiento del remero hacia atrás con la pala apoyada en el agua.

SALIDA de la pala del agua.

RECOBRADO o vuelta a popa con la flexión de las rodillas y la cadera.

No puede decirse que ninguno de ellos sea más importante que los demás, ya que, como hemos repetido varias veces, todos constituyen un conjunto continuado. Sí puede afirmarse que hay dos momentos llamados «activos» que son el ataque y la pasada en los que se aplica la fuerza sobre el remo para provocar la propulsión del bote; y dos movimientos «pasivos» en los que el remero debe tratar de 'sostener' la velocidad de la embarcación.

Podemos resumir en un diagrama los elementos que componen todo el modelo técnico del remo:

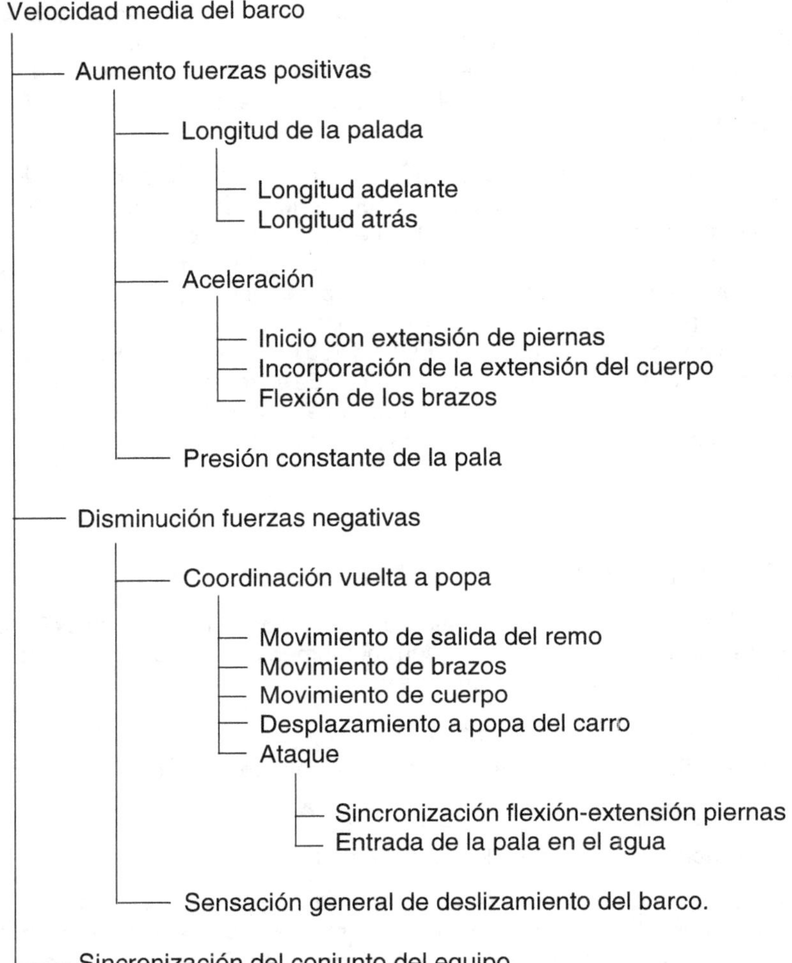

Velocidad media del barco
Aumento fuerzas positivas
Longitud de la palada
Longitud adelante
Longitud atrás
Aceleración
Inicio con extensión de piernas
Incorporación de la extensión del cuerpo
Flexión de los brazos
Presión constante de la pala
Disminución fuerzas negativas
Coordinación vuelta a popa
Movimiento de salida del remo
Movimiento de brazos
Movimiento de cuerpo
Desplazamiento a popa del carro
Ataque
Sincronización flexión-extensión piernas
Entrada de la pala en el agua
Sensación general de deslizamiento del barco.
Sincronización del conjunto del equipo.

Capítulo 5. MOVIMIENTO DEL REMERO.

5.1. EL ATAQUE.

El ataque es el hecho de meter la pala del remo en el agua. Esto que es tan simple, se complica, ya que simultáneamente se producen otros movimientos del resto del cuerpo del remero. Debido a que casi todo su cuerpo se ve involucrado en el paso de una situación de relajación a una de fuerte tensión, está obligado a un importante esfuerzo de coordinación.

En el ataque, el remero debe mover su cuerpo de forma que haga coincidir la flexión-extensión de sus piernas con la entrada de su remo o remos en el agua y así la fuerza negativa provocada por la presión de los pies en la pedalina se ha de producir cuando ya el remo haya encontrado un apoyo rígido y seguro en el agua. Para lograrlo debe introducir el remo en el agua con gran rapidez. Esto es lo que habitualmente muchos entrenadores denominamos como un ataque «directo» y «rápido».

En el ataque, pues, intervienen de forma activa todos los músculos de las extremidades y también gran parte de los del tronco. Casi todas las grandes articulaciones tienen movimiento y también se produce un cambio muy repentino de una situación de gran soltura y relajación muscular a una situación de gran tensión. Todo ello configura el ataque, que por todas estas características constituye un momento especialmente difícil y, consecuentemente, de gran importancia.

En la figura podemos ver la posición de remero en el momento del ataque. Para lograr un ataque correcto, mientras los tobillos, las rodillas y la cadera completan los últimos grados de flexión, con lo cual el carrito llega al extremo de las vías, los brazos desde su articulación del hombro se levantan hacia arriba. La articulación del codo debe permanecer elásticamente inmóvil así como la de la muñeca.

Posición del ataque

Surge inmediatamente una importante cuestión y una controvertida respuesta. ¿Cuál es el papel de la espalda? ¿Debe el remero «levantar» su espalda al hacer el ataque, o por el contrario su espalda debe permanecer inmóvil?

Pues bien, veamos cual es la posición correcta de la espalda y la columna vertebral en el instante anterior del ataque justo cuando al carrito le faltan unos pocos centímetros para llegar y los brazos se encuentran a punto de levantarse para introducir el remo en el agua.

Espalda y columna antes y después del ataque

Vemos en la figura que la columna se encuentra en un estado de relajación formando una ligera curvatura, acentuando la cifosis dorsal y enderezando la lordosis lumbar; vemos también cómo el remero ha adelantado la posición de sus hombros. Durante el breve tiempo que dura el ataque la espalda ha de pasar de dicha posición de reposo a una situación de gran tensión isométrica que permita la transmisión de la fuerte presión de las piernas sobre la pedalina a través de los brazos hasta el remo. Tensión de la espalda que es tensión de los músculos glúteos, lumbares y dorsales y con ella «levantan» o «enderezan» ligeramente la columna; de este modo «colaboran» al movimiento de elevación de los brazos. La espalda no interviene de modo directo en el ataque, no es la espalda la que introduce el remo en el agua, pero sí colabora con su preparación para el trabajo que muy pronto va a tener que realizar.

Introducir el remo en el agua con un movimiento hacia arriba del tronco sería antieconómico ya que supone mover una gran masa muscular para realizar un movimiento tan sencillo como es levantar el remo que no necesita esfuerzo alguno ya que debe «caer» al agua por su propio peso y, además, sería más lento que ejecutado simplemente con los brazos.

Pero esta compleja explicación no debe hacernos pensar que el ataque deba constituir un esfuerzo en su ejecución, el ataque, para ser correcto y eficaz, debe realizarse con gran naturalidad, cuanto más «fácil» mejor, si el remero «prepara» un buen ataque ya lo está haciendo mal.

Por otro lado, el ataque debe realizarse en una posición muy adelantada. Es comúnmente reconocido que un ángulo correcto y eficaz del remo con respecto a la perpendicular del bote en el momento del ataque son unos 60 grados en punta y unos 70 grados en cuple. Ello se consigue generalmente plegando totalmente el tronco sobre las piernas. En punta se separan ligeramente las rodillas para permitir al tronco con una ligera rotación meter su costado por entre las piernas y el pecho queda en contacto con el muslo de la pierna interior. En cuple se separan igualmente la piernas para permitir que las axilas se aproximen a las rodillas dejando entre ambas algo de espacio para el pecho del remero. En ambos casos con los brazos extendidos y los hombros (el exterior en punta) suficientemente adelantados para permitir un buen largo de palada sin que para ello haya que alcanzar una posición forzada.

Otro aspecto fundamental del ataque es que debe realizarse en la posición más adelantada que el remero consiga y jamás realizarlo «de vuelta» lo cual suele ser un error frecuente en principiantes que son capaces de llegar bastante adelante pero se mueven hacia atrás antes de meter el remo en el agua. Es probablemente uno de los errores más graves de la técnica del remo. Lo trataremos con más profundidad más adelante.

Que el ataque deba ser directo, razonablemente rápido y permitiendo una palada larga es algo en lo que puede afirmarse que todos están de acuerdo. En mi opinión puede afirmarse que es el auténtico elemento que constituye parte de la técnica y no del estilo. El ataque, en sus líneas fundamentales no admite discusión.

V. Nolte (1982) preconiza, como uno de los principios básicos de la técnica del remo, la «minimización de los movimientos verticales», por lo que deben evitarse los balanceos excesivos tanto adelante como atrás del tronco del remero. En virtud de lo cual recomienda un ángulo máximo del tronco hacia adelante de 30°.

5.2. LA PASADA.

En el capítulo anterior hemos analizado la evolución de las ideas sobre la técnica y hemos podido observar que esta evolución afecta de modo primordial a la forma de ejecutar la pasada. Aún en la actualidad podemos observar que en los Campeonatos no todos los remeros y equipos realizan la pasada del mismo modo. La pasada puede estar influenciada por las ideas, la morfología, el entrenamiento, etc. de los remeros. Consideramos pues que se aproxima más a aquello que denominamos estilo.

En los siguientes párrafos haremos una descripción de la tendencia actual en que habíamos dejado la explicación de la evolución de la técnica, si bien, queremos dejar bien sentado que ligeras y no tan ligeras variantes sobre este modelo son perfectamente válidas y podemos observarlas actualmente en remeros de gran éxito.

La pasada por el agua es el auténtico tiempo activo de la estropada constituido por todo el tiempo que la pala del remo está dentro del agua y por tanto en la que el remero aplica su fuerza para mover el remo y el barco.

La posición final del ataque es pues la inicial de la pasada ya que comienza con el desplazamiento del remero hacia proa. Este movimiento se ejecuta con la extensión de los tobillos, rodillas y caderas.

Pasada

Es comúnmente aceptado que, tras el ataque, el desplazamiento del remo hacia proa lo debe ejecutar el remero únicamente con el desplazamiento de su cuerpo realizado por la extensión de sus piernas. Dicho en otras palabras, cada centímetro que se mueva la empuñadura responde a un movimiento del carro de idéntica magnitud. La espalda tiene pues una tensión isométrica con una función «simplemente transmisora» del movimiento. El remero debe tratar de ir él mismo hacia atrás y no de «traerse hacia sí» el remo. ¿Cuánto tiene que durar este patrón de movimiento? ¿Un tercio del recorrido del carro?, ¿la mitad?, ¿dos tercios o incluso algo más?. Es este un punto de controversia. La técnica DDR habla de algo menos de la mitad aproximadamente, Rosemberg proponía retrasar la incorporación de la espalda hasta casi el final del recorrido del carro. Probablemente lo más correcto, -sin querer ser pretencioso, simplemente lo más natural- es que se encuentre entre uno y otro, o sea, podemos dar por muy válido algo más de la mitad del recorrido del carro.

Pasada

A partir de dicho punto se añade al desplazamiento del carro el movimiento hacia atrás del cuerpo. Pero la clave de ésto se encuentra en la naturalidad, en la facilidad del movimiento, la incorporación de la espalda es algo sumamente progresivo ello hace difícil ver exactamente cuándo empieza. Además el elevado número de articulaciones de la columna nos debe hacer comprender que hay un paulatino movimiento desde la extensión de las vértebras sacras y lumbares hasta el progresivo enderezamiento de la columna dorsal.

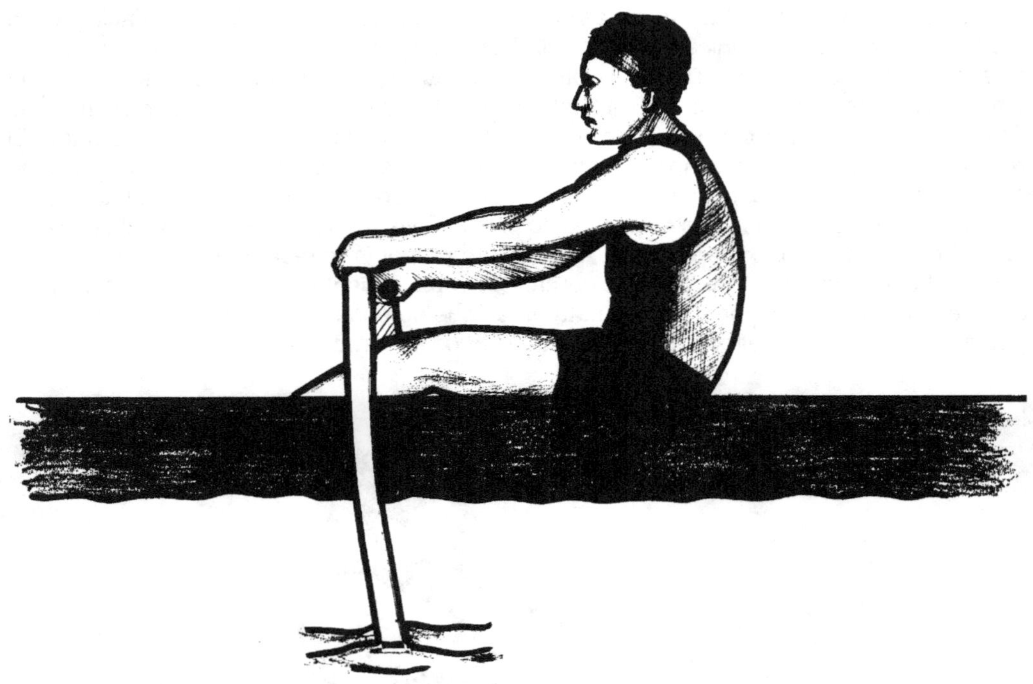

Pasada

De tal modo realizaremos el movimiento que cuando el carro está prácticamente al final de su recorrido, el tronco debe encontrarse aproximadamente en la vertical, y los brazos todavía extendidos van a iniciar su flexión. El remo se encuentra en la perpendicular del bote. Consideramos que esto es crucial: cuando el remo está perpendicular al bote, la fuerza que ejerce sobre la chumacera es perfectamente paralela a la dirección del barco y el remero debe encontrarse en una posición que le permita quizás la máxima fuerza y el máximo dinamismo y aceleración. Esto se logra teniendo la extensión de las piernas en su final, la flexión de los brazos en su principio y el tronco en posición vertical. Visto de lado, y sobre todo, deteniendo la imagen en vídeo podemos observar que el muslo, el tronco, los brazos y el remo forman un «cuadrado». Sobre esta posición son perfectamente válidas diversas variaciones que dependen de la morfología de los remeros, de su condición física, del estilo, etc. Pero ciertamente no son muy recomendables posiciones que se alejen demasiado de ésta.

Seguimos; aproximadamente cuando el carro termina se inicia la flexión de los brazos, el cuerpo había seguido inclinándose hacia atrás de modo que alcanza su posición más retrasada antes de que los brazos se flexionen por completo de modo que sean éstos los últimos en desplazar el remo. El ángulo máximo del cuerpo será de 25° aproximadamente.

Pasada

El antebrazo debe buscar una cierta perpendicular con el remo si bien en esto hay diferencias entre el remo de punta y el de cuple que veremos más adelante. En general estamos de acuerdo con que la posición de «codos fuera» al final de la pasada está desacreditada como una posición eficiente (Bompa, 1979).

Con esta forma de ejecutar la pasada logramos estas ventajas:

- utilizar las piernas con su tremenda potencia para el máximo esfuerzo necesario en el inicio.
- al mover el cuerpo en primer lugar aumentamos la fuerza positiva determinada por la inercia del movimiento del peso del cuerpo.
- por la especial participación de algunos de los músculos extensores de la rodilla (cuádriceps) que son flexores de la cadera, resulta más económico y más dinámico no intentar superponer una fuerte extensión de la cadera a la extensión de la rodilla. Una fuerte extensión de la cadera tendría como efecto limitar la auténtica fuerza de las piernas.
- conseguimos «sumar» todos los movimientos en la posición ortogonal del remo.

- el encadenamiento de los movimientos de piernas - tronco - brazos contribuye a la aceleración necesaria.
- los brazos extendidos (180°) desarrollan más fuerza que ligeramente flexionados (Bompa, 1979) por lo que no es conveniente flexionarlos hasta los últimos grados del recorrido del remo.

5.3. LA SALIDA.

La pasada termina cuando el remo llega al plano del pecho, momento en el cual hay que sacar el remo del agua. La tensión se transforma en soltura, pero nunca en «derrumbe» del cuerpo.

Tratando de reducir al mínimo los movimientos verticales el remero saca el remo del agua por medio de una ligera extensión del codo hacia abajo. Inmediatamente que la pala esté fuera se ejecuta el repaleo.

La salida del remo del agua debe ejecutarse con relativa rapidez, continuando la propia velocidad que trae el remo, pero sin brusquedad en absoluto. El remo debe salir limpiamente, sin tocar el agua por su cara posterior ni levantar agua por su cara anterior y sin que se aprecie aplicación de fuerza mientras el remo sale.

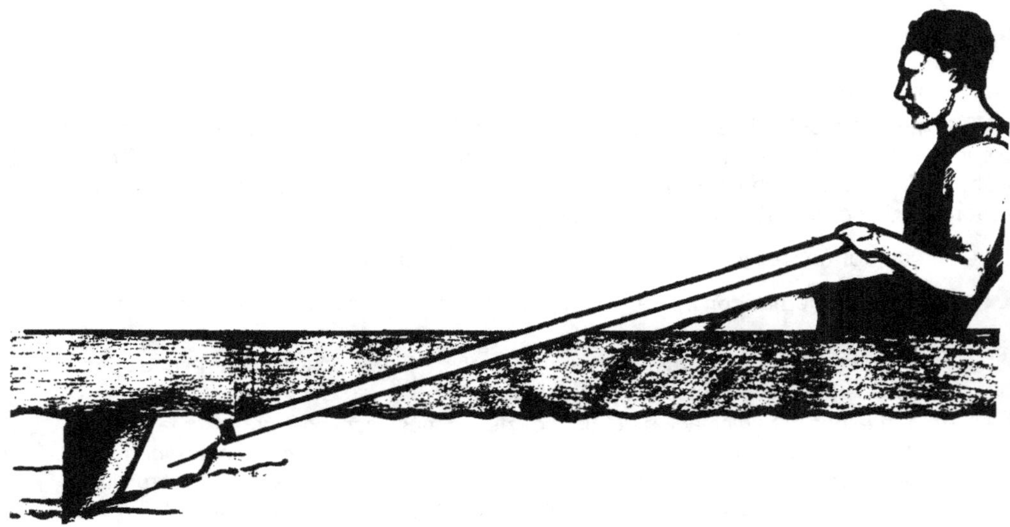

Salida

5.4. EL RECOBRADO.

Desde la posición más atrasada el remero empieza el movimiento de su remo hacia popa separando las manos de su cuerpo con la extensión de los codos. Debe ser un movimiento realizado con gran soltura. La velocidad de las manos será aproximadamente igual que la que llevaban cuando se aproximaban al cuerpo al final de la pasada y cuando sacaban el remo del agua. Debe apreciarse un movimiento contínuo de las manos. Algunos entrenadores llaman a ésto «final redondo».

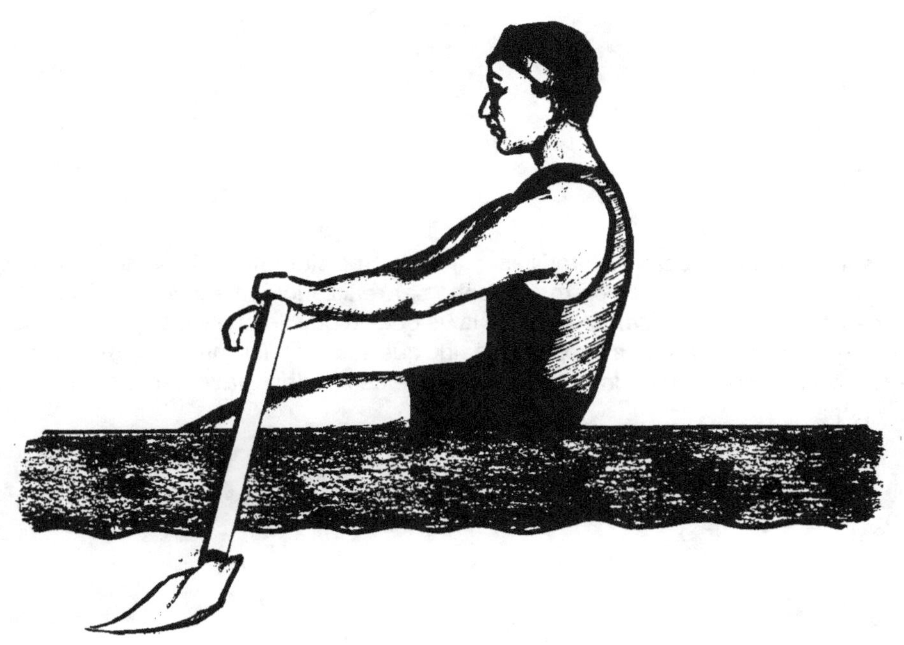

Recobrado

Cuando los brazos están prácticamente extendidos realizamos el balanceo del cuerpo. Dentro de la natural continuidad en la velocidad del movimiento del remo, este desplazamiento debe ser ejecutado con suavidad y algo más lento que el anterior. No podemos olvidar que el balanceo del cuerpo inicia el desplazamiento a popa del centro de gravedad del remero y por lo tanto la aplicación de inercia negativa sobre el bote.

Recobrado

Cuando las manos pasan las rodillas, con el cuerpo claramente inclinado hacia delante se inicia el desplazamiento del carro que debe ser realizado con suavidad. Se suele decir «lentamente», si bien debe ser acorde con la velocidad que lleva el bote, nunca debe dar la sensación de que el remero va a popa más rápido que su bote hacia proa, pues ello significaría una excesiva acumulación de inercia negativa que se pondría gravemente de manifiesto al llegar a popa.

Recobrado

En algún momento antes de llegar a popa, se efectúa el repaleo que permita que el remo esté listo para entrar cuando el carro esté a punto de llegar al extremo de popa de las vías.

Las razones que aconsejan efectuar el recobrado como hemos indicado son parecidas a las que nos aconsejaban la forma de realizar la pasada. En ésta se trataba de aumentar las fuerzas positivas y ahora tratamos de minimizar las fuerzas negativas.

5.5. REMO DE PUNTA Y REMO DE CUPLE.

En general, todo lo dicho hasta ahora es perfectamente aplicable tanto en punta como en cuple. Las diferencias deben reseñarse en el remo en punta ya que el movimiento no es igual para ambos brazos, como sucede en cuple.

Hay que señalar cuatro puntos en los que podemos apreciar marcadas diferencias entre uno y otro:

a) La posición del remero al momento del ataque. En punta el remero lleva sus dos brazos hacia el mismo lado y para facilitar la posición puede girar e inclinar ligeramente el tronco en la dirección del remo.

b) La posición del remero al momento de la salida. Para contribuir a una mayor longitud de la palada y facilitar el movimiento de la salida del remo, debe retrasarse ligeramente el hombro exterior.

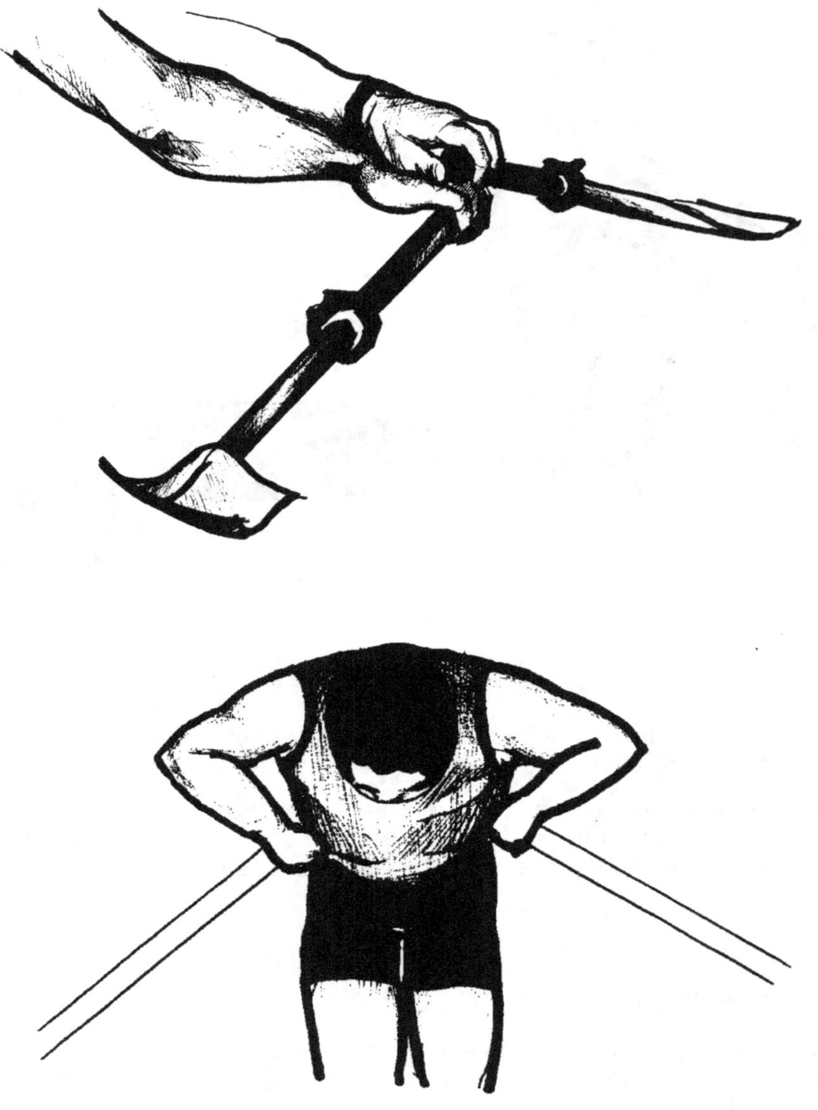

Remo cuple

c) La longitud total de la palada es sensiblemente inferior en punta (80°-90°) frente a la de cuple (100°-110°). También el balanceo del cuerpo puede ser un poco menor en punta que en cuple.

d) El repaleo en cuple se efectúa simétrica y simultáneamente con ambas manos. En el remo en punta es aconsejable repalear el remo con la mano interior dejando que el remo gire dentro de la mano exterior que permanece «suelta» dirigiendo el movimiento del remo.

5.6. LO MAS IMPORTANTE: LA «SENSACIÓN» DE MOVIMIENTO.

Decimos que es lo más importante porque por encima de la correcta ejecución de los movimientos que hemos tratado de describir en los apartados anteriores está la constatación por parte del remero del resultado de dichos movimientos y esto no es otra cosa que el movimiento del barco. El remero mueve las diferentes partes de su cuerpo para mover el remo y para que éste a su vez mueva el bote. Es, entonces, este movimiento el que el remero debe comprobar que efectivamente se ha producido. Lo fundamental es conseguir que el bote se mueva como debe moverse, o mejor dicho, como el remero espera que se mueva. Para ello es crucial que el remero sepa captar este movimiento, lo que ciertamente no es fácil.

En el capítulo siguiente veremos cómo la velocidad, aceleración y cabeceo del barco son variables. Responden a un ritmo, a una secuencia en función de los propios movimientos del remero y el remo. El remero debe ser capaz de captar esta variabilidad, para lo que debe ir siempre pensando en la marcha de su bote, sintiendo las reacciones del bote, el efecto del viento y de las olas, la coordinación con los compañeros, su propio movimiento corporal, el «apoyo» o «agarre» de su pala en el agua, la «aceleración» del bote como consecuencia del empuje sobre la chumacera, el deslizamiento durante el recobrado, etc. Como vemos tiene mucho que sentir y mucho en que pensar y sólo el que lo hace logra aplicar sus condiciones físicas óptimamente y convierte la técnica en arte.

El remero debe también esforzarse en remar siempre algo mejor de lo que resultaría si lo hiciese «cómodo» y con ello queremos decir que cada vez que se enfrente con el entrenamiento debe proponerse hacerlo un poco mejor que la última vez. Nos referimos a que es ese contínuo espolearse a sí mismo lo que le sacará de la medianía general y le llevará a los lugares destacados. El remero debe ir siempre tirando con fuerza del remo, solo así logrará una buena técnica y podrá apreciar el efecto del deslizamiento del bote.

Muy importante es también cuidarse de llevar su embarcación siempre en línea recta durante todos los entrenamiento ya que de poco serviría andar muy bien descuidando la dirección si después, en las competiciones, no va a poder desarrollar todas sus posibilidades por causa de problemas con la dirección del bote. Todo ello forma parte de esa «chispa» de perfección que tienen los que llegan a lo más alto.

5.7. LA ALTURA DE TRACCIÓN DEL REMO.

Tudor Bompa (1979) afirmaba como conclusiones de sus estudios biomecánicos que la altura más eficiente era la situada a nivel umbilical.

Posteriormente Volke Nolte (1982) señalaba la importancia de la minimización de los movimientos verticales y también mostraba que llevando el guión o empuñadura del remo más alto se lograba una palada más larga.

Entraremos en este tema cuando hablemos del reglaje de los botes, pero vaya por delante que considero que debe buscarse una altura natural. No son eficientes los excesos ni por alto ni por bajo. Tampoco creo que pueda afirmarse que exista una altura ideal para todos los remeros.

Capítulo 6. MOVIMIENTO DEL REMO Y DEL BOTE.

6.1. MOVIMIENTO DEL REMO. SUS POSICIONES.

Se trata de un movimiento relativamente complejo tras una apariencia simple. Considerado en un plano horizontal, el remo lleva a cabo un giro alternativo en torno al eje de la chumacera y al punto de apoyo de la pala en el agua. En un plano vertical encontramos también un giro alternativo en torno al punto de apoyo en la chumacera. Por último el remo tiene también un movimiento de rotación en torno a su propio eje longitudinal (repaleo). Obviamente el movimiento más importante es el considerado en el plano horizontal pues los otros dos son accesorios.

En torno al eje de la chumacera el ángulo abarcado por el remo determina la longitud de la palada, cualidad de crucial importancia en la velocidad de la embarcación.

El ángulo de palada viene determinado por las dimensiones del remero, su posición relativa en el bote, las medidas del brazo interior del remo y las distancias «entreejes» de la chumacera. Este ángulo debe alcanzar unos ángulos óptimos comúnmente aceptados, lo cual constituye uno de los principios fundamentales de la técnica del remo. Aproximadamente los ángulos deben ser:

	Ataque	Salida
Punta	50 - 60	30
Cuple	60 - 70	40

Desde el punto de vista del análisis estático de fuerzas estos elevados ángulos en el ataque y la salida no son eficaces pues vemos cómo existe una importante pérdida de la energía producida en las componentes transversales de la fuerza de apoyo en el eje de la chumacera.

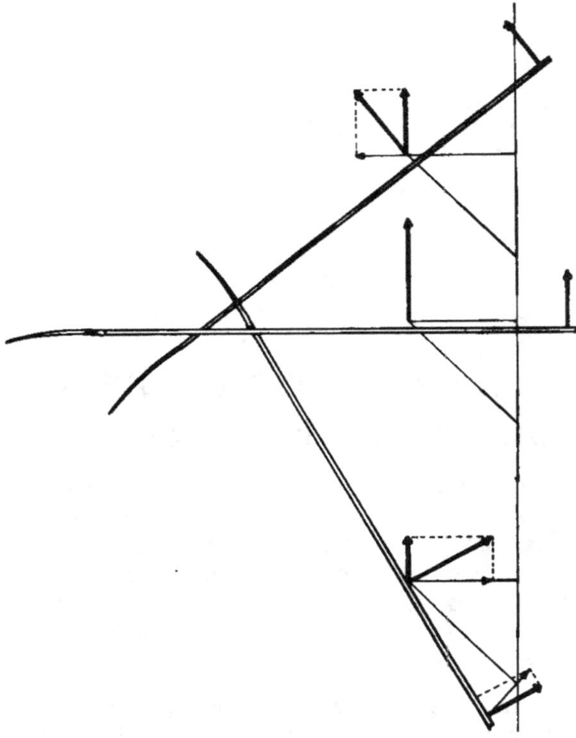

Paralelogramo de fuerzas en ataque, perpendicular, salida

Sin embargo, como veremos más adelante el ángulo grande de palada, especialmente en el ataque, constituye un factor muy importante en la velocidad de propulsión del bote.

Si estudiamos el apoyo de la pala en el agua durante el avance de la embarcación, comprobamos que el movimiento es algo más complejo, pues, como vemos en la figura, el apoyo del remo no es absolutamente fijo sino que parte de una posición muy próxima al bote para alejarse de él y volver al final de la pasada nuevamente hacia el bote.

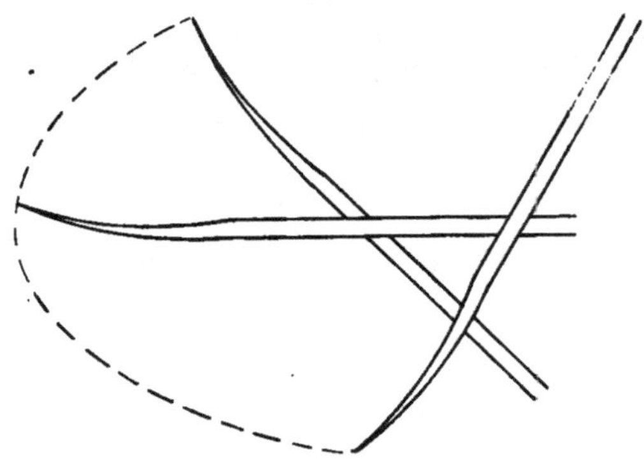

Movimiento de la pala sobre el agua

Si comparamos el espacio recorrido por la embarcación para dos ángulos distintos de palada podemos observar perfectamente la importante diferencia existente.

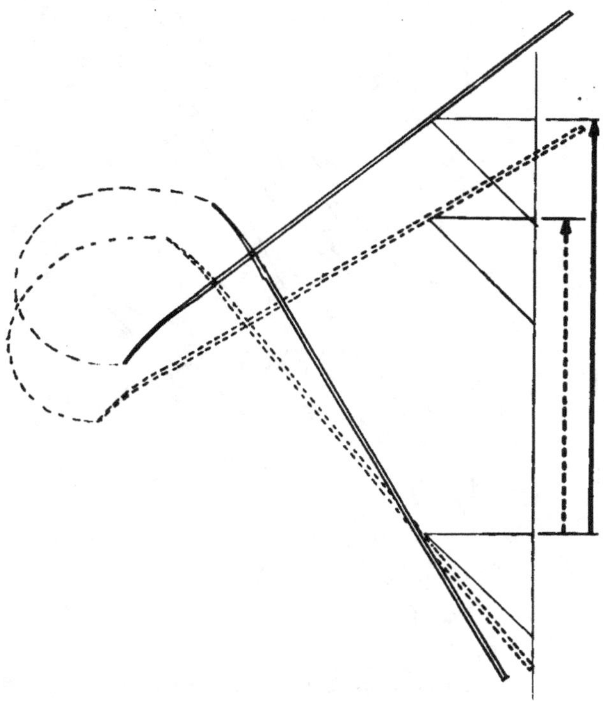

Diferencia de espacio recorrido para dos ángulos diferentes

6.2. EL EFECTO DE SUCCIÓN HIDRODINÁMICA.

Cuando el remo ha entrado en el agua, el propio movimiento de la pala «hacia afuera», separándose del bote, determina un efecto de succión hidrodinámica o lo que es lo mismo, de «planeo» de la pala sobre la masa de agua que está delante de su concavidad. De este modo la pala no solo no retrocede sino que «avanza» hacia proa contribuyendo de modo importante a la velocidad del bote.

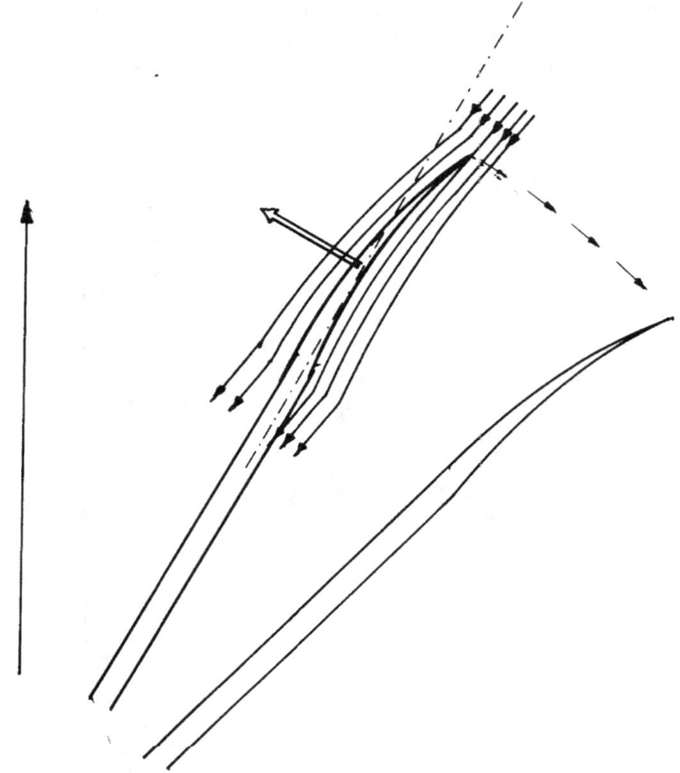

Succión hidrodinámica en el ataque

Para que este fenómeno se produzca es fundamental una palada muy larga ya que la succión solo se produce en los primeros grados de giro, cuando el remo aún se encuentra muy alejado de la perpendicular del bote.

También es determinante la ejecución de un ataque rápido que permita que 'toda' la pala ejerza presión sobre el agua.

Al final de la pasada, al acercarse la pala hacia el bote, se produce otro efecto de succión similar al del ataque pero de menores proporciones.

6.3. EL MOVIMIENTO DEL BOTE.

La intermitencia de las fuerzas y los movimientos del propio remero determinan que la velocidad y aceleración del bote no son constantes sino que sufren una variación cíclica.

Son ya clásicas las curvas de velocidad, aceleración y cabeceo del bote diseñadas por Wenzel Joesten (Berlín) (tomado de Nilsen, 1978).

En la primera gráfica tenemos la velocidad del bote en la que cabe destacar el hecho de que el mínimo se encuentra instantes después de la entrada de la pala en el agua. Es el

DIAGRAMA 1

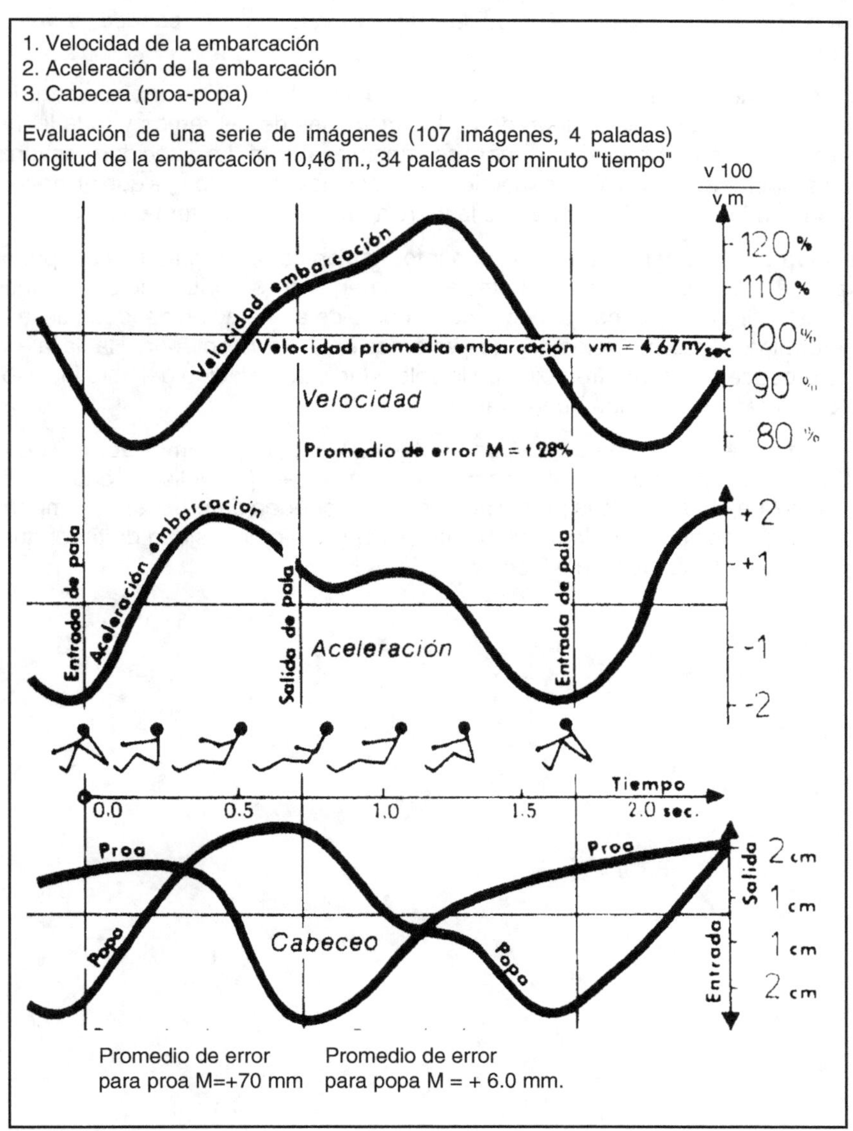

Curvas de velocidad, aceleración y cabeceo

momento en que se produce la fuerte presión de las piernas sobre la pedalina y ello determina esta importante caída. Mucho más grave sería que la mínima velocidad se produjera «antes» del ataque ya que ello supondría que el remero presiona sobre las pedalinas antes de introducir el remo en el agua. A medida que va avanzando la pasada la velocidad va aumentando.

Pero el momento de máxima velocidad se encuentra después de haber sacado los remos del agua ya que el bote queda liberado de las fricciones de los remos y toda la inercia del movimiento de la masa corporal del remero se transmite al bote. La velocidad comienza a caer en el preciso instante en que el carro comienza a desplazarse a popa ya que al mover la masa corporal en sentido contrario rompemos la inercia que tenía el sistema.

La curva de la aceleración nos da una información complementaria y así podemos ver cómo hasta la mitad de la pasada el bote va incrementando su velocidad pero el incremento es menor en el tirón de brazos. El pequeño remonte de aceleración después de la salida es el que determina la máxima velocidad que veíamos en la curva anterior. Hacia la entrada de la pala se produce el mayor «frenazo» en la velocidad y aceleración del bote incluso aunque se trate de un remero con una buena técnica.

Las curvas del cabeceo nos ilustran lo que visualmente podemos ver en todo bote de remo. Es conveniente que los entrenadores estudien el paralelismo entre éstas y las anteriores ya que observando la proa y popa del bote pueden determinar el comportamiento de la velocidad y aceleración de modo bastante fiable y sin necesidad de tener que recurrir a sistemas muy sofisticados y costosos.

Capítulo 7. EJERCICIOS. CORRECCIÓN DE ERRORES.

7.1. LA MEJORA DE LA TÉCNICA.

El largo proceso de aprendizaje y automatización de la técnica del remo sigue las pautas del control motor que, partiendo del modelo técnico descrito, es ejecutado por el remero y en su propia ejecución va recibiendo una retroalimentación (feedback) sobre el resultado de la ejecución y sobre la propia ejecución. De este modo el remero adapta en cada palada y en cada instante el modelo técnico a las condiciones concretas de su propia realización.

El propio entrenamiento capacita al remero para conocer mejor el patrón o modelo técnico que pretende alcanzar. Por otro lado le enseña a detectar la información que el sistema le proporciona de modo que no solo sea capaz de perfeccionar el propio patrón técnico sino también ha de ser capaz de adaptarse a las modificaciones que las circunstancias concretas le exijan.

El remero parte de una información general sobre el movimiento a ejecutar y el resultado de tal movimiento. Esto constituye el llamado Programa o esquema motor general, o sea, «así se rema». Con el propio entrenamiento y ejecución continuada, el remero va adaptando este programa general a las diferentes situaciones en que pueda encontrarse, por medio de los mecanismos sensoriales y propioceptivos y de la información que le proporciona el resultado de su acción: «me doy cuenta de cómo me sale». Todo ello va conformando un Programa motor específico: «creo que sé cómo mejorar». Una de las cualidades de los buenos deportistas es su capacidad de adaptación a las circunstancias. Los buenos remeros triunfan en cualquier modalidad y cualesquiera condiciones. Saben adaptarse rápidamente a unas pésimas condiciones meteorológicas o cómo acoplarse al ritmo de una nueva tripulación.

Una de las tareas más importantes del remero en su entrenamiento es aprender a utilizar la información que recibe sobre su acción. Esta información generalmente le llega por diversos conductos:

- mecanismos propioceptivos: aquellos sensores internos situados en músculos y articulaciones que informan de la posición relativa de todas las partes del cuerpo y de su posición con respecto al lugar en que se encuentra apoyado. El remero y su entrenador deben insistir en mejorar este canal de información como ya indicábamos en el capítulo del movimiento del remero al referirnos a la sensación del movimiento como lo más importante.

- información visual: el carácter cíclico del movimiento del remero hace que la información visual no deba ser determinante para la propia ejecución de la acción de remar, sin embargo es fundamental para conocer las circunstancias que lo rodean (dirección del bote, actuación de otros compañeros, etc.).

- información acústica: el sonido de los golpes de las palas, de su salida, del deslizamiento del bote, etc. deben constituir una valiosísima fuente de información de todo remero.

No es un debate cerrado cuál es el mejor método de enseñanza de la técnica del remo. Los procedimientos empleados en la enseñanza son tan diversos como entrenadores haya. Las condiciones materiales inciden en gran medida. A nadie escapa que no es lo mismo enseñar a remar en un tranquilo y seguro lago que en un río con corriente o una ría con mareas y olas. Así podríamos seguir enumerando infinidad de condiciones exteriores que afectan de modo importante al proceso de aprendizaje.

En principio hay que señalar que hay que tener muy claro que se trata de realizar los movimientos que hemos analizado anteriormente con el fin de mover una embarcación de la forma más eficaz posible, por tanto, consideramos fundamental que el proceso de aprendizaje y mejora de la técnica del remo se debe realizar sobre las propias embarcaciones sin ningún tipo de añadido o aditamento que modifique el sistema. El uso de métodos accesorios como el remo en foso debe concretarse a eso: accesorios.

Más adelante (Cap. 18) haremos más consideraciones sobre la enseñanza y la iniciación en general de los remeros.

El ejercicio fundamental para la mejora de la técnica consiste en un entrenamiento que precisamente ha sido denominado «Remo Técnico» ya que no es otra cosa que remar de modo continuo a un ritmo constante entre las 18-22 paladas/min. con una gran concentración en la ejecución técnica. Este entrenamiento tiene además, como veremos más adelante, un importantísimo aspecto de carácter fisiológico.

Junto al remo técnico continuo existen muy diversos ejercicios que contribuyen a la mejora de aspectos técnicos concretos de forma que al reducir la complejidad del gesto facilitan la concentración y aumentan el «feedback» sobre ciertos aspectos.

7.2. EJERCICIOS.

Con ellos se persigue reforzar los diferentes gestos, partes de la estropada, mejora de la conjunción de la tripulación o control del bote. Los más conocidos y habituales los relacionamos a continuación.

A) Remar sin carro y a medio carro.

Este clásico ejercicio constituye uno de los más realizados por los remeros y consiste en remar ejecutando todos los movimientos excepto el desplazamiento del carro, o bien recorriendo tan solo la mitad de la longitud de las vías.

Con este ejercicio se refuerza:

- la ejecución de un ataque rápido y directo.
- el movimiento contínuo de las manos.
- una mayor compenetración en la tripulación.
- un mayor control de la altura del remo y por tanto del nivel del bote.

Normalmente este ejercicio se combina con el remo sin repaleo.

B) Remar sin repaleo.

Consiste en remar sin ejecutar los repaleos del remo. El remo se mantiene vertical en todo momento.

Este ejercicio tiene como objetivos:

- mejorar la 'curva' de salida obligando a una mejor salida del remo.
- facilita la correcta ejecución de un ataque directo al suprimir el repaleo como elemento perturbador de la continuidad de la estropada.
- obliga a un mejor control del nivel del bote.

Este ejercicio es normalmente combinado con otros ejercicios como pueden ser el remar sin carro, etc.

C) Remar solo con el brazo exterior.

Aplicable únicamente a los barcos de punta, consiste en remar asiendo el remo únicamente con la mano situada en el extremo del remo. El otro brazo permanece inactivo colocándolo generalmente en la espalda.

- Refuerza la idea de que es el brazo exterior el que principalmente «dirige» el movimiento del remo.
- Contribuye a una mejora del ataque en su sincronización con el movimiento de las piernas (ataque directo).

Generalmente se realiza sin repaleo ya que a esta mano no le corresponde la ejecución del repaleo.

D) Remar con el brazo interior colocado cerca de la chumacera.

Es una variante del ejercicio anterior, en la que el remero rema sólo con el brazo exterior, mientras la mano interior es colocada sobre el remo lo más cerca de la chumacera que permita la longitud del brazo del remero.

Tiene unos objetivos parecidos al ejercicio anterior. En éste caso puede efectuarse el repaleo. Ello también contribuye a reforzar la diferenciación entre los cometidos de ambos brazos.

E) Remar solo con el brazo interior.

En este caso el remo se siente más pesado y lo mismo ocurre con el esfuerzo para tirar de él. La ejecución se hace más difícil lo que aumenta la necesidad de concentración.

Contribuye a una mejora del ataque.

F) Remar haciendo 'alza'

Consiste, en su realización más habitual, en interrumpir el movimiento inmediatamente después de haber extendido los brazos y con el cuerpo en posición vertical:

- contribuye a una mayor compenetración de la tripulación.
- es un ejercicio básico para la mejora del control de la altura de las manos al sacar los remos del agua y con ello del control sobre el nivel del barco.

- al disminuir el ritmo a muy pocas paladas por minuto refuerza la concentración en la ejecución de todos los demás aspectos de la estropada.
- puede contribuir a una mayor percepción en el movimiento del barco.

Permite variantes dando dos, tres paladas y después alza. Es un ejercicio muy interesante para principiantes en botes de equipo.

G) Remar con los ojos cerrados.

Con este ejercicio se pretende que los remeros aumenten su capacidad de percepción tanto de sus propios movimientos, como los del barco y los del resto de la tripulación por conductos no visuales sino cinestésicos o incluso acústicos.

Es un ejercicio que refuerza de modo decisivo la compenetración de un equipo y la concentración de los remeros en la ejecución.

H) Remar dando una palada dentro del agua y otra fuera.

Obliga a un dominio absoluto del nivel del bote y de la compenetración de la tripulación.

I) Remar yendo muy rápido con el carro a popa.

Con ello se destaca la importancia que tiene un recobrado suave puesto que al ir muy rápido a popa el remero aprecia que el bote no desliza.

J) Remar una parte de la tripulación.

El resto de la tripulación permanece inmóvil ayudando a mantener perfectamente nivelado el bote.

Con este ejercicio se pueden encontrar causas de desniveles del bote.

Permite una ejecución técnica impecable al suprimir perturbaciones provocadas por alteraciones del nivel del barco.

Al aumentar sensiblemente el esfuerzo que el remero debe realizar puede ayudar para remarcar la correcta ejecución de la pasada.

K) Remar realizando solo el ataque.

El remero se sitúa en la posición más adelantada y realiza el ataque con la elevación de sus brazos y aplica una pequeña tracción con las piernas, inmediatamente saca los remos del agua y vuelve hacia adelante para ejecutar de nuevo otro ataque y así sucesivamente.

- Refuerza la correcta ejecución del ataque en todos sus aspectos.

L) Remar realizando el ataque y la tracción de piernas.

El remero ejecuta el ataque y después la tracción de piernas tras lo cual, sin efectuar el balanceo del cuerpo saca los remos del agua y vuelve hacia adelante.

7.3. COMBINACIONES DE EJERCICIOS.

Podríamos citar numerosísimas combinaciones entre los ejercicios. A título de ejemplo veremos dos posibilidades muy utilizadas:

A) Sin carro, medio carro, carro entero.

Este típico ejercicio suele realizarse dando 5 ó 10 paladas sin mover el carro, seguidas de otras 5 ó 10 paladas con medio carro y otras 5 ó 10 completas.

Es un interesante ejercicio para aumentar la compenetración de la tripulación a la vez que cumple los objetivos propios de estos ejercicios.

Permite comprender la diferente forma de moverse el bote cuando se pasa de no mover el carro a moverlo.

B) Remar con una mano, con la otra, con las dos.

Se dan 5 ó 10 paladas con la mano exterior, seguidas de otras 5 ó 10 paladas con la interior y de otras 5 ó 10 paladas normales.

Al igual que la combinación anterior contribuye a una mayor compenetración de la tripulación.

Todos estos ejercicios pueden tener variantes añadiéndoles otras paladas con más fuerza o mayor ritmo.

7.4. LOS ERRORES TÉCNICOS.

Por muy bien que un entrenador haya enseñado la técnica del remo a sus pupilos éstos siempre la ejecutarán con errores que se repetirán con singular persistencia, por ello podemos hacer aquí una enumeración de un conjunto de errores que encontraremos habitualmente así como algunas sugerencias para intentar corregirlos.

Es importante señalar que casi siempre un error técnico no tiene su causa en el propio gesto que se ve erróneo sino en algún momento anterior de la palada. Es decir el error que «se ve» suele ser «consecuencia» de algo mal ejecutado anteriormente.

La utilización del vídeo en los entrenamientos ha contribuido enormemente a la desaparición de buena parte de estos errores que antiguamente se veían en muchas tripulaciones. Ahora el remero, gracias al vídeo puede verse a sí mismo.

A) Irse con el carro atrás en el ataque, ataque no directo.

Probablemente es el error más frecuente y más grave. El remero introduce el remo en el agua después de haber iniciado el movimiento del carro hacia proa.

Ciertamente es un error difícil de suprimir y sin embargo es absolutamente imperdonable. Exige una gran paciencia por parte del entrenador.

Puede ayudar un ejercicio variante del de remar haciendo «alza» que consiste en detener el movimiento en el momento del ataque de modo que el remero comprenda la separación existente entre el movimiento de desplazarse a popa, el ataque y el movimiento de desplazarse a proa.

B) Repaleo bajo el agua antes de sacar el remo.

El ejercicio de remar sin repaleo sería aconsejable.

C) Repalear demasiado tarde antes del ataque.

Igualmente sería conveniente realizar kilómetros sin repaleo y también haciendo «alza». Exigir un repaleo muy pronto.

D) Desviar el tronco hacia la banda contraria en remo de punta.

Este frecuente error de los principiantes no tiene una explicación demasiado clara. Contribuye a mejorar la posición el remar solo con el brazo exterior y con el interior colocado cerca de la chumacera.

E) No «bloquear» correctamente el tronco y los brazos ante el empuje de las piernas.

Sería lo que se suele denominar «irse con el carro hacia atrás». Puede ser bueno realizar solo ataques insistiendo en la ejecución correcta, también remar palada a palada. Era un error muy frecuente antiguamente pero, al ser claramente visible desde el exterior, con la incorporación del vídeo se ha suprimido en gran medida.

F) No bajar las manos para sacar el remo del agua.

Es un error muy parecido al de repalear bajo el agua. Se puede mejorar remando sin carro y sin repaleo.

G) No aplicar la suficiente fuerza sobre el remo.

Debe insistirse en que una presión importante sobre el remo constituye parte de la propia técnica.

H) Remar corto.

Puede tener muy diversas razones. Una toma de vídeo puede ser decisiva. También es un buen ejercicio el remar solo una parte de la tripulación insistiendo en este aspecto.

I) Remar con las muñecas en flexión.

Es importante explicar bien esto a los remeros. Normalmente la sobrecarga de los flexores de los dedos nos dará una buena razón para sostener nuestra recomendación.

7.5. EL ENTRENAMIENTO TÉCNICO.

Todos los entrenamientos que veremos en los capítulos correspondientes y que se desarrollan sobre el bote tienen una importantísima vertiente técnica. De este modo no se trata sólo de ejecutar un determinado ritmo de estropada a un determinado pulso cardíaco sino que, por encima de todo, se trata de hacer andar el bote en tales circunstancias.

En todo momento el remero ha de hacer que su bote deslice adecuadamente, que se eviten al máximo las altibajos en la velocidad del barco, que se reduzcan los movimientos verticales y que se minimicen los consumos energéticos no útiles para la velocidad del barco.

Precisamente el tipo de entrenamiento que ocupa la mayor parte del programa tiene una denominación inequívoca «Remo técnico», lo que significa que se trata de un ejercicio contínuo de carácter aeróbico pero también se trata de que el remero se concentre en la correcta ejecución técnica.

A medida que avanzamos en la temporada y en la carrera deportiva del remero vamos introduciendo mayores exigencias en la ejecución técnica. El proceso, resumidamente, sería el siguiente:

Logro de una ejecución correcta y una buena capacidad de sensación de movimiento del bote a baja intensidad y bajo ritmo de estropada.	Remo técnico
Ejecución correcta manteniendo una adecuada sensación de movimiento del bote con mayor presión en el remo y mayor ritmo de estropada.	Remo intervalo
Mantener la correcta ejecución técnica a alta intensidad y ritmo y soportando la fatiga muscular del esfuerzo.	Remo series
Ejecución técnica correcta, captación de movimiento a alta intensidad y ritmo, elevado grado de fatiga y factores externos propios de la competición (rivales, mantenimiento de la calle, órdenes del árbitro, público, nervios, etc.)	Regatas

7.6. CONTROL DE LA TÉCNICA.

El sistema básico y elemental de control de la técnica consiste en la simple observación directa. Obviamente es el sistema más utilizado y, la verdad sea dicha, es perfectamente válido. El entrenador va tomando experiencia y llega a ser capaz de captar los más pequeños detalles técnicos. También irá desarrollando un buen esquema de comunicación de sus observaciones al remero.

Hay aspectos de la técnica que son perfectamente observables directamente pero hay otros que por su rapidez o por estar englobados en movimientos más complejos no resulta tan sencillo, en estos casos el entrenador debe recurrir a observar los «efectos» que se producen. Por ejemplo es más fácil observar el hundimiento de la popa del barco que el momento en el que el remero aplica fuerza sobre la pedalina.

Conviene señalar aquí un efecto extraído de mi propia experiencia y que he comprobado que se cumple en una importante proporción de casos: el defecto observable es casi siempre consecuencia de algo que incluso puede pasar desapercibido pero que constituye el auténtico fallo. El entrenador debe buscar esta cadena y llegar a la auténtica raíz del problema. Podemos citar un ejemplo: observamos un ataque no directo -efectuado con retraso a la llegada del carro-, es posible que le insistamos al remero y no veamos que sea capaz de asimilar lo que le pedimos. Buscamos la cadena de movimientos anterior y podemos observar cómo no es que el ataque lo haga muy tarde sino que llega demasiado pronto con el carro porque va muy rápido y a su vez observamos que el remero «corre» con el carro porque la salida de su manos es demasiado lenta. Es muy probable que si le insistimos en este último aspecto al remero le resulte más sencillo y más natural mejorar su ataque.

Afortunadamente la tecnología ha puesto en nuestras manos un elemento sencillo y relativamente económico: el vídeo. Sin lugar a dudas constituye el elemento más útil para reforzar la observación de la técnica ya que permite su múltiple repetición, la ralentización y la detención del movimiento, y, sobre todo, la directa visión por parte de los propios remeros.

Pero para sacarle buen partido al vídeo hay que efectuar buenas tomas buscando ángulos que permitan visualizar bien los errores y los aciertos.

Cabe mencionar aquí otros sistemas electrónicos que permiten tomar parámetros tanto del bote como de los remos y los remeros. Estos elementos suelen ser de elevado costo y su comercialización aún está bastante limitada por lo que no entraremos en su detalle y tan solo citaremos algunos más conocidos:

Medidor de la velocidad del barco.

Consistente en una pequeña hélice que se coloca bajo la quilla del barco, envía información de la velocidad instantáneas del mismo. Poniendo en coordinación esta información con el movimiento del remero sobre el barco, podemos conocer si evita adecuadamente las fuerzas negativas y aprovecha al máximo las fuerzas positivas.

Goniómetro para determinar ángulo de palada.

Nos mide los ángulos de giro de la chumacera sobre su eje. Es el aparato complementario del velocímetro del bote para determinar los movimientos del remero.

Sensores para medir presión sobre pedalina y chumacera.

Nos miden la intensidad y los instantes en que son aplicadas las fuerzas por parte del remero sobre su pedalina y con su remo, una vez apoyado en el agua sobre la chumacera.

7.7. PLANILLA DE OBSERVACIÓN TÉCNICA.

Un sistema ciertamente válido que permite objetivar la observación y también constituye una ayuda en el visionado de los vídeos lo constituye la llamada «planilla técnica» que no es otra cosa que una hoja en la que en una columna se relacionan los aspectos técnicos más importantes y que constituyen el objeto de la observación. A la derecha de cada item técnico dejamos un espacio en blanco para que el entrenador anote sus observaciones.

Probablemente cada entrenador se elaboraría su propia planilla, un ejemplo de la cual puede ser la que aquí presentamos.

PLANILLA TÉCNICA DE REMO.

Remero/a ....

Categoría .... Fecha .... / .... / ....

Barco .... posición ....

	Control	Observaciones
Ataque: rápido y directo.		
Primer desplazamiento: piernas.		
Incorporación del tronco.		
Posición ortogonal.		
Coordinación, presión, aceleración		
Final: brazos «hacia arriba».		
Longitud de palada (salida).		
Salida de la pala.		
Repaleo de salida.		
Salida de brazos.		
Balanceo hacia adelante cuerpo.		
Desplazamiento del carro a popa.		
Repaleo de ataque.		
Recorrido de la pala.		
Soltura y sensación de movimiento		
Longitud de palada (ataque).		
Sincronización del equipo.		

Observación desde motora. Comprobar la ejecución en varias paladas.

Observaciones:

Estado del agua ....

Viento ....

Ritmo de boga .... pal/min.

PARTE III.   EL REGLAJE Y EL MANTENIMIENTO DE LAS EMBARCACIONES

Capítulo 8. EL REGLAJE DE LOS BARCOS.

8.1. INTRODUCCION.

Al principio del libro hemos hecho referencia a los barcos y a sus elementos más importantes y también apuntado alguna indicación referida a que la mayoría de estos elementos son móviles y por tanto regulables. Es obvio que no todos los remeros son iguales y también es lógico que no pueda haber tantos modelos de barcos como remeros. La solución es adaptar las dimensiones de los puntos más importantes a las características individuales de cada remero. Esto es lo que constituye el reglaje.

En un barco generalmente son regulables:

- la posición de las vías y chumaceras.
- la posición de las pedalinas.
- la altura de la chumacera.
- la distancia de la chumacera al centro del bote.
- la inclinación de las chumaceras.
- la palanca interior y exterior del remo.

También hay que tener en cuenta otros parámetros que no son regulables y en muchos casos ni siquiera podemos escoger entre varios, tales son:

- las características de construcción del bote.
- las dimensiones de los remos.

Sin embargo hay que señalar que los mejores constructores nos ofrecen distintas opciones de "moldes" o dimensiones del casco adecuadas al peso de los remeros. Algo parecido puede decirse de las dimensiones de las palas y la mayor o menor rigidez de los remos.

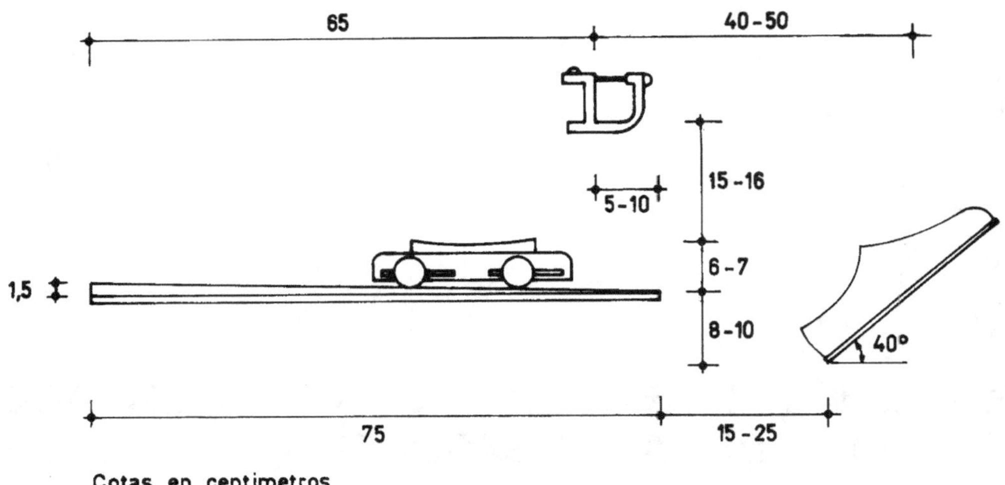

Esquema elementos regulables. Visión lateral.

Como vemos las posibilidades son muchas y con todas ellas buscamos que el remero pueda lograr la mayor eficacia posible en la ejecución de su movimiento y en la transmisión de su esfuerzo al bote.

8.2. ELEMENTOS REGULABLES.

Podríamos distinguir en este cúmulo de posibilidades dos grupos claramente diferenciados:

a) aquellas regulaciones que tienden a adaptar el bote a las dimensiones del cuerpo del remero:

- la colocación e inclinación de las pedalinas.

- la colocación de las vías

- la altura de la chumacera

b) aquellas regulaciones que modifican las dimensiones de los brazos de las palancas que actúan en el remo o las fuerzas de apoyo:

- las distancia de la chumacera al centro del bote

- las palancas del remo

- las otras dimensiones del remo

- la inclinación de la pala

El reglaje tiene un doble objetivo, por un lado lograr que el remero pueda remar en un determinado bote en la posición más adecuada y eficaz posible, y por otro lado, buscar el punto óptimo en la relación potencia del remero-velocidad del bote a través de las modificaciones en el largo efectivo de la palada y del apoyo de la pala sobre el agua.

En términos generales el reglaje no debe ser una adaptación del bote a los defectos del remero ni tampoco una panacea de solución de las deficiencias del remero.

Varias son también las limitaciones que tiene el reglaje, determinadas unas por el propio material y otras por la propia capacidad del remero. La mayor parte de las veces el entrenador tendrá que conformarse con lograr la mejor aproximación posible a un hipotético punto óptimo dada la embarcación y los remos de que dispone y los remeros que van a utilizarlos. Por otra parte, tampoco podemos tener unas leyes que nos informen de cuál es la regulación óptima del bote, ya que existen factores tan variables como determinantes en las medidas que queremos regular. Estos factores dependen de cada remero -su antropometría, su técnica, su entrenamiento-, cada barco -la modalidad, la calidad- y cada competición -su distancia, el momento en la temporada, las condiciones climáticas-. Podemos pues dar solo unas indicaciones de los criterios más comúnmente aceptados sobre la regulación de los barcos de forma que los lectores puedan disponer de un punto de partida sobre el que acumular posteriormente su experiencia.

El factor psicológico también es muy importante en lo referente a las medidas. El remero debe estar plenamente convencido de la idoneidad del reglaje de su embarcación si queremos que rinda con eficacia, de lo contrario incluso aunque objetivamente las medidas sean más adecuadas, el rendimiento será menor por este motivo. Sin embargo hay que advertir del riesgo en el que caen algunos remeros de confiarse en exceso al reglaje de su embarcación. Todos conocemos a remeros que no logran hacer andar su embarcación por una mala técnica o una falta de preparación y que repetidamente tratan de modificar las medidas de su barcos tratando con ello de encubrir o resolver la auténtica causa de su fracaso.

Como ya hemos mencionado son bastantes las posibilidades que un bote nos presenta para su regulación, son varios los elementos regulables y todos ellos inciden en ese conjunto remero-bote-agua coordinado por la técnica y la potencia del remero. Con ello queremos decir que prácticamente todas las medidas que se le puedan poner a un bote están interrelacionadas, unas dependen en mayor o menor medida de otras, incluso cambiando cosas diferentes podemos conseguir resultados relativamente parecidos y es muy frecuente que los remeros confundan los efectos de unas con los de otras.

Todo ello comporta que para reglar o medir un bote hay que seguir un método, no solo por lo que hemos dicho de que están interrelacionadas sino simplemente por cuestiones mecánicas ya que la fijación de unas afecta a la de otras y ello hay que tenerlo en cuenta para no trabajar el doble.

A veces los remeros llevan a cabo un reglaje a base de reiteradas «chapuzas», miden y modifican un solo detalle en función de la última percepción que han tenido en el entrenamiento, sin tener en cuenta los demás. Con ello caen en una continua corrección de las medidas del bote desembocando en un combinado contradictorio de medidas, muchas de las cuales lo único que han logrado es una adaptación del bote a los defectos de los remeros.

El entrenador debe controlar la medición completa del bote para que se realice siguiendo unos criterios uniformes, lo cual no está en contradicción con que posteriormente se hagan correcciones por causa de medidas no satisfactorias o por desajustes mecánicos de las piezas.

8.3. CHUMACERAS, PEDALINAS, PORTANTES Y VÍAS.

En muchos botes la posición de las vías y las chumaceras es totalmente fija, en ellas el constructor ha debido tener en cuanta las normas generales que a este respecto se consideran de común aplicación, caso contrario es el propio usuario del bote el que debe intentar hacer las modificaciones oportunas para lograr una correcta posición del remero.

Lo más frecuente es que la posición de la chumacera sea totalmente fija con respecto al barco ya que viene determinada por la construcción del portante. Con respecto a ésta se sitúan por tanto los otros dos elementos: vías y pedalinas.

Como ya vimos en el capítulo de la Historia del remo, la longitud de las vías ha ido sufriendo con el paso del tiempo importantes modificaciones. Al ser determinantes en el desplazamiento del remero, su longitud va estrechamente relacionada con la técnica empleada.

En la actualidad las vías suelen tener una longitud de 75 -80 cms. y prácticamente todos los botes de competición permiten regularlas en dirección longitudinal. Puede ser un punto de partida situar las vías de modo que haya 65 ó 70 cms. de vía útil desde la perpendicular que pasa por el eje de la chumacera hasta el extremo de proa de las vías.

Las vías tienen también un pequeño ángulo sobre la horizontal que es de aproximadamente 1° y supone que el extremo de proa se encuentra unos 15 mm. más alto que el extremo de popa. La razón de ésto es compensar el cabeceo del bote y permitir un mejor trabajo en el final de la pasada.

8.4. LA COLOCACIÓN DE LAS PEDALINAS.

En la actualidad y para el remo en punta se considera óptimo un arco total de la palada de 90° aproximados. En cuple, este ángulo se eleva a 110°. Este arco se reparte de modo que 50° son hacia proa y los restantes 40° hacia popa, 60° y 50° respectivamente para el remo en cuple.

Para lograr este «barrido» debemos colocar en su lugar adecuado las vías y, sobre todo, las pedalinas lo que, por lógica se hace exclusivamente en función de la estatura del remero y su longitud de piernas.

Para su colocación se recomienda seguir el proceso siguiente: una vez colocadas las vías en una posición estándar como hemos indicado más arriba, el remero, sentado en el barco, sitúa las pedalinas de modo que aproveche todo el largo de las vías a proa. Una vez realizado ésto, podría volver a moverlas más hacia proa si tuviera molestias en las pantorrillas con sus extremos y le sobrara algo de longitud por el extremo de popa.

Esta operación tiene gran importancia para lograr que todos los remeros tengan un ángulo de terminación uniforme de la palada y con ello nos aproximaremos a que, salvo excepciones, el largo a popa también lo sea. Después hay que comprobar visualmente -mejor con ayuda del vídeo- que los arcos de palada en el ataque y la salida son lo más iguales posibles en toda la tripulación.

En lo referente a la inclinación de las pedalinas, el remero debe buscar la posición que le permita desarrollar un mayor rendimiento. Es recomendable un ángulo de unos 40° con respecto a la horizontal. Poner la pedalina más «tumbada» facilita la llegada a popa al no forzar la articulación del tobillo pero tiene el inconveniente de disminuir el rendimiento de las piernas al final de la pasada y de favorecer en cierta medida la aplicación de fuerzas verticales que hacen cabecear al bote. Una pedalina más vertical puede ser más eficiente pero exige mayor flexibilidad de los tobillos. Todos los remeros deben tomarse mucho interés en mejorar la flexibilidad de su tobillo.

En cuanto a la altura, deben colocarse de forma que los extremos de las vías no molesten en las pantorrillas pero tampoco tan altas que dificulten la llegada a popa y la posibilidad de realizar el ataque con las piernas distendidas. Unas pedalinas demasiado bajas también reducen la alineación del movimiento de las piernas con el plano de las vías y el plano de tracción del remo con lo que se perderá algo de rendimiento.

Por último no olvidar el mandato del código de regatas (art.27 del Rgto. de ejecución) de que las pedalinas deben llevar algún sistema para permitir sacar los pies rápidamente y sin utilizar las manos. Generalmente se utiliza un cordoncito que une el talón del zapato a la tablilla. Es muy importante cuidar que este mecanismo de seguridad se encuentre siempre en perfectas condiciones ya que de lo contrario, es realmente muy difícil soltar los pies del bote en caso de vuelco.

Capítulo 9. LA ALTURA DE LAS CHUMACERAS.

9.1. DEFINICIÓN

La altura de las chumaceras es un elemento muy importante del reglaje pues son decisivas en la nivelación del barco, en la comodidad de trabajo del remero y en la «limpieza» de la entrada y salida de los remos del agua.

La altura de la chumaceras es la distancia que hay entre la parte más baja del carro (estando situado en el extremo de popa de las vías) y el centro del plano horizontal de apoyo del remo en la chumacera (colocando ésta paralela al bote).

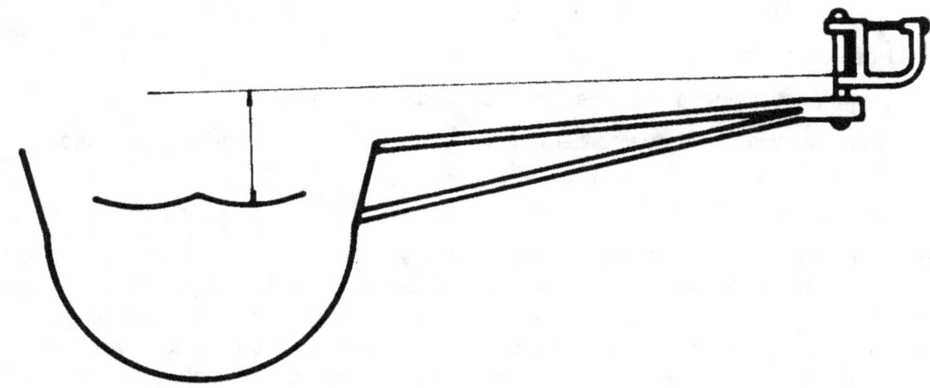

Altura de la chumacera

El procedimiento de medida es bien simple, basta colocar una regla o listón suficientemente largo sobre las bandas del barco y medir la altura de la misma al carro y del mismo punto a la citada base de la chumacera. También existen otros instrumentos que facilitan la labor. (La chumacera debe ponerse paralela al barco y no perpendicular como aparece en el dibujo).

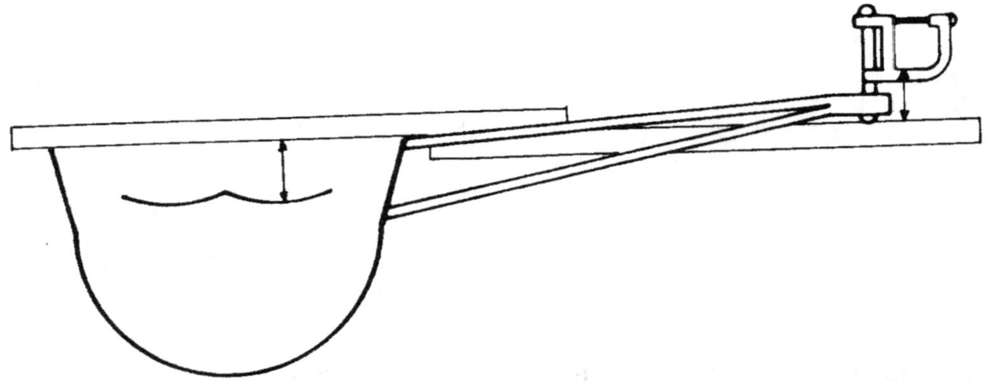

Medición altura de la chumacera

Conviene advertir que la medición sobre las bandas no está exenta de riesgos, especialmente en botes con muchos años de uso pues en ellos no podemos tener la absoluta seguridad de que las dos bandas están a la misma altura y dicha desviación nos puede provocar un error bastante importante en la medida. La medición de alturas en tierra utilizando el procedimiento indicado ha de ser solo indicativa dejando la definitiva comprobación a realizar sobre el agua y dejando que sea ésta la que prevalezca.

La altura de las chumaceras depende de:

- Peso de la tripulación o skiffista.

- Características de la embarcación (profundidad de inmersión).

- Características individuales del remero (volumen de los cuádriceps y glúteos, habilidad, etc.).

- Condiciones del agua.

En principio, y aunque en ésto no están completamente de acuerdo todos los entrenadores, cuanto más baja está la chumacera más eficaz será el esfuerzo del remero, ya que al ser menor el ángulo del remo con el agua la pérdida de fuerzas por la componente vertical es menor. Sin embargo, al bajar las chumaceras, las ventajas se convierten en desventajas cuando el remero se ve obligado a tocar el agua durante el recobrado, siquiera sea ligeramente. Por ello debe incluirse un margen de seguridad. Este margen viene determinado por la distancia que haya desde la pala -colocada en posición vertical- al agua cuando se ponen las empuñaduras sobre los muslos cerca del cuerpo. Entre el borde inferior de la pala y el agua debe haber, como máximo, unos 8 ó 10 cms.

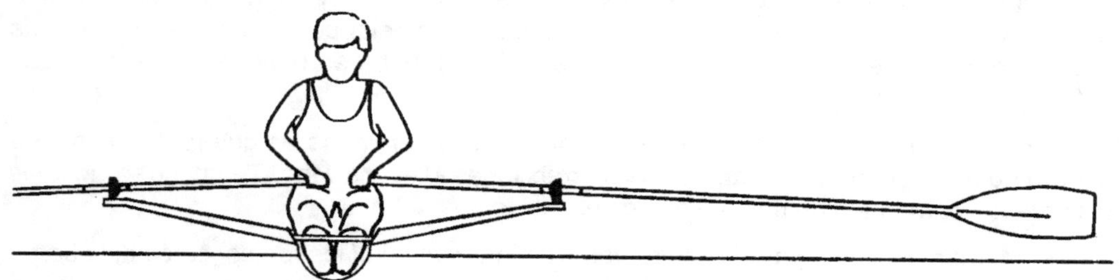

Manos en los muslos. Altura de las palas sobre el agua.

En una primera colocación de alturas es aconsejable situar todas las chumaceras a la misma altura utilizando unas medidas standard y posteriormente, después de la prueba en agua, hacer las correcciones pertinentes.

9.2. MEDIDAS STANDARD.

Tras la lectura de los factores que inciden sobre las alturas de un barco, el lector podrá imaginar que resulta muy difícil, por no decir imposible, dar una tabla de alturas de chumaceras para los distintos botes. Será el propio entrenador y remero, los que con su experiencia, sabrán acertar a la hora de decidir las alturas. De todas formas, insistimos será la prueba en agua la que determine si las alturas han sido las correctas.

Con todo, seguidamente damos una tabla orientativa aplicable cuando el peso del remero sea el adecuado según la construcción del bote:

peso de los remeros	botes de scull	botes de punta
menos de 60 kgs.	12-13 cms.	13-14 cms.
de 60 á 70 kgs.	13-14 cms.	14-15 cms.
de 70 á 80 kgs.	14-15 cms.	15-16 cms.
más de 80 kgs.	15-16 cms.	16-17 cms.

En los botes de scull, aunque muchos remeros colocan ambas chumaceras a la misma altura parece más recomendable dar una pequeña diferencia entre ambas de 5 - 10 mm., lo que contribuye a una mayor comodidad y menos sensación de desnivel en el bote. Es importante advertir que esta diferencia debe respetarse con el mismo valor para todos los puestos de un doble o un cuatro scull.

9.3. LA PRUEBA EN AGUA.

Hemos insistido en que la medición de las alturas en tierra ha de ser solo una aproximación, un primer punto de partida en el trabajo de dejar perfectamente afinadas las alturas de todas las chumaceras del barco, siendo la prueba en el agua la que de modo definitivo nos culmine esta tarea.

La prueba en agua no es una sola sino que han de ser varias las que realicemos para poder ir determinando cuáles han de ser la correcciones a llevar a cabo. Tampoco son iguales las pruebas para botes de punta o de cuple.

Primera: con el bote parado, los remeros sitúan frente a sí los remos, cerca del cuerpo mientras todos ellos con el correspondiente movimiento de las manos arriba o abajo colocan el bote nivelado perfectamente. Si es necesario, con la ayuda de un nivel de burbuja. De aquí se desprende una primera opinión de cada remero sobre la altura a que queda situada su empuñadura. Es fundamental que todos los remeros estén perfectamente de acuerdo en que el bote está nivelado pues de lo contrario se producirán errores de interpretación y diferencia de criterios sobre lo que se trata de comprobar.

La segunda prueba, igualmente con el bote parado, es especialmente importante en los botes de cuple. Los remeros colocan los remos en la perpendicular del bote y, con el bote nivelado, observan la posición relativa de los remos. Si hemos puesto, según la medida de tierra, las dos chumaceras con una ligera diferencia, aquí debe apreciarse. Esta comprobación de la diferencia de alturas es especialmente importante en los dobles y cuatro sculls, ya que es muy difícil remar cuando un remero encuentra el bote nivelado con una mano encima de la otra y el compañero con la contraria o con las manos a la misma altura.

En un doble, alturas de uno al revés del otro.

Tercera. Los remeros inician la boga remando sin repaleo, sin mover el carro ni balanceando el cuerpo. Solo el movimiento de manos y en todo momento los remeros deben tratar de encontrar a qué altura han de llevar los remos para que su bote se mantenga nivelado. Lo fundamental y prioritario es el nivel del bote y, situado éste, ver a qué altura ha de remar. Insistir en que nunca debe el remero llevar las manos a la altura que más le apetezca sin importarle el nivel del barco, pues de ésta forma es imposible llegar a un acuerdo entre los remeros para determinar cuáles son las alturas a corregir.

Junto a esta pruebas existen otras varias, tales como la muy conocida, realizada en cuatros y ochos, de colocar los remos de los remeros de una banda sobre los muslos cerca del cuerpo y con la pala en posición vertical. Se empieza la prueba dejando el bote desnivelado hacia la banda contraria y entonces los remeros de ésta van levantando las empuñaduras hasta llegar al punto en el que algún remo de la banda contraria toque el agua observándose en ese momento las diferencias de las alturas de unos remeros a otros. Seguidamente se repite la operación con la banda contraria. Esta antigua prueba de alturas nos indica con gran precisión diferencias de alturas entre los remeros de una misma banda pero tiene el inconveniente de que no nos dice casi nada sobre las diferencias de alturas de chumaceras de bandas contrarias, a pesar de lo cual, es una buena comprobación que ningún ocho o cuatro debería olvidar.

La misma prueba también se hace colocando las empuñaduras de los remos sobre la banda en vez de las piernas lo que da una idea de las diferencias «objetivas», o sea, sin tener en cuenta la altura de los remeros.

Todas las pruebas deben realizarse sobre el bote y el conjunto de todas ellas nos dará una idea muy exacta sobre cuál es la situación de las chumaceras y cuáles deben ser corregidas.

En todo el proceso de comprobación de las alturas es muy importante que los remeros no caigan en la habitual confusión de que tratamos de comprobar las alturas y no otras variables que también les afectan, cuales son el nivel del bote, la mayor o menor dificultad para sacar el remo del agua, la comodidad en la altura del tirón, etc. Es fundamental que el bote esté perfectamente nivelado en todo momento para que, en esta posición podamos ver qué alturas toman los remos y así poder hacer las correcciones oportunas.

9.4. PROCEDIMIENTO DE MODIFICACIÓN.

Una vez comprobadas cuáles deben ser las alturas a modificar tenemos que ver cómo hacer la modificación. Esto dependerá del tipo de portantes y chumaceras que tenga el barco y de la magnitud de la modificación.

Hay muchos sistemas empleados por los constructores para permitir una pequeña modificación de alturas. Uno de los más habituales consiste en modificar la posición de las arandelas que casi todas las chumaceras llevan en su eje. Hay otros más complejos como los empleados por la antigua chumacera de cuple con el arco por detrás en la que era necesario cambiar la pieza inferior por otra de mayor o menor altura para hacer la modificación.

Si estos sistemas no nos permiten una modificación suficiente, hay que plantearse mover todo el portante. Con la advertencia de que cualquier modificación en la posición de los portantes producirá una variación en la palanca del bote y en las inclinaciones de la chumacera que será necesario revisar.

Los portantes modernos llevan varios taladros para regular la altura de colocación de estos en el bote. Ello es de gran utilidad y permite un amplio margen de posibilidades.

Si no disponemos de tales taladros o éstos son insuficientes hay que recurrir como última medida a la colocación de pequeños suplementos entre los portantes y el barco. Este sistema, insistimos, ha de ser reservado como última instancia ya que con él sufren deterioro tanto el casco como los portantes. También repercuten en las inclinaciones de las chumaceras.

En cualquier caso, y ello es muy importante para el buen cuidado de la embarcación, no deben utilizarse nunca arandelas, sobre todo si éstas son pequeñas, pues lejos de realizar la corrección, lo único que hacen es «clavarse» en el casco deteriorándolo en gran medida. Los suplementos deben ser pequeñas plaquitas de plástico o metal de tamaño adecuado para que no estropeen el bote y cumplan su función.

Si el suplemento ha de estar de forma permanente sería más conveniente hacer unas cuñas en madera o plástico con lo que el portante queda perfectamente asentado y el bote no sufre daño alguno.

Por último, si con estos procedimientos no es posible lograr la altura deseada habrá que pensar que tales portantes no corresponden al barco o bien habrá que llevarlos a un taller para que les hagan las modificaciones oportunas.

9.5. MODIFICACIÓN DE LA ALTURA DEL CARRO.

Un sistema bastante sencillo y rápido de modificar la altura de trabajo del remero consiste elevar o bajar la altura del carro bien colocando sobre éste un suplemento (almohadilla de goma o cartón) o bien suplementando el taco inferior de las vías.

Es un procedimiento simple cuando se trata de un bote compartido por distintos remeros. En botes largos puede ayudarnos a modificar la altura de trabajo de un determinado remero sin tocar su chumacera pues hay veces que esto provoca cambios en la nivelación del bote.

A veces se utiliza simplemente para permitir que las caderas del remero no rocen con las cuadernas del bote.

Capítulo 10. LAS PALANCAS DEL BOTE Y EL REMO.

10.1. DEFINICIÓN.

Las palancas son, sin duda alguna, el elemento del reglaje más importante, pues a través de ellas, la fuerza del remero se transforma en movimiento y velocidad de la embarcación.

Comúnmente llamadas «palancas» o también «entreeje» esta medida es la clave de la sensación de «dureza» del remero al remar pues determinan el ángulo barrido por el remo. Es la distancia que hay desde el centro del eje de la chumacera al centro del bote:

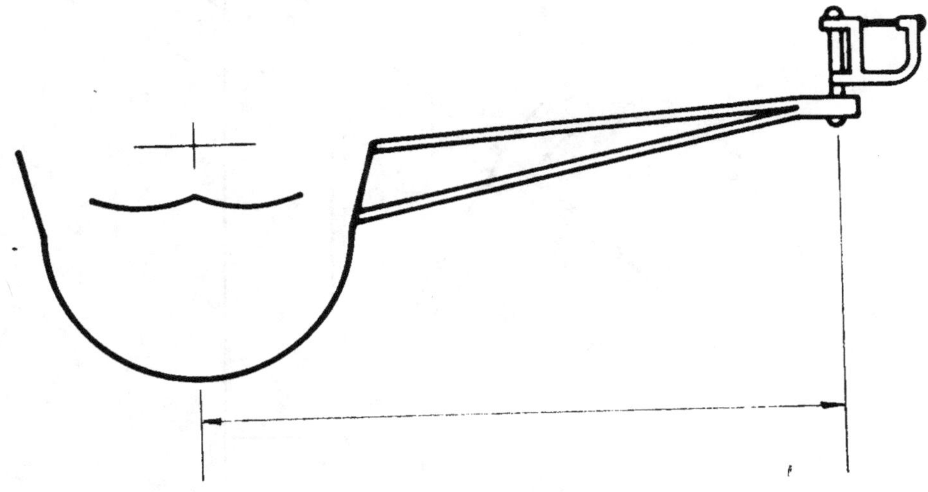

Palanca de remo de punta

En los botes de cuple, esta medida siempre viene referida desde el centro del eje de una chumacera al centro del eje de la opuesta:

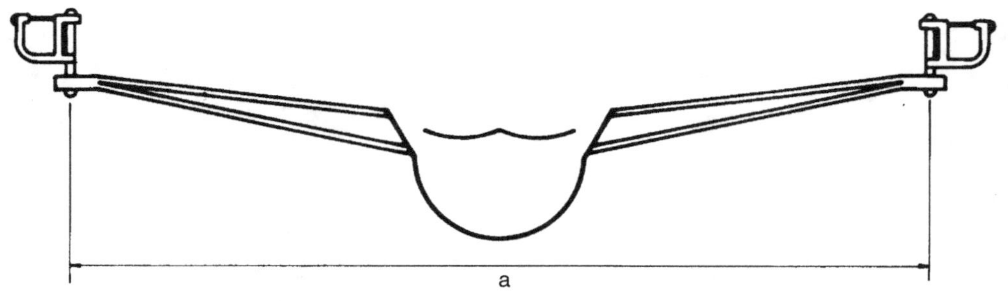

a

Entreeje de cuple

En cualquier caso, esta distancia es la que determina, junto con la palanca interior del remo, el ángulo de palada que el remero será capaz de abarcar, y con ello el avance total del barco en cada palada. Cuanto más pequeña sea tal distancia mayor será el ángulo de palada, mayor será el espacio recorrido por el barco y el remero lo notará más «pesado». Encontrar el equilibrio entre la «dureza» a soportar por el remero y el espacio recorrido en cada palada es el cometido de la regulación de esta distancia.

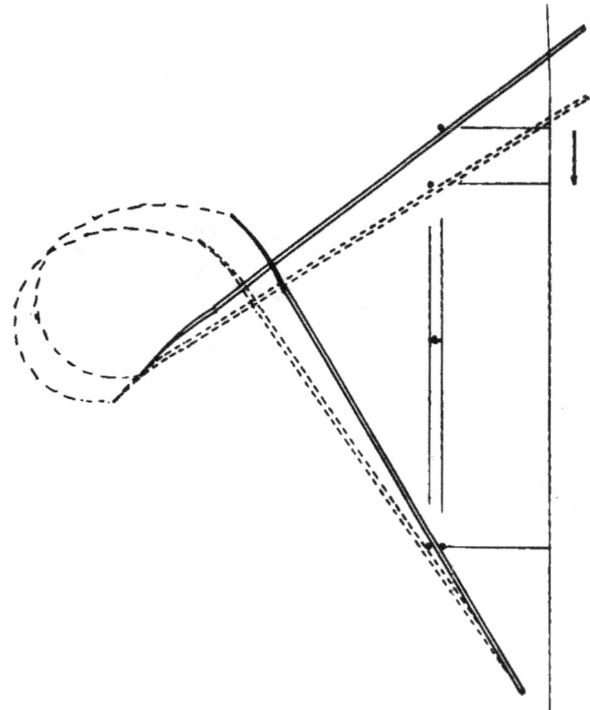

Dieferencia de ángulo para distintas palancas

La palanca interior del remo es la distancia que hay desde el extremo de la empuñadura hasta el tope de luchadero por la cara que está en contacto con la chumacera.

10.2. PROCEDIMIENTO DE MEDIDA.

En los botes de punta, el procedimiento más habitual consiste en medir la anchura del bote de exterior a exterior de las bandas, en la perpendicular que pasa por el eje de la chumacera. Obtenida esta medida la dividimos por dos y el resultado lo situamos con el metro en el borde exterior de la banda de la chumacera que queremos medir. Con ello tenemos el «cero» del metro en el centro del bote y en el eje leemos la distancia en cuestión.

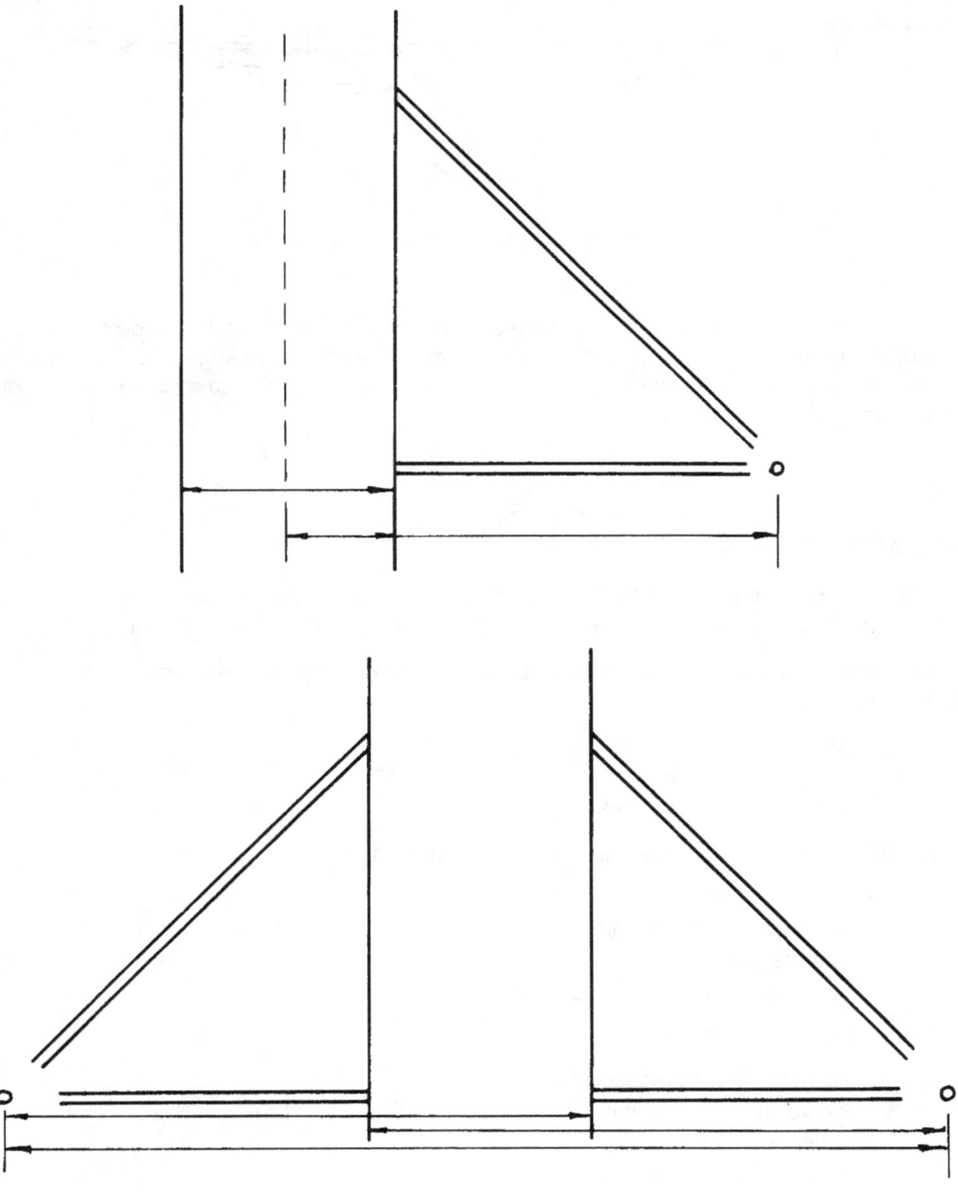

Medición de palanca en punta y en cuple

En los botes de cuple, medir de eje a eje es extremadamente simple y no necesita mayor explicación. Por el contrario nos encontramos con el problema de «centrar» las chumaceras, para lo cual lo más recomendable es medir las dos distancias entre cada banda y el eje contrario para lograr su igualdad. Con un poco de práctica será fácil dominar la simultaneidad de ambas medidas.

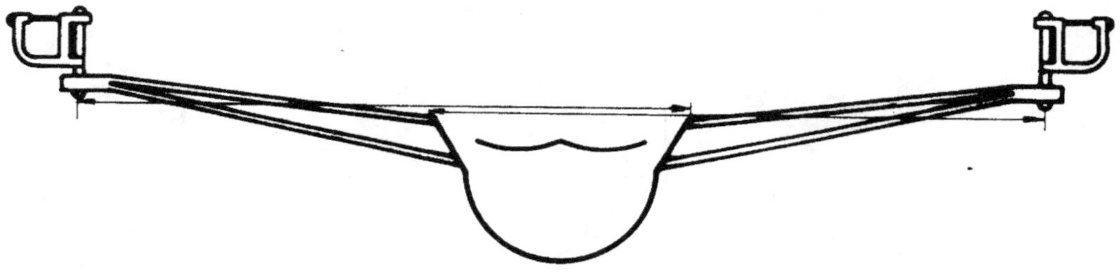

Comprobación del centrado de chumaceras en cuple

Es muy importante señalar que todas las medidas al eje, tanto en botes de punta como de cuple, deben hacerse en su punto más bajo y nunca en su parte superior. También hay que poner mucho esmero en medir con gran precisión pues incluso pequeños errores pueden tener efectos muy graves.

10.3. LAS MEDIDAS.

Antes de presentar una tabla de las palancas más habituales es conveniente tener en cuenta los diversos factores que afectan a éstas y que relacionamos a continuación.

En primer lugar citaremos los datos referentes al material de que dispongamos. En este sentido cabe citar:

- tipo de barco.
- largo de los remos.
- ancho y largo de la pala.

En segundo lugar los datos referentes a los remeros:

- categoría y sexo.
- estado de entrenamiento.
- estatura y peso.
- «sensación» subjetiva y confianza en las medidas.

En tercer lugar, las variables externas:

- distancia de la competición.
- condiciones meteorológicas.
- táctica a utilizar.
- momento de la temporada.

10.3.1. TIPO DE BARCO.

La modalidad de que se trate es quizás el factor más importante a tener en cuenta. La mayor velocidad de los botes largos exige que las palancas sean ligeramente más duras para mantener los ritmos de estropada dentro de unos límites que permitan un buen rendimiento.

En la tabla que damos al final del capítulo podemos ver claramente las diferencias que habitualmente se establecen entre las distintas modalidades.

10.3.2. LARGO DE LOS REMOS Y ANCHO Y LARGO DE LA PALA.

Realmente las dimensiones de los remos forman parte del propio conjunto de medidas que determinan las palancas. Hay cinco variables que son totalmente interdependientes:

- palanca del bote.
- longitud del remo.
- longitud de la pala.
- anchura de la pala.
- palanca interior del remo.

La interrelación existente entre ellas fue empíricamente determinada por Aim BILLARD (FRA) mediante la expresión del llamado RAPPORT:

$$K = \frac{L - L_1 - (0,45p + 700/d) - 2}{a}$$

Donde: L = longitud total del remo.
L_1 = palanca interior del remo.
p = longitud de la pala.
d = anchura de la pala.
a = palanca del bote.

De esta expresión resulta un número que aproximadamente oscila entre 2,25 y 2,50. Cuanto más bajo sea más «suaves» serán las medidas. Aun reconociendo la imprecisión de este método no cabe duda de que supuso un esfuerzo para poder comparar las medidas de unos botes con otros aún cuando las medidas de sus remos fueran distintas. Para ello se desarrolló un completo conjunto de tablas que relacionaban el rapport con la velocidad de las distintas modalidades y permitían la determinación de los llamados «Rapports equivalentes». Éstos nos servían para determinar las medidas que se le debían poner a dos botes de modalidades distintas para ser utilizados por los mismos remeros. No se llegaron a realizar determinaciones de rapport para botes de cuple.

Esta metodología que fue bastante utilizada, fue cayendo en desuso y ha quedado totalmente fuera de lugar con la construcción de las palas tipo «big-blade» o tipo hacha.

10.3.3. CATEGORíA Y SEXO DE LOS REMEROS.

La intensidad de la fuerza y las dimensiones corporales de los remeros son otro factor determinante en las palancas. Los más jóvenes por su menor potencia y peso deben llevar medidas más suaves para permitir un esfuerzo y un ritmo dentro de límites que optimicen su rendimiento. Lo mismo cabe decir de las mujeres, las que por su menor fuerza, han de llevar palancas más suaves que les permitan desarrollar unos ritmos de entrenamiento y competición adecuados. Las diferencias entre sexos son muy pequeñas en edades tempranas.

10.3.4. ESTADO DE ENTRENAMIENTO.

Un remero muy entrenado puede y debe llevar unas medidas duras. En principio podemos afirmar que cuanto más duras sean las palancas más velocidad tomará el bote, el problema es que se produce una mayor fatiga. El equilibrio entre velocidad y fatiga nos dará la medida adecuada.

10.3.5. ESTATURA Y PESO.

Por una razón parecida, para los remeros de más estatura y peso las medidas pueden ser más duras pues ellos tienen más desarrollo de potencia que los remeros más ligeros.

10.3.6. SENSACIÓN SUBJETIVA Y CONFIANZA EN LAS MEDIDAS.

El factor subjetivo es un dato que no conviene despreciar. A fin de cuentas todas las medidas que pongamos afectan de modo directo e inmediato a la «sensación» que el remero tendrá al «tirar» del remo. Procurando no caer en situaciones de «manías» o inseguridades del remero, la información que éste nos da de su sensación es muy importante para decidir la conveniencia de unas medidas.

Es fundamental la confianza del remero en las medidas que lleva en su barco. Es seguro que cuando un remero se encuentra al límite de sus fuerzas en una regata y no logra superar al contrario le vendrá a la mente que las medidas que lleva son demasiado duras o demasiado blandas y por ello no lograr pasar. El remero ha de alcanzar la confianza en el reglaje de su bote a través de la confianza en su entrenador y el conocimiento de su bote, su entrenamiento y las condiciones de la competición.

Sin embargo, cuando un remero nos manifiesta que el bote le parece muy duro, el entrenador debe permanecer atento a distinguir si es un problema técnico (generalmente ataque no directo) o se trata realmente de las medidas.

10.3.7. DISTANCIA DE LA COMPETICIÓN.

Cuanto más larga vaya a ser la regata más suaves deberán ser las palancas. Esto es una consecuencia lógica de que una mayor dureza en las medidas provoca una mayor velocidad pero también un mayor gasto energético.

Probablemente sea esta la razón por la que las diferencias entre las medidas para las categorías jóvenes y las de seniors no sean tan grandes como cabría esperar por su fuerza y entrenamiento, ya que los primeros tienen regatas más cortas.

10.3.8. CONDICIONES METEOROLOGICAS.

De modo muy especial la fuerza y dirección del viento son determinantes en las palancas de los botes. Cuando no es posible conocer las condiciones de viento con suficiente antelación es aconsejable colocar en el bote unas palancas intermedias que permitan suavizar o endurecer por medio de un cambio en la palanca interior del remo.

Si el viento es en contra las palancas deberán ser más blandas. Del mismo modo un viento a favor importante aconseja unas palancas duras que disminuyan algo el ritmo de estropada y permitan a los remeros rendir al máximo.

10.3.9. TÁCTICA A UTILIZAR.

La táctica prevista para la competición podrá incidir sobre el reglaje. Parece lógico que un bote que desea aprovechar una salida muy rápida pusiera el bote más duro, y, al contrario, una tripulación que confía en su final, probablemente debería poner su bote más blando. Sin embargo todo esto es más que discutible y forma parte de la experiencia y el control que todo entrenador y remero han de tener. Las series en entrenamiento y las competiciones nos proporcionarán la información necesaria.

10.3.10. MOMENTO DE LA TEMPORADA.

Relacionado con lo dicho del estado de entrenamiento, a medida que avanza la temporada sería posible ir endureciendo las palancas. Sin embargo también encontramos muchos remeros que prefieren suavizar los botes muy poco tiempo antes de las competiciones más importantes. Entre estos dos extremos nos encontramos con una postura intermedia: no cambiar las palancas por sistema a lo largo de la temporada. Las modificaciones oportunas se realizarán según la información que se desprenda de los series y resultados de las regatas.

10.4. TABLA DE MEDIDAS.

Siendo la modalidad, la categoría y el sexo las variables más importantes y a la vez las que nos vienen directamente determinadas, a continuación damos una tabla de medidas en función de ellas que puede servir de orientación o punto de partida para, sobre tales medidas, hacer las modificaciones en función del resto de variables.

	SM max.	SM min.	JM max.	JM min.	CM max.	CM min.	IM max.	IM min.
2-	116.0 86.0	117.0 87.0	116.5 86.5	117.5 87.5	117.5 87.0	118.5 85.5		
2+	116.0 86.0	117.5 87.5	117.5 87.0	118.0 88.0	117.5 87.5	119.0 89.0		
4-	114.5 84.5	116.0 86.0	115.5 85.5	116.5 86.5	116.0 86.0	117.0 87.0		
4+	115.0 85.0	116.0 86.0	115.5 85.5	117.0 87.0	116.0 86.0	117.5 87.5		
8+	113.5 83.5	114.5 84.5	114.0 84.0	115.5 85.5	114.5 84.5	116.5 86.0	115.5 85.0	116.5 116.0
1x	88.0 158.0	89.0 159.0	88.0 158.0	89.0 160.0	89.0 159.0	90.0 160.0	90.0 160.0	
2x	87.0 157.0	88.0 158.0	88.0 158.0	89.0 159.0	89.0 159.0	90.0 160.0	89.0 159.0	90.0 160.0
4x	86.0 155.0	88.0 157.0	87.0 157.0	88.0 158.0	88.0 158.0	89.0 159.0	88.0 158.5	89.0 159.0

	SF max.	SF min.	JF max.	JF min.	CF max.	CF min.	IF max.	IF min.
2-	116.5 86.5	117.5 87.5	117.0 87.0	118.5 85.5				
4-	115.5 85.5	116.5 86.5	116.0 86.0	117.0 87.0				
8+	114.0 84.0	115.5 85.5	114.5 84.5	116.0 86.0	115.5 85.0	116.5 116.0		
1x	88.0 158.0	89.0 160.0	89.0 159.0	90.0 160.0	90.0 160.0	90.0 160.0		
2x	88.0 158.0	89.0 159.0	89.0 159.0	90.0 160.0	89.0 159.0	90.0 160.0	89.0 159.0	90.0 160.0
4x	87.0 157.0	88.0 158.0	88.0 158.0	89.0 159.0	88.0 158.5	89.0 159.0	88.0 159.0	89.0

Capítulo 11. LAS INCLINACIONES DE LA CHUMACERA Y LA PALA.

11.1. DEFINICIÓN.

Por inclinación de la pala se entiende el ángulo que tiene ésta con respecto a la vertical cuando el remo se encuentra en su posición de tracción, o sea, apoyado contra la chumacera y la pala sumergida en el agua.

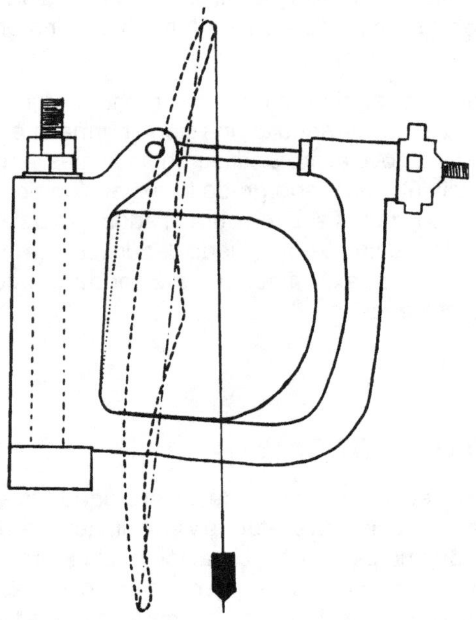

Inclinación de la pala

Tras la experimentación de muchos años, se llegó a la conclusión de que se obtiene una mejor nivelación del bote cuando las palas de los remos, en lugar de colocarse totalmente verticales sobre el agua, se apoyan con un ligero ángulo de aproximadamente 4 grados.

Se ha comprobado que remar con las palas verticales resulta muy inestable debido a la propia curvatura de la pala y también, en cierta medida, a la indudable torsión que eje y portante de chumacera sufren cuando el remero aplica su fuerza sobre el remo.

Nadie recomienda remar con inclinación negativa ya que el remo tiende a hundirse provocando desequilibrio en el bote, pérdida de apoyo y se dificulta mucho la salida de la pala. La inclinación cero es, a efectos prácticos, negativa, ya que el remo se hundiría igualmente. Todos están de acuerdo en aplicar inclinaciones positivas a la pala aunque hay un amplio desacuerdo en cuál debe ser la mejor inclinación positiva. Hay algunos que defienden 4° para remar en punta, y 6° para cuple, otros prefieren siempre 4°, otros algo menos, etc. En algunas épocas se han utilizado 8°. También hay muchos que afirman que es mejor poner más inclinación en los botes de remeros menos expertos. Y, por último, hay muchos que utilizan la inclinación como forma de modificar las condiciones de dureza y por tanto el ritmo y la velocidad de la embarcación.

La experiencia nos ha demostrado que es posible remar satisfactoriamente con cualquier inclinación dentro del margen de inclinaciones positivas comprendido entre 2° y 8°. Lo que sí parece mucho más importante es que las inclinaciones de todos los remos del bote sean iguales. Encontramos problemas de dirección y equilibrio como respuesta a muy ligeras diferencias en las inclinaciones de los remos.

En cualquier caso sí es unánime que la inclinación de la pala constituye un elemento fundamental en la propulsión, dirección y equilibrio del bote ya que determina en gran medida el grado de apoyo del remo sobre el agua, la profundidad de inmersión de la pala y la pulcritud en la salida de la misma.

El problema se centra pues dentro de un estrecho margen de inclinaciones positivas, aproximadamente de 2° a 8°. Cabe señalar una cierta norma que nos dice que una inclinación pequeña favorece un buen apoyo al profundizar un poco más el remo, hace que las palancas parezcan más duras y dificulta en cierto grado la extracción del remo. Por el contrario una inclinación alta tiene un apoyo más suave sobre el agua, las palancas parecen más blandas y se facilita la extracción de la pala. De ello puede deducirse que las inclinaciones bajas serían más aptas para remeros fuertes y experimentados, siendo más aconsejables las inclinaciones elevadas para noveles y jóvenes.

11.2. LA INCLINACIÓN LATERAL.

Buscando una gran precisión de la pala desde el ataque a la salida, se descubrió que una ligera diferencia entre la inclinación en el ataque y la inclinación en la salida favorecía el trabajo del remero. Por medio de una pequeña inclinación hacia fuera del eje de la chumacera, de un grado aproximadamente, conseguimos que haya un poco más de inclinación en el ataque que en la salida y con ello corregimos una cierta tendencia que tiene el remo a hundirse más de la cuenta en el ataque y a salirse a lo largo de la pasada.

Una inclinación lateral del eje hacia fuera de un grado, provoca una diferencia de aproximadamente medio grado entre el ataque y la salida y suele ser la diferencia más recomendable. Una mayor inclinación hacia fuera dará más diferencia y hacia dentro la disminuirá o la hará negativa. Los dos extremos son igualmente perjudiciales para el buen remar.

Si medimos en la pala con metro y plomada, la diferencia debe ser de 2 ó 3 milímetros más en el ataque que en la salida.

11.3. PROCEDIMIENTO DE MEDIDA.

Hay varios procedimientos, desde el más rudimentario y también más utilizado que utiliza tan solo una plomada y un metro con la ayuda de un nivel de burbuja hasta otros que emplean un instrumento que lo incluye todo y que puede realizar la medición tanto en la chumacera como en la pala.

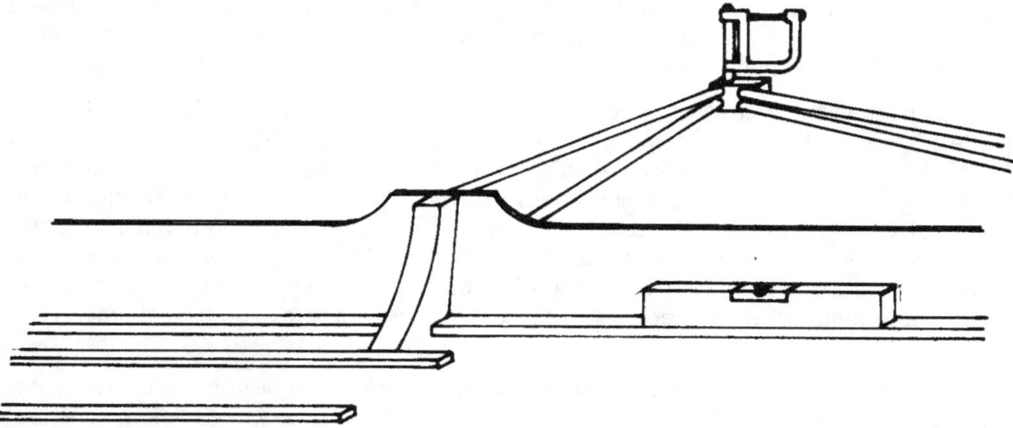

Nivelación longitudinal del bote

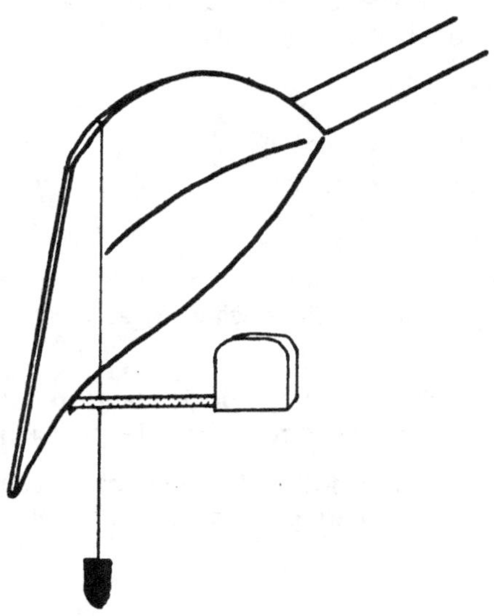

Plomada sobre la pala

Empezaremos con el procedimiento de la plomada, el metro y el nivel. En primer lugar se coloca el barco sobre dos caballetes iguales en un terreno lo más horizontal posible ya que la primera labor será nivelar el bote en sentido longitudinal colocando un nivel sobre las cuadernas laterales del barco o sobre las bandas. Nunca sobre las vías pues recordemos que éstas tienen una cierta inclinación. Conviene colocar el nivel en varios puntos diferentes del barco comprobando así la exactitud de la nivelación.

Una vez nivelado el bote longitudinalmente colocamos el primer remo a medir en su chumacera y el nivel en sentido transversal al bote sobre las vías o en otro lugar que nos asegure la nivelación del bote.

Mientras un remero observa el nivel y mantiene nivelada la embarcación, otro sujeta el remo en posición de ataque contra la chumacera asegurándose que el apoyo sobre la chumacera es correcto. Esto es un punto muy importante ya que no siempre los remos apoyan correctamente en la chumacera.

A continuación controlamos que la pala, con respecto a la línea de flotación del bote, quede a la misma altura que estará cuando se encuentre en el agua. Esto, si el terreno es liso, es sencillo tomar una altura de referencia de dicha línea de flotación con respecto al cuerpo del propio remero que mide la inclinación. En cambio si el terreno no es absolutamente horizontal habrá que medir la altura de la empuñadura sobre las vías y mantener dicha altura en todas las medidas que se hagan de la inclinación. Un sistema muy recomendable consiste en señalar uno de los 'tirantes' o 'quinta barra' del bote con una cinta adhesiva a su alrededor y utilizar ésto como patrón de medida. En este caso un remero más deberá colaborar en esta operación.

Con el remo y el bote fijados en esta posición, procedemos a medir la inclinación colgando la plomada sobre la pala a diez centímetros del extremo de ésta (ésto es un mero convenio) y midiendo la distancia entre el borde inferior y el hilo de aquélla. Hay que tomar todas las medidas con gran precisión, cuidando de no empujar el hilo con el metro, de colocar el metro siempre del mismo lado, de mirar siempre desde el mismo ángulo y asegurarse del correcto apoyo del metro sobre la pala. Por esta misma razón es muy recomendable que cada una de las operaciones que hay que realizar para medir las inclinaciones:

> a) nivelar el bote,
>
> b) presionar el remo en su chumacera,
>
> c) controlar la altura de los remos, y
>
> d) medir la inclinación,

las realicen siempre los mismos remeros en cada chumacera, pues de lo contrario incurriremos con toda seguridad en diferencias de apreciación y de ejecución de tales operaciones.

Una vez medida la inclinación en la posición de ataque repetimos todas las operaciones en la posición de salida efectuando la correspondiente medición.

Las medidas que debe tener la inclinación varían en función del ángulo que queramos darle y de la anchura de la pala con arreglo a la siguiente tabla:

	4°	5°	6°	7°	8°
15 cms.	11	13	16	18	21
16 cms.	11	14	17	20	22
17 cms.	12	15	18	21	24
18 cms.	13	16	19	22	25
19 cms.	13	17	20	23	27
20 cms.	14	18	21	25	28
21 cms.	15	18	22	26	30
22 cms.	15	19	23	27	30

11.4. LA INCLINACIÓN DE LA PALA, LA INCLINACIÓN DE LA CHUMACERA Y LA «CUÑA» DEL REMO.

La inclinación efectiva de la pala sobre el agua es el resultado de la suma o resta de tres ángulos:

- la inclinación del eje,

- el ángulo del plano de apoyo de la chumacera con respecto a su eje,

- la «cuña» del remo o ángulo existente entre el plano de apoyo del luchadero y el plano de la pala.

Todos estos ángulos son variables y diferentes de unos fabricantes a otros y, sobre todo, sufren importantes variaciones con el uso y desgaste del material, ello nos obliga a tomarlos en consideración por separado.

El primer elemento, la posición del eje con respecto al plano horizontal del bote ha de ser, en teoría, vertical tanto en sentido longitudinal como lateral, pero ello prácticamente solo es posible en un bote absolutamente nuevo y aún así tampoco es fácil. De todas formas conviene tenerlo presente y evitar inclinaciones exageradas del eje que nos hacen notar que alguno de los otros elementos está defectuoso o incorrectamente situado.

El segundo elemento, él ángulo de la chumacera. Las chumaceras tradicionales tienen un ángulo standard que generalmente es de cuatro grados:

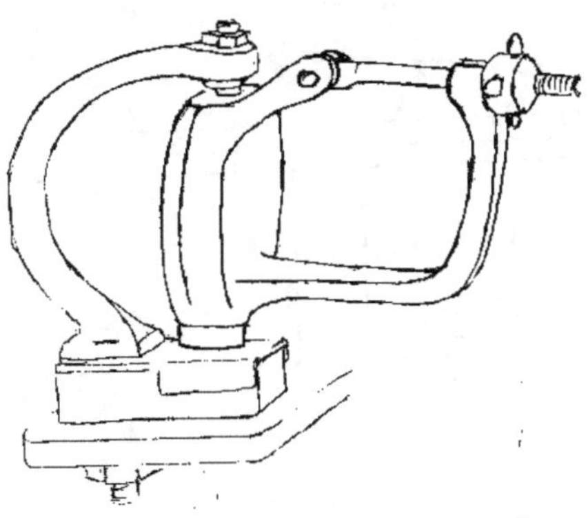

Una Chumacera

Sin embargo prácticamente todas las chumaceras que se encuentran en el mercado tienen éste ángulo variable. Un primer ejemplo lo constituye la chumacera tipo Empacher excéntrica con el eje cónico y una pieza interior excéntrica que hace rotar la chumacera propiamente dicha en torno al eje central con lo que obtenemos una múltiple combinación de inclinaciones centrales y laterales del remo.

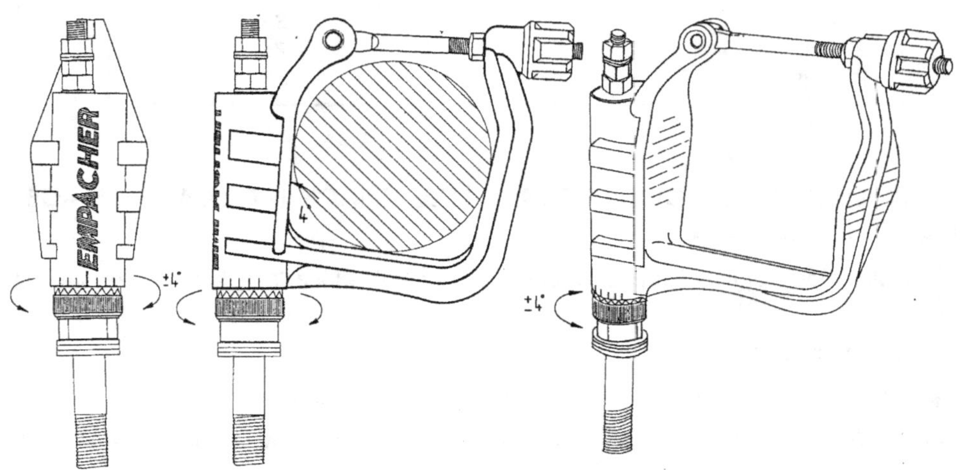

Chumacera Empacher excéntrica

Para el reglaje de esta chumacera se empieza por una colocación perfectamente vertical del eje con respecto al barco y a partir de ahí giramos la excéntrica lo que nos varía el ángulo de inclinación longitudinal y lateral simultáneamente. Si tenemos el eje perfectamente vertical no resulta demasiado difícil encontrar la combinación deseada. Pero en la mayoría de los casos, el eje no está bien colocado, y habrá que recurrir a una drástica movilización del eje actuando sobre el portante. El propio constructor facilita un accesorio especial para la colocación correcta del eje.

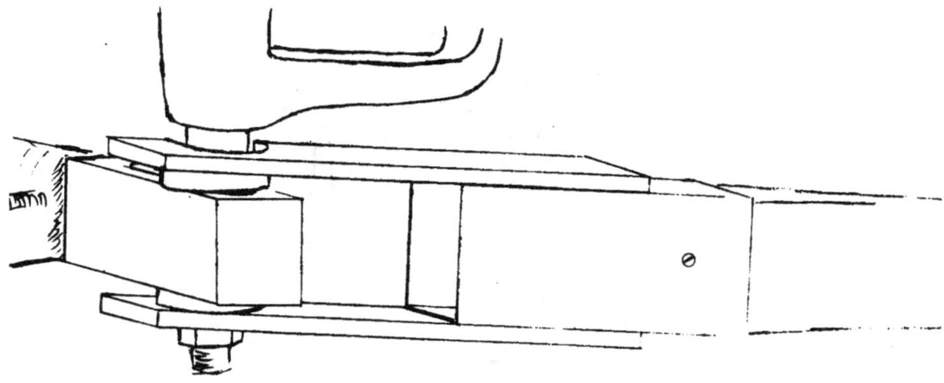

Herramienta para torsión del portante

Menos sofisticado resulta el sistema implantado por Stämpfli, consistente en unas plaquitas que formando parte de la chumacera determinan distintos ángulos del plano de apoyo con respecto al eje. Dichos ángulos vienen expresados sobre la propia pieza y éstas son asímismo de diferente color para facilitar su diferenciación. La pieza queda perfectamente fija al resto de la chumacera por medio de un pasador roscado.

El único problema de este sistema es que no permite una fácil graduación de la inclinación lateral ya que el eje tampoco lo permite; pero el fabricante cuida de construir los portantes de modo que el eje quede con la inclinación correcta.

Este sistema ha evolucionado hacia el sistema Concept en el que la inclinación de la chumacera con respecto a su eje se consigue mediante unos casquillos excéntricos situados entre el eje y la chumacera.

Ha habido muchos sistemas para resolver el problema de la regulación de inclinaciones, algunos realmente ingeniosos, pero entre ellos señalaremos uno muy simple que fue también utilizado por Empacher y del que aún quedan algunas embarcaciones con él. Se trata del sistema de la doble pieza en forma de trócola que permite una total movilidad del eje y de la chumacera en todos los sentidos pero que, por esto mismo tiene tendencia a moverse en el transcurso de entrenamientos y competiciones.

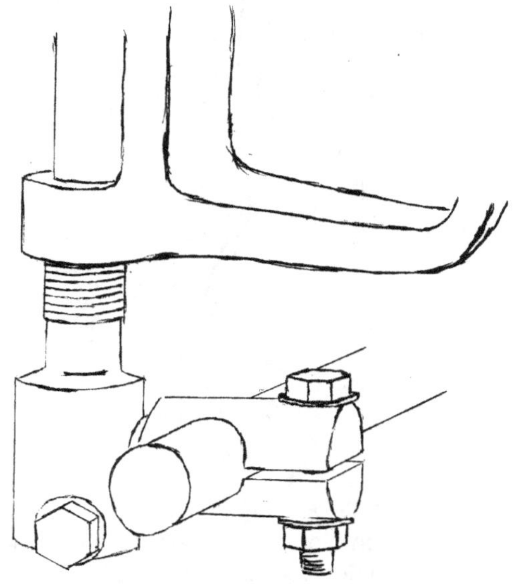

Pieza en trócola

También podemos recordar un sistema que ya no lo incorpora ningún fabricante pero que fue muy extendido en botes de cuple y es el de sujeción de la chumacera (sin eje) por medio de un arco que con dos pivotes la sujeta por arriba y por abajo. Es un sistema de fácil regulación tanto de la inclinación longitudinal como de la lateral pero ha sido abandonado por no ser suficientemente resistente y no facilitar la colocación del tirante o «quinta barra» que da mayor consistencia a la chumacera por la parte superior. (ver dibujo en pag. 105)

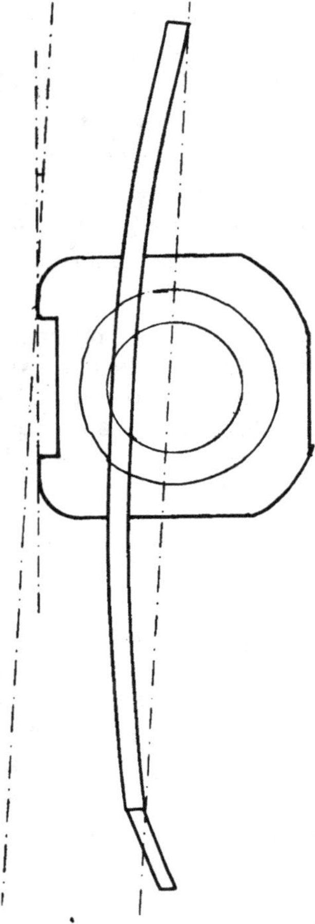

Cuña del remo

Por último, el tercer elemento que interviene en la inclinación de la pala es la «cuña» o ángulo existente entre el plano del luchadero y el plano de la pala. Es muy variable aunque suele tener una media de unos dos grados, en un sentido para los remos de babor y en el contrario para los de estribor. No todos los fabricantes lo incorporan a sus remos. Es también un ángulo que tiene ligeras variaciones de unos remos a otros incluso en remos absolutamente nuevos del mismo fabricante. Ni que decir tiene que en remos viejos o de escasa calidad las diferencias llegan a ser disparatadas por desgaste del luchadero o reviramiento de la caña. Antes de iniciar un reglaje de unos remos que sean desconocidos para nosotros conviene asegurarse de que las «cuñas» de los mismos corresponden a la banda que tienen asignada. Las sorpresas no son tan raras como cabría imaginar.

11.5. RESUMEN DE LA OPERACIÓN COMPLETA DE MEDIR LAS INCLINACIONES.

Nos referiremos a la operación completa realizada con los elementos más simples: nivel, metro y plomada, ya que con otros sistemas algunas operaciones quedan realizadas automáticamente.

1. Situar el bote sobre dos caballetes lo más iguales posible.

2. Nivelar longitudinalmente el bote.

3. Proveerse de las herramientas adecuadas.

4. Nivelar lateralmente el bote. A partir de ese momento un remero tendrá que ocuparse de esta operación. Aunque ésto puede hacerlo la misma persona que apoya el remo en la chumacera.

5. Colocar el remo en la chumacera a medir. Un remero tendrá que ocuparse de la sujeción del remo contra la chumacera, asegurándose de que el apoyo es seguro y que lo será a lo largo de todas las mediciones. Es la operación más delicada y por ello debe realizarla un remero con experiencia o el entrenador.

6. Un tercer remero comprueba y asegura que la altura de la pala es la conveniente.

7. Por último un cuarto remero sostiene la pala del remo, le cuelga por encima el hilo de la plomada y mide la inclinación de ésta en la posición de ataque y de salida.

8. Vistas las inclinaciones que tiene, si hay que realizar alguna corrección habrá que retirar el tirante y aflojar los tornillos o tuercas que mantienen fija la chumacera moviéndola ligeramente hacia donde consideremos necesario para acercarnos a la inclinación deseada. Como norma general hay que tratar de colocar antes la inclinación lateral. Hecha la corrección, apretamos de nuevo las tuercas.

9. Vuelta al punto 5. Solo la experiencia hacen que el número de vueltas a este circuito sea el menor posible. Una vez obtenida la inclinación deseada colocamos el tirante: primero se afloja la abrazadera, se aprieta en el bote, se aprieta en el eje de la chumacera y por último se aprieta la abrazadera, de esta forma nos aseguramos de que la colocación del tirante no afectará a la corrección realizada.

Capítulo 12. EL MANTENIMIENTO DE LAS EMBARCACIONES.

12.1. BREVE INTRODUCCIÓN SOBRE LA ESTRUCTURA DE LOS BOTES.

Los barcos de remo de competición están formados por:

- una estructura interior que les confiere su rigidez y que sirve de soporte a los demás elementos del barco,

- el casco, perfectamente diseñado para obtener el mejor deslizamiento,

- los accesorios que permiten remar: pedalinas, vías, carros, portantes y chumaceras.

De modo muy simplificado podemos decir que el proceso de construcción parte de un molde con la forma exterior del casco, dentro del cual se introduce el material del que está hecho el casco: madera, fibra de vidrio, fibra de carbono, con las colas o resinas apropiadas para su endurecimiento y consistencia. Terminado este proceso se procede a despegar el casco del molde pero se continúa el trabajo con el casco dentro del molde introduciendo en su interior y fijando al casco todas las piezas de la estructura interna del barco. Terminada la cual se saca el barco del molde para proceder a su barnizado, si es de madera, y seguidamente la colocación de todos los accesorios.

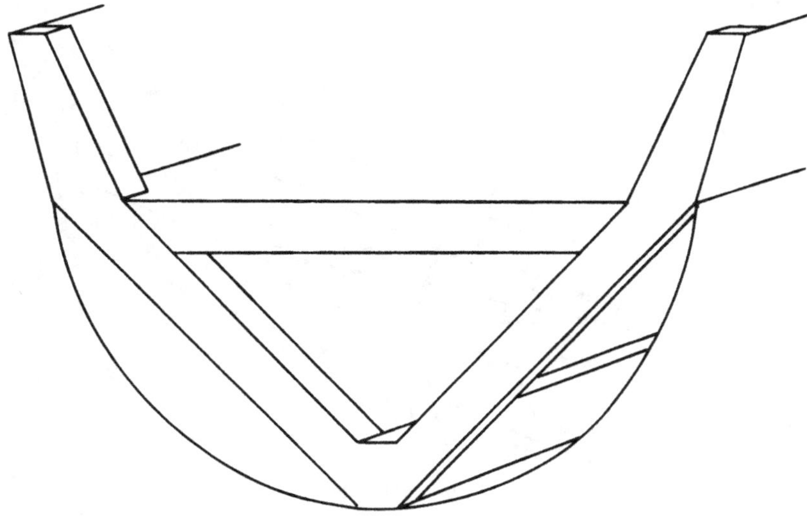

Plano perpendicular del bote

Un barco de remo, debido a su gran longitud y sus reducidas dimensiones de anchura, altura y peso ha de ser una compleja estructura que permita una rigidez suficiente en equilibrio con una cierta elasticidad y además tenga puntos de apoyo firmes que permita soportar el peso de los remeros y aplicar las fuerzas intermitentes que constituyen su propulsión.

El plano transversal al bote contiene elementos fundamentales para mantener rígida la manga del bote teniendo en cuenta que es sobre las bandas sobre las que van atornillados los portantes y por consiguiente donde se aplican las fuerzas más intensas. Las cuadernas y las traviesas son las que conforman este plano del bote. En los barcos más modernos constituyen una sola pieza. A través de su disposición triangular, transmiten la fuerza aplicada en la chumacera al centro de gravedad del bote y sostienen el peso de los remeros. Su rigidez por tanto es vital y los fabricantes se esfuerzan en encontrar las materiales y el diseño más adecuado para su construcción.

Las cuadernas pueden soportar perfectamente la tensión que le transmiten los portantes cuando el remero ejerce tracción sobre el remo debido al equilibrio de fuerzas sobre las dos bandas del barco, pero no soportan bien la tensión sobre un solo portante y mucho menos si se ejerce en dirección vertical por lo que nunca debe levantarse un bote o asentarlo sobre los portantes ya que podría determinar la rotura de las cuadernas. Es una avería muy frecuente en botes de enseñanza ya que los remeros que se inician piden que se les sujete el bote para colocar el remo que queda por el lado de fuera del embarcadero.

Es muy importante también que los portantes queden bien sujetos a las bandas y cuadernas para evitar golpeteo, pero también es muy importante no apretar en demasía ya que provocan un deterioro irreversible de las cuadernas.

El plano longitudinal vertical contiene los elementos que determinan la rigidez del barco: la propia forma 'cilíndrica' del casco, las bandas y otros elementos de este plano.

El mantenimiento de los puntos de fijación de toda esta estructura es muy importante para la vida del barco y un prolongado descuido puede llegar a causar la rotura total del casco por efecto de unas olas o incluso por el propio peso de los remeros.

El plano horizontal es quizás el más desconocido y es el que contiene los elementos que evitan la contorsión, alabeo o reviramiento del bote.

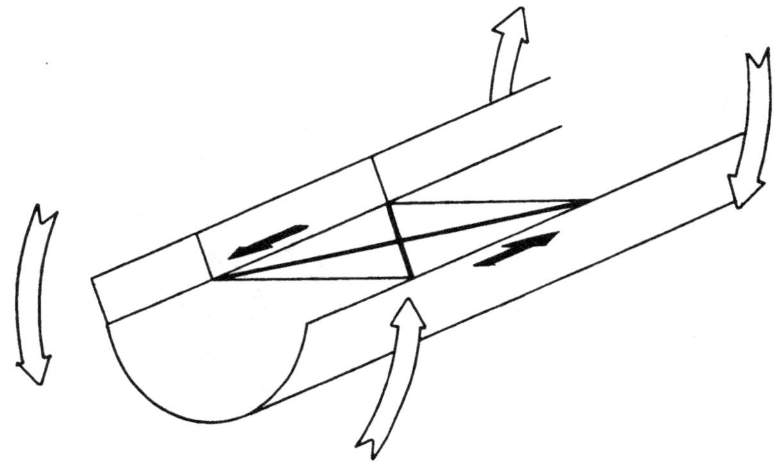

Alabeo del barco

Esta formado por travesaños horizontales en sentido perpendicular al eje del bote y estructuras en 'X' que evitan el avance-retroceso relativo de una banda con la otra y con ello el alabeo. Ambas estructuras están siendo sustituidas en los botes de fibra por una sola lámina de material relativamente rígido. Es muy importante vigilar que las 'X' de un barco no estén rotas y que se encuentran sólidamente unidas a las bandas ya que de lo contrario se produce alabeo del bote y consiguientemente gran inestabilidad y falseamiento de las medidas de las alturas de la chumacera.

En conclusión, la delicada estructura de un barco es un conjunto bien equilibrado de fuerzas de modo que cuando algún punto se debilita se sobrecarga el resto. De ahí nuestra insistencia en el control frecuente de todos estos puntos y su reparación inmediata para asegurar una larga vida del barco y un óptimo rendimiento de los remeros.

12.2. LOS ELEMENTOS INTERIORES DEL BOTE.

Las pedalinas son una de las piezas del barco que más deterioro sufre con el uso pues sobre ellas se apoya la fuerza de los remeros que es intermitente y además en ambos sentidos. Ello constituye un machaqueo contínuo que obliga en primer lugar a vigilar prácticamente a diario que todos sus tornillos estén bien apretados y a un cambio de zapatillas relativamente frecuente.

Los problemas de las pedalinas se agravan en la que lleva el timón ya que la complejidad del mecanismo unido a su extremada ligereza de materiales lo hacen ciertamente delicado y vulnerable al mal trato.

Las vías deben mantenerse bien atornilladas al bote evitándose que sean utilizadas si están sueltas, y, sobre todo, las vías deben estar limpias. Las ruedas del carro deben rodar sobre una superficie totalmente exenta de polvo, óxido o cualquier otro producto. Es absolutamente lamentable y ridícula la costumbre que tienen algunos de aplicar algún lubricante sobre las vías. Con el uso se desgastan y pierden su rectitud ante lo cual solo cabe su sustitución.

Los carros también deben mantenerse muy limpios y lubricados con aceite ligero los puntos de fricción que son solo, en los carros de 'doble acción' el punto en el que se produce el giro de los ejes. El resto, como las vías, debe estar simplemente limpio. También es muy importante controlar que están bien apretados los tornillos.

12.3. LOS PORTANTES Y LAS CHUMACERAS.

Son muy diversos los diseños que los constructores han dado a los portantes, pero al fin y al cabo todos se concretan en estructuras triangulares que aseguren su indeformabilidad y resistencia a la tracción.

Con toda seguridad son una de las piezas más fuertes de los botes pero a la vez y debido a sus dimensiones no pueden ser excesivamente pesados, por lo que se suelen construir con materiales ligeros y por tanto son bastante poco resistentes a golpes o torsiones no propias de la remada. Los impactos en la navegación y en las entradas y salidas al embarcadero son las agresiones más graves que sufren hasta el punto de que pueden llegar a inutilizarlos por completo.

Más frecuente es el deterioro provocado por la no utilización de arandelas bajo las tuercas. También es importante el daño infringido por las torsiones a que son sometidos para colocar las inclinaciones de las chumaceras.

El deterioro habitual de las chumaceras es su desgaste tanto del alojamiento del eje como de las superficies de apoyo del remo. Generalmente llegado a cierto punto no queda otra solución que la sustitución.

12.4. LOS REMOS.

Los golpes en la pala y en la caña del remo en el transcurso de entrenamientos y competiciones suelen ser los daños mas habituales de los remos. Los remos de fibra tienen un mantenimiento más sencillo que los antiguos de madera que había que mantener perfectamente barnizados.

12.5. EL ALMACENAJE Y EL TRANSPORTE.

Los barcos se llevan más horas almacenados que sobre el agua y también es muy frecuente que hagan más kilómetros en la carretera que en los entrenamientos. Es pues importantísimo para su mantenimiento y su duración el correcto almacenaje y colocación en los remolques.

En el hangar, las estanterías deben colocarse de modo que permitan apoyar los botes sobre las cabeceras de las cuadernas y evitando en lo posible el apoyo sobre otros puntos, excepto los skiffes que habitualmente se apoyan sobre los bordes del casco en puntos intermedios de su proa y popa.

Normalmente las estanterías son metálicas pero el listón sobre el que se apoya el bote debe ir recubierto con materiales más blandos como madera, goma, plástico o lona.

Alturas de estanterías para botes de punta.   Alturas de estanterías para skiffs.

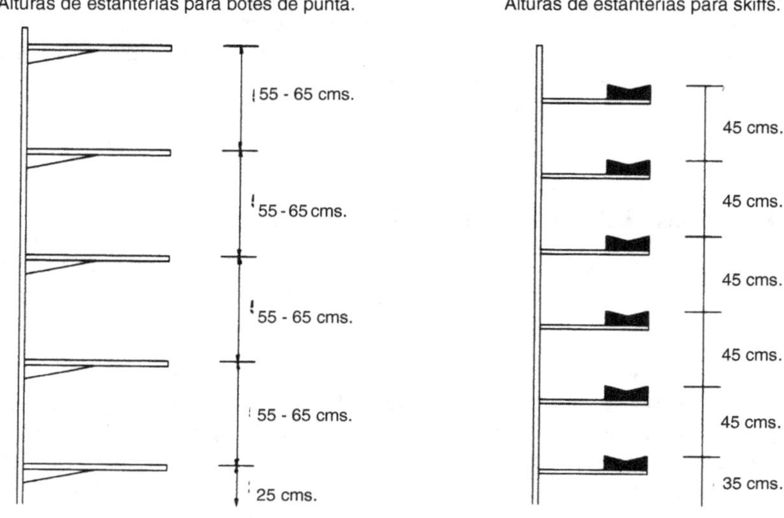

Croquis de medidas de estanterías

Al diseñar las estanterías de un hangar es conveniente prever una cierta flexibilidad en su ubicación tanto de pilares como de estanterías de modo que puedan adaptarse a nuevas necesidades y a dimensiones diferentes de algún bote concreto.

Para el almacenaje de los remos el mejor sistema es, sin duda alguna, en horquillas que permitan que los remos queden en posición vertical. La única limitación a aplicar este sistema debe ser la altura del hangar que, en ocasiones, puede paliarse excavando un foso en el suelo.

Para el transporte el sistema más común es el remolque especialmente construido para nuestros barcos, por lo que si son de buena calidad no presentan problemas para emplazarlos y sujetarlos. Hay que cuidar muy especialmente una sólida fijación que neutralice cualquier movimiento tanto transversal como longitudinal a la vez que no ejerza demasiada presión sobre el casco.

12.6. LOS REPUESTOS.

Siempre he insistido en que un buen stock de repuestos puede constituir la clave del éxito de un club. El mantenimiento continuado de los barcos y las averías o accidentes repentinos exigen la reposición de piezas de las que hay que disponer de inmediato para poder continuar el entrenamiento.

Todos los constructores disponen de buenos catálogos de repuestos para sus botes, y también hay fabricantes exclusivamente de repuestos que a su vez suelen ser proveedores de constructores de botes. En el club no pueden faltar los repuestos más imprescindibles que nos resuelvan problemas de modo inmediato: chumaceras, ejes, vías, carros o sus elementos, pedalinas, timones, orzas y toda la tornillería.

PARTE IV. EL ENTRENAMIENTO

Capítulo 13. OBJETIVOS Y PRINCIPIOS FUNDAMENTALES DEL ENTRENAMIENTO.

13.1. DEFINICIÓN DE ENTRENAMIENTO DEPORTIVO Y SU ENCUADRE EN LA TEORÍA GENERAL DEPORTIVA.

El entrenamiento es aquello que los remeros y los deportistas en general hacen cada día con el convencimiento de que les servirá para lograr una mayor capacidad de rendimiento. La organización y dirección del mismo constituyen el auténtico trabajo del entrenador. Estamos considerando así el entrenamiento en un sentido amplio al que Matveyev denomina «entrenamiento del deportista» y que incluye todos aquellos factores externos que determinan la preparación de un deportista para el logro de rendimientos y que constituye un complejo y dinámico estado caracterizado por un elevado nivel de eficiencia física y psicológica y un alto grado de perfección en la ejecución de la especialidad deportiva. Este estado de «deportista entrenado» se consigue por un proceso múltiple en el que intervienen muy diversos factores:

- el entrenamiento deportivo propiamente dicho y entendido en un sentido estricto como veremos seguidamente.

- las competiciones en tanto en cuanto sirven como forma de preparación y no solo de resultado de la misma.

- la aplicación de otros factores que suplementan e intensifican el entrenamiento a través del proceso de rehabilitación de las cargas (descanso, nutrición, higiene, forma de vida, etc.).

En un sentido más estricto, entrenamiento deportivo es aquel proceso pedagógicamente organizado que a través de un sistema de ejercicios y un autocontrol están dirigidos al desarrollo y aumento del rendimiento de un deportista.

Habitualmente, el cuerpo se encuentra en equilibrio entre la síntesis o producción de energía y materias y la degeneración o consumo de éstas. A esto se le llama homeóstasis. Si un estímulo consistente en una carga elevada rompe la homeóstasis se produce un proceso degenerativo. Cuando se interrumpe la carga se inicia un proceso regenerativo que no sólo restablecerá el equilibrio sino que lo superará. A ésto se le denomina supercompensación.

La supercompensación es pues el primer nivel de adaptación del organismo a la actividad muscular y constituye la unidad básica del proceso de entrenamiento ya que éste es una sucesión cíclica de cargas y descansos.

El entrenamiento se basa en el fenómeno de adaptación del organismo a los efectos de una carga moderada que pueda ser soportada durante un período de tiempo razonable, seguida de un tiempo de recuperación. Si encadenamos cíclicamente las cargas y descansos tendremos un proceso de entrenamiento.

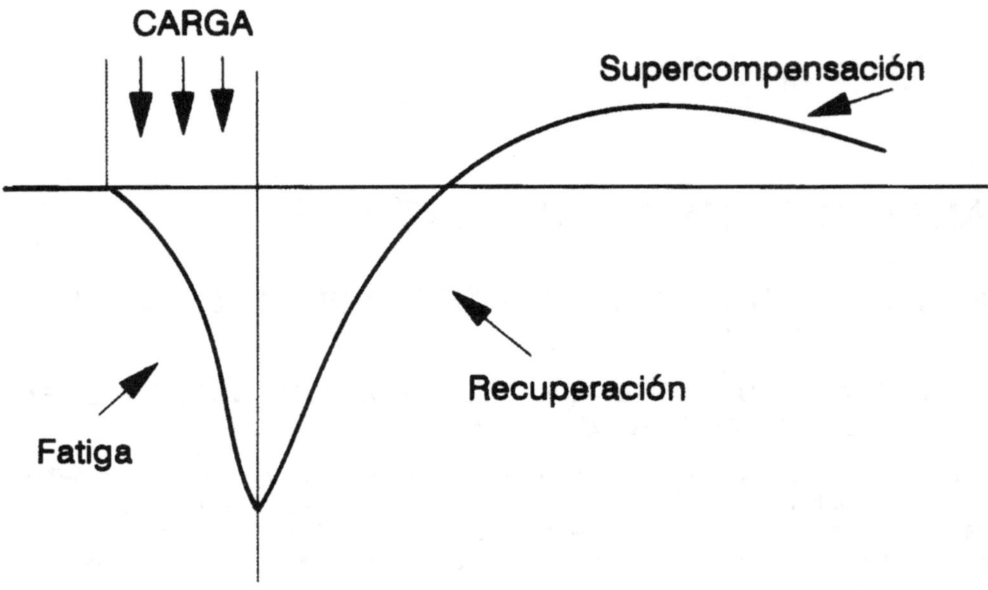

Carga, fatiga, recuperación

13.2. CARGA Y RECUPERACIÓN.

Hemos utilizado dos conceptos, carga y recuperación, que conviene aclarar con más precisión. La 'CARGA' hace referencia a todo el conjunto de ejercicios y su cantidad, volumen e intensidad y que están relacionados con el tipo de mejora del rendimiento que se busca y con el «dominio» que el deportista tiene sobre los citados ejercicios y que afectan a toda la personalidad de éste. Puede ser medida por los cambios bioquímicos y psicológicos que se producen en el organismo del deportista y que, lógicamente, dependen de su estado anterior, del nivel de motivación, y de otros diversos factores.

Resumiendo, la «carga» tiene tres facetas:

- ejercicios: tipo, cantidad, repeticiones, intensidad, etc.

- habilidad en la realización: no es lo mismo 10 kms. para un remero de élite que para un principiante.

- nivel o grado en que la carga afecta al deportista: viene dado por cambios físicos y psicológicos tales como ritmo cardíaco, concentración de ácido láctico en la sangre, fatiga, estado de ánimo, etc.

La correcta relación entre estas facetas son las que determinan la idoneidad del entrenamiento y deben constituir el objetivo prioritario del buen hacer de los entrenadores.

El otro concepto que forma parte del proceso de entrenamiento es el de 'RECUPERA-CIÓN', a través de la cual se restablece el desgaste ocasionado por las funciones utilizadas y nos conduce a una mejora del rendimiento a través de la supercompensación. Podemos comprender que es de suma importancia acelerar y mejorar el proceso de recuperación, ya que:

- mejorará el rendimiento del atleta en la sesión siguiente.

- facilitará la capacidad del deportista para la realización de otras actividades: estudio, trabajo, diversión.

- aumenta la tolerancia a una carga mayor en la siguiente sesión.

- permite un incremento de la frecuencia de entrenamiento.

Así como decíamos que la correcta organización de las cargas de entrenamiento constituyen la parte fundamental del trabajo del entrenador, la recuperación cae, en buena parte, en manos del propio deportista, que puede mejorar el proceso de recuperación siguiendo algunas pautas de comportamiento:

1.- Una correcta actitud durante la sesión de entrenamiento. El deportista debe conocer y aceptar los objetivos, las tareas y los modos de trabajo en todos los aspectos del entrenamiento. Prepararse física y psicológicamente bien (calentamiento, concentración) para cada tarea importante. Todo ello contribuye a crear unas condiciones favorables para una mejor recuperación durante y después de la sesión de entrenamiento.

2.- Una correcta organización de la sesión de entrenamiento, estableciendo la adecuada relación entre tareas y recuperaciones, alternando convenientemente los ejercicios de los distintos grupos musculares. También es importante el trabajo de recuperación activa a través de ejercicios de soltura, estiramientos y ejercicios de compensación.

3.- Cambios de actividad o tipo de entrenamiento de una sesión a la siguiente de forma que no sea necesario esperar a una recuperación completa de un determinado tipo de carga. Esto se hace especialmente aplicable en los entrenamientos de fuerte actividad muscular (fuerza máxima, potencia) que deben ir seguidos de entrenamientos de tipo aeróbico contínuo de baja intensidad sobre el barco. El mismo mecanismo es aplicable de unas semanas a otras.

4.- A través de una recreación activa, realizando ejercicios de baja intensidad, ejercicios diferentes a los que produjeron la fatiga, contribuyen a una mejor normalización de las funciones fisiológicas. Esta recuperación activa puede llevarse a cabo después de una sesión de entrenamiento, durante 15 ó 20 minutos o bien como una sesión de entrenamiento de recuperación. Se recomiendan ejercicios tales como gimnasia, natación, juegos con balón, etc. De éstos últimos hay que cuidar que no alcancen una excesiva intensidad pues es fácil tender a ella dado su carácter competitivo.

5.- En deportes de alta resistencia como el Remo, existe una modalidad especial del tipo de recreación activa que consiste en la realización del mismo ejercicio que produjo la fatiga pero a muy baja intensidad realizándolo siempre al final del entrenamiento o también como sesión independiente de recuperación propiamente dicha. Especialmente importante se hace ésto en competiciones en las que debe siempre realizarse 15 ó 20 minutos de remo suave al finalizar cada regata.

6.- Fundamental para una buena recuperación es el descanso propiamente dicho (sueño suficiente, no abusar de otras actividades físicas). También es importante una alimentación conveniente, la aplicación de un modo de vida sano y la observancia de normas elementales de higiene.

7.- Otros métodos de recuperación que puede utilizar el propio deportista son el automsaje, duchas, baños, saunas y rayos solares, aunque siempre bajo el conocimiento y el control del entrenador y/o médico deportivo.

8.- Por último señalar otros métodos algo más sofisticados tales como fisioterapia, masaje, electroterapia, laserterapia, etc. dentro de los medios físicos; y dentro de los métodos psicológicos, entrenamiento autógeno, relajación concentrativa.

Con ésto vemos cómo la recuperación, como aspecto fundamental del proceso de entrenamiento, es parte de la «vida» del deportista. En su propia actitud ante el entrenamiento propiamente dicho y en su comportamiento fuera del gimnasio o el bote, tiene en sus manos el control de una parte muy importante del nivel de rendimiento final.

13.3. PRINCIPIOS FUNDAMENTALES DEL ENTRENAMIENTO.

Los múltiples autores que han estudiado la teoría general de entrenamiento han ido encontrando que éste debe cumplir siempre una serie de normas o principios fundamentales. A continuación citamos los más importantes:

Principio del estímulo eficaz de carga

Para que podamos considerar «carga» de entrenamiento ésta debe superar un cierto umbral de esfuerzo, de modo que rompa el equilibrio homeostático.

Decimos que la carga ha de ser «adecuada», lo que significa «adecuada al organismo» que la ha de soportar. Si fuera muy pequeña, como viene a ser la mayor parte de las actividades físicas que se realizan a lo largo del día por una persona normal (subir una escalera, levantar una caja, cruzar corriendo una calle, etc) el cuerpo la realiza, puede llegar a sufrir algún tipo de cansancio pero en ningún caso podemos hablar de fatiga, y terminada dicha actividad el cuerpo repone el consumo y todo queda como antes. Si la carga fuera demasiado grande, el organismo sufriría efectos que alterarían su propia estructura, se producirían consumos totales de ciertos elementos utilizados en la actividad, podría llegarse incluso a situaciones irreversibles o a la necesidad de períodos de recuperación que más pudieran considerarse de convalecencia o curación. En definitiva, «adecuada» quiere decir que el cuerpo que la ha de realizar, pueda con ella, le suponga un esfuerzo importante pero que en ningún caso provoque una situación tal que no pueda ser compensada con un descanso y pueda entrar en juego el mecanismo de la «supercompensación».

Principio del incremento progresivo de carga

Consiste en la elevación gradual de las cargas de entrenamiento, aumento del volumen, intensidad, complejidad y tensión psíquica, ya que si se mantienen iguales, van perdiendo su efectividad. Hay que señalar que, en general, no deben aumentarse varias de ellas simultáneamente.

Es lógico deducir que si la supercompensación sitúa al cuerpo en mejor nivel de rendimiento, la carga siguiente deberá ser mayor para que siga siendo «adecuada» y con ello se repita el proceso.

En el entrenamiento en bote, este principio se pone de manifiesto, entre otras formas, por medio del incremento progresivo del ritmo de palada.

La correcta aplicación de un incremento progresivo de cargas determina la labor de planificación y control del entrenamiento y constituye quizás una de las tareas más complejas del entrenador.

Principio de la variedad de la carga

Las mismas cualidades se pueden conseguir por diversos procedimientos, con ello evitamos la monotonía del entrenamiento y aumentamos su eficacia.

Principio de la relación óptima entre carga y recuperación

La recuperación subsiguiente a una carga tiene que estar en relación con ésta de modo que permita su correcta asimilación.

Si el descanso fuera demasiado corto no daría tiempo a recuperar el desgaste producido y mucho menos la posterior supercompensación.

Si, por el contrario, fuera excesivamente largo el cuerpo volvería a su posición original perdiéndose totalmente el efecto de la supercompensación y del entrenamiento.

Principio de repetición y continuidad

El entrenamiento es una continuidad de cargas y descansos, es un ciclo que se repite continuamente a lo largo de todos los días, semanas y años. La no realización de una sesión de entrenamiento supone la ruptura del proceso, y aunque es posible de compensar, sobre todo en períodos preparatorios, en etapas clave de la preparación determinará limitaciones definitivas del nivel de rendimiento final.

Principio de acción inversa

Las adaptaciones que el organismo consigue con el proceso de entrenamiento son reversibles por lo que se pierden si éste se interrumpe.

Principio de individualidad

Cada individuo, responde de modo diferente ante las distintas cargas y recuperaciones, en función de muy diversas variables como son: sus cualidades innatas, estado de desarrollo, nutrición, descanso, motivación, etc.

Principio de especialización progresiva

La mejora inducida por el proceso de entrenamiento se produce fundamentalmente en aquella especialidad o ejercicio que se ha repetido múltiples veces. En consecuencia, el remero ha de remar, el nadador nadar y el ciclista pedalear.

Para no incidir en otros inconvenientes, ésto debe realizarse progresivamente.

Principio de la alternancia

Las distintas cualidades se interrelacionan de modo que el desarrollo de unas puede favorecer y/o perjudicar al desarrollo de otras. Así es fácil comprender que si tenemos más fuerza tendremos más capacidad para resistir un esfuerzo; pero también si llevamos a cabo un trabajo sistemático de aumento de la fuerza, éste puede perjudicar al desarrollo de las cualidades de resistencia aeróbica.

Principio de la modelación

El modelo de entrenamiento lo constituye la competición. Las cualidades que necesitaremos para ésta son los cualidades que debemos desarrollar durante el proceso de entrenamiento.

13.4. OBJETIVOS FUNDAMENTALES DEL ENTRENAMIENTO EN REMO.

Todo entrenamiento busca, como hemos visto, la mejora del rendimiento. En el Remo éste se traduce en velocidad de la embarcación, en lograr recorrer una distancia determinada en el menor tiempo posible, o mejor y más concretamente, en menos tiempo que los adversarios, ya que en el Remo no tienen consideración alguna los «records», y los tiempos invertidos en regatas y controles sólo tienen un carácter informativo.

Tenemos que analizar pues, y ello es el cometido de todo este libro, cuáles son los elementos que intervienen en la velocidad del bote y que podemos clasificar en los siguientes grupos:

- aspectos técnicos.

- aspectos físicos.

- aspectos materiales.

- aspectos sicológicos.

El entrenamiento tendrá que contemplar la mejora de todos estos aspectos. Cada unidad de entrenamiento tendrá como objetivo la mejora de alguno o algunos de estos aspectos y la combinación y estructuración de todos ellos en un programa deberá lograr el objetivo de situar al remero en las mejores condiciones para afrontar la competición.

Desde el punto de vista técnico el entrenamiento tiene como objetivo fundamental el dominio de la técnica, la automatización plena de los movimientos y, sobre todo, el desarrollo de los mecanismos proprioceptivos que hagan que el remero capte perfectamente el movimiento de su barco y las reacciones de éste a los movimientos y fuerzas realizados por él.

Desde el punto de vista físico el entrenamiento debe lograr el desarrollo de las cualidades físicas necesarias para mantener la ejecución técnica y la intensidad durante todo el tiempo que dura la competición. Las fuentes energéticas son todas las que el cuerpo tiene a su disposición y todas ellas empleadas en grado muy elevado. La resistencia tanto aeróbica como anaeróbica es la cualidad primordial del remero. Junto a ella no es menos importante el desarrollo de la fuerza y la movilidad necesarias para una correcta y potente ejecución técnica.

En cuanto al aspecto material, el entrenamiento del remero no puede descuidar la puesta a punto de su embarcación, el reglaje más adecuado y el mantenimiento de los barcos.

En los aspectos sicológicos incluimos la mentalización al esfuerzo, el trabajo en equipo y las tácticas de las competiciones. El hecho especial de que el remero se coloca de espaldas a la marcha del barco y por tanto, el que va más retrasado no ve al que va más adelantado, determina que la táctica y las posiciones relativas de los barcos en una competición pueden tener una importancia decisiva.

13.5. CONDICIONANTES Y EXIGENCIAS BASICOS EN LA PREPARACIÓN DEL REMERO.

El entrenamiento del remero ha de llevarse a cabo tanto en el propio barco como en tierra. En el barco se pueden entrenar todas las cualidades necesarias si bien el trabajo en tierra constituye un complemento imprescindible. El programa de entrenamiento debe contemplar el correcto equilibrio entre ambos.

Las dimensiones de la lámina de agua y el hecho de que el entrenador deberá seguir el entrenamiento desde una motora, determinan que éste no podrá estar permanentemente con sus remeros y éstos harán una gran parte de su entrenamiento en solitario. El remero ha de desarrollar una importante capacidad de autocontrol y acostumbrarse a recibir información de su trabajo por sí mismo.

Sobre el barco realmente no entrenan los remeros sino las tripulaciones. Todos los miembros de una misma tripulación ejecutarán exactamente el mismo entrenamiento. Cada remero tiene su propia capacidad individual pero sin embargo, dentro de una tripulación las diferencias de rendimiento deben ser mínimas. Ello nos obliga a tener en cuenta dos condicionantes:

a) la posibilidad real que una tripulación tiene para ejecutar un entrenamiento concreto. Por ejemplo, una tripulación de remeros inexpertos que sale por primera vez difícilmente podrá realizar un entrenamiento de series o intervalos. Habrá que alterar el programa para dar tiempo a que esta tripulación logre una coordinación adecuada.

b) es aconsejable que todos los remeros que remen en un mismo bote hayan seguido sistemas de entrenamiento similares, lo que determina la frecuente utilización de los programas de entrenamiento «uniformes», aunque ello incluso pueda llegar a contradecir el principio de individualización.

Por último, no podemos olvidar que realizamos el remo al aire libre y sobre una lámina de agua ambos sometidos a las inclemencias del tiempo y otras condiciones naturales. Esto constituye un elemento que condiciona seriamente la planificación del trabajo.

13.6. LA ADAPTACIÓN AL MOVIMIENTO.

Cuando hemos hablado del proceso de entrenamiento hemos hecho mención varias veces al fenómeno de la adaptación, entendida ésta como la resultante del proceso de supercompensación.

Ahora queremos hacer especial hincapié en la adaptación entendida como adquisición de dominio en la ejecución. En los deportes en que se ejecutan movimientos no habituales para el ser humano hay que partir de una aprendizaje del modelo técnico desde cero y de la creación de un complejo nervioso propioceptivo que nos informe de la ejecución de algo que nunca habíamos realizado antes.

Todo ello determina que, para poder llevar a cabo las distintas cargas de entrenamiento sobre el bote, el remero tiene que dominar la técnica y con ello nos referimos no solo a la propia ejecución de los movimientos sino sobre todo al saber «hacer andar el bote».

El dominio y la facilidad aparente para desplazar el bote deben ser pues objetivos primordiales que el remero nunca debe perder de vista, sea cual fuere el entrenamiento realizado. Tanto si está remando suavemente a 18 paladas por minuto como si va realizando cambios de ritmo o si va en una serie a tope, el remero no debe olvidar que lo más importante es que el bote deslice sobre el agua y que su movimiento adquiera ese «algo» que podamos calificar de «natural».

Capítulo 14. EL ENTRENAMIENTO FÍSICO DEL REMERO.

14.1. LAS CUALIDADES FÍSICAS FUNDAMENTALES.

El Remo ha sido catalogado siempre como uno de los deportes más completos. Ello es debido a que el remero ha de reunir un conjunto muy variado de cualidades.

Thor Nilsen hace una relación resumida de las cualidades más importantes que debe tener un remero. Todas ellas vienen genéticamente determinadas pero también deben desarrollarse con el entrenamiento:

EN GRADO MUY ALTO:	técnica resistencia aeróbica fuerza-resistencia dinámica capacidad psicológica
EN GRADO ALTO:	velocidad de contracción muscular experiencia
EN GRADO MEDIO:	resistencia anaeróbica fuerza máxima movilidad/flexibilidad táctica
EN GRADO BAJO:	fuerza isométrica fuerza explosiva

En estos capítulos ponemos especial atención en las cualidades físicas que serían las siguientes:

RESISTENCIA aeróbica y anaeróbica

FUERZA dinámica, máxima e isométrica

POTENCIA

VELOCIDAD

FLEXIBILIDAD

14.2. LA RESISTENCIA.

La resistencia es la cualidad más importante del remero. La competición de Remo es en sí misma una competición de resistencia ya que su duración está en torno a los 6/8 minutos. Además el propio entrenamiento basado en la ejecución de un elevado kilometraje sobre el bote, implica también un fuerte desarrollo de esta capacidad.

Hay múltiples definiciones de la resistencia, pero refiriéndonos al remo, me parece muy adecuada la dada por Grosser: «Resistencia es la capacidad física y psíquica de soportar la fatiga frente a esfuerzos relativamente prolongados y la capacidad de recuperación rápida después de los esfuerzos».

Se han dado múltiples clasificaciones de resistencia de las que exponemos un breve cuadro y nos remitimos a la extensa bibliografía que hay sobre este tema.

CRITERIO	CLASES
Por el volumen de la musculatura implicada	General Local
Por la mayor o menor especificidad de la modalidad deportiva	General Específica
Por la forma de obtener la energía	Aeróbica Anaeróbica
Por la forma de trabajo de la musculatura	Estática Dinámica
Por la duración del esfuerzo	Corta (35"-2') Media (2'-10') Larga I (10'-35') Larga II (35'-90') Larga III (90'-6 h.) Larga IV (>6 h.)
Por la relación con otras cualidades	Fuerza-resistencia Velocidad-resistencia Resistencia de sprint Resistencia de juego

En base a lo cual, considero que la resistencia en el Remo es una resistencia **general**, fundamentalmente **aeróbica, dinámica**, de **duración media**, y una resistencia **de fuerza**.

a) Resistencia muscular general: Utiliza prácticamente todos los grupos musculares del cuerpo. Dentro de ésta debemos señalar dos aspectos, igualmente importantes, que debe contemplar el entrenamiento del remero:

- Un trabajo de resistencia muscular general de base imprescindible para soportar las cargas de fuerza y potencia y para preparar al organismo para el desarrollo de las demás formas de resistencia específica Aunque puede comprender tan solo un 10-15 % del programa de entrenamiento total de un remero de alta competición, el porcentaje deberá ser mucho más elevado en remeros jóvenes.

- Un trabajo de resistencia general específica del remo. El desarrollo de este tipo de resistencia es absolutamente crucial en el rendimiento del remero. El trabajo en torno al umbral anaeróbico es fundamental para el rendimiento en competición. Es normal que este tipo de entrenamiento constituya más del 50 % del volumen total del entrenamiento.

b) Resistencia aeróbica/anaeróbica: es mayoritariamente aeróbica, 75-80%. Si bien no es nada despreciable la componente anaeróbica.

El substrato energético principal es el glucógeno muscular. Los valores de VO_2 max en competición alcanzan el 95-100 %. Las fibras musculares utilizadas se sitúan en torno a un 60% ST (lentas) y un 40% FT (rápidas).

c) Resistencia dinámica/estática: Es casi exclusivamente dinámica, ya que se trata de la capacidad para mantener los músculos en movimiento.

Sin embargo, aquí podríamos entrar en discusión sobre el importante trabajo estático que deben tener los músculos de la espalda.

d) Resistencia de duración media: La duración de las pruebas oficiales, tanto para juniors como para seniors y tanto masculinas como femeninas, está comprendida entre los 5 min. 30 seg. del ocho senior masculino a los 8 min 30 seg del skiff femenino.

Los restantes parámetros fisiológicos - 80-75% aeróbico, frecuencia cardíaca situada en sus valores más elevados, valores máximos de VO_2 y elevadas concentraciones de lactato (14-20 mmol/l) - coinciden con los datos habituales de todos los deportes que tienen este tipo de duración.

En entrenamientos, y en algunas competiciones, vemos que nos encontramos en Resistencia de Larga Duración II, o sea, comprendida entre 35 y 90 minutos.

e) Resistencia de fuerza: El gesto del remero consiste en mover su embarcación para lo cual deberá aplicar en cada palada una fuerza bastante importante.

14.3. LA FUERZA.

La fuerza que el remero emplea en la tracción del remo si bien no es máxima sí es de gran intensidad y en ella intervienen una gran cantidad de grupos musculares. Se trata de una fuerza dinámica. El remo es un ejercicio isocinético no puro, pues la velocidad con la que el remero desplaza a proa y se trae hacia sí el remo no es directamente proporcional a la fuerza que éste emplea, depende de la velocidad del bote, del reglaje y del gesto técnico. En la fuerza del remo hay también una importante componente de fuerza isométrica como sucede con los músculos de la espalda en la mayor parte de la pasada por el agua.

La fuerza del remero juega también un importante papel en su correcta ejecución técnica ya que para mover el cuerpo y el remo imprimiéndoles la velocidad y aceleración adecuadas es necesario un buen nivel de fuerza.

Puede afirmarse que la fuerza contribuye a disponer de más resistencia pues si tenemos más fuerza podremos mover una misma resistencia durante más tiempo ya que nos supone menos esfuerzo. Ésto no es totalmente contradictorio con el hecho de que un entrenamiento específico continuado de fuerza máxima puede contribuir a disminuir la capacidad de resistencia del remero. Por esto y por el hecho de que para tirar del remo no es necesaria una fuerza máxima es por lo que muchos entrenadores prefieren no incluir en el programa de entrenamiento, la fuerza máxima. Sin embargo, creo que hay que reiterar el principio de individualización y es perfectamente probable que a muchos remeros les mejore su rendimiento un buen trabajo de fuerza máxima.

Vemos pues cómo la fuerza del remero se relaciona inmediatamente con su resistencia. Lo que buscamos realmente no es tener mucha fuerza, sino ser capaz de mantener un buen nivel hasta el final de la regata. Se trata pues de resistencia a la fuerza o resistencia de fuerza. Los métodos de entrenamiento de la fuerza de los remeros se basan en:

- mover cargas superiores al esfuerzo que se realiza en el bote lo que supone pesos elevados aunque no sean máximos.

- el número de repeticiones es relativamente elevado. Incluso en los entrenamientos llamados de fuerza máxima, las repeticiones no suelen bajar de 5 ó 6. El remero siempre buscará mejorar su capacidad de mover bastantes veces una carga y no el hecho de que esta carga sea muy alta. De hecho en remeros de élite se observa muy poca diferencia entre el peso que son capaces de mover una sola vez o el de cinco repeticiones.

- los ejercicios deben ser muy específicos en relación con el propio gesto técnico del remo.

- es muy importante un buen control del entrenamiento de fuerza para evitar sobrecargas y lesiones. Por ejemplo, un remero que realiza una buena ejecución técnica y por tanto lleva a cabo una buena fijación isométrica de los músculos lumbares durante la pasada, podría sufrir una sobrecarga si, en determinadas fases de su entrenamiento, realiza ejercicios de fuerza máxima de lumbares, y mucho más si la conformación de su columna vertebral lo predispone a ello.

14.4. LA POTENCIA.

Para lograr una correcta aceleración de la pasada por el agua necesitamos aplicar una fuerza considerable en un breve lapso de tiempo. Dos son los grupos musculares que deberán desarrollar gran potencia: los extensores de las piernas y los flexores de los brazos.

En realidad la mayor parte del trabajo de fuerza del programa de entrenamiento de los remeros es un trabajo de potencia ya que se trata de mover cargas no máximas y deben ejecutarse a la mayor velocidad que el sujeto pueda.

14.5. LA VELOCIDAD.

El remero es resistente y por tanto no es veloz. Los buenos remeros tienen una composición muscular predominantemente de fibras lentas y resistentes y pocas fibras rápidas. La velocidad no es una cualidad del remero.

Tratamos de lograr la máxima velocidad del barco pero ello no significa en absoluto que el gesto del remero deba ser veloz. Como ya hemos comentado al hablar de la técnica no hay movimientos veloces aunque sí puede haber algunos movimientos rápidos. Estos movimientos rápidos están dominados por la coordinación y no por la fuerza en su ejecución.

14.6. LA FLEXIBILIDAD.

La articulación del tobillo es posiblemente la única que ha de llegar a su extensión límite en el momento del ataque. También la articulación de la cadera debe tener una importante capacidad de flexión.

Por lo demás la flexibilidad es una cualidad accesoria que contribuye a una mejora de la movilidad, un aumento de la coordinación, una mejora de la recuperación y una reducción del riesgo de lesiones.

Los remeros se pueden situar en nivel medio de esta cualidad en comparación con otros deportes.

Capítulo 15. METODOLOGÍA DEL ENTRENAMIENTO.

15.1. INTRODUCCIÓN.

En los programas de entrenamiento, los entrenadores se esfuerzan por lograr que los remeros obtengan las cualidades que los hagan triunfar aplicando muy diversas cargas y respetando los principios del entrenamiento que ya hemos mencionado. Las diversas cargas pueden aplicarse siguiendo principalmente tres métodos:

> método contínuo
>
> método interválico
>
> método de repeticiones o series

Con estas tres herramientas y aplicando diversas magnitudes de intensidad, cantidad, recuperación, etc. podemos ir encontrando infinidad de posibilidades. La realidad nos demuestra que no sería demasiado recomendable, por engorroso, utilizar tantas posibilidades y los remeros tienden a desarrollar su programa basándose en un conjunto de entrenamientos que se repiten con más frecuencia. Lo cual tampoco es criticable en sí mismo pues también es conveniente dominar bien la ejecución de ciertos entrenamientos lo que sirve de patrón mental ante otros cambios probablemente no previstos en el programa: viento, estado del agua, temperatura, diferente tripulación, momento de la temporada, etc.

De mi experiencia en cursos de entrenadores y de la lectura de muy distintos programas de entrenamiento he detectado que tanto los entrenadores como los remeros preferimos que nos den el «recetario» y ya tendremos tiempo de casarlo con nuestros conocimientos teóricos. Por ello he preferido traer a este capítulo una lista de los entrenamientos más habituales y que son los que de modo resumido vienen en los programas de entrenamiento desarrollados más adelante.

15.2. MÉTODO CONTINUO.

Se basan en la realización de una carga de trabajo de modo contínuo y con una intensidad constante o con muy pocas variaciones. Lo más normal es que la duración del trabajo no sea inferior a los 25-30 minutos.

15.2.1. REMO TÉCNICO CONTINUO

Es el entrenamiento básico. A todas las edades y niveles de rendimiento es el entrenamiento que más se realiza. Su intensidad suele rondar las 140-160 puls/min., y el ritmo las 18-20 pal/min.

Durante el mismo, se pueden realizar los ejercicios de mejora técnica que vimos en su capítulo correspondiente.

El remo técnico contínuo es, por otra parte, el calentamiento más habitual para los demás tipos de entrenamiento en bote.

15.2.2. REMO ENDURECIMIENTO

Significa un aumento de la intensidad sobre el entrenamiento anterior, o sea: 150-170 puls/min. y 22-24 pal/min.

Tras un calentamiento (2-6 kms. técnico contínuo o con ejercicios), puede realizarse en una sola serie de 10-14 kms. o en varias series como por ejemplo 2 x 6 kms., 3 x 4 kms., etc.

Muy importante mantener lo más constante posible la velocidad del bote y el ritmo de estropada.

15.2.3. REMO SERIES LARGAS

Supone una elevación de la intensidad (160-170 puls/min.) y del ritmo (26-28 pal/min.) con respecto al entrenamiento anterior. Puede basarse en series largas (2 x 4000 mts.) o bien en muchas series algo menos largas (4 x 2000 mts.) aunque ésto se aproxima más a lo que es un entrenamiento interválico o de repeticiones.

Lo más importante es mantener lo más constante posible los parámetros de velocidad del bote, ritmo de estropada y calidad de la ejecución técnica.

15.2.4. CARRERA CONTINUA

Carrera continua a una intensidad de 120-160 puls/min. Entrenamiento fundamental para la adquisición de resistencia aeróbica en remeros jóvenes por sus efectos beneficiosos sobre el aparato cardiovascular. En mi opinión no es demasiado útil en remeros de alto nivel porque la carrera no cumple el requisito de especificidad que debe cumplir todo ejercicio de tipo aeróbico para la mejora de esta clase de resistencia.

15.3. MÉTODO INTERVALICO.

Son entrenamientos que se desarrollan a base de efectuar un trabajo y una recuperación alternativamente, de modo que **la recuperación es incompleta**. En función de la intensidad y duración del trabajo así podrá ser la recuperación.

Si aumentamos la intensidad y también aumentamos la recuperación para hacerla más completa nos adentraremos en lo que se denomina método de repeticiones o series. Podemos comprender que el límite entre uno y otro no es fácilmente perceptible y generalmente difícil de controlar. Mucho más si tenemos en cuenta las otras variables que afectan al entrenamiento en el bote: viento, tripulación, etc.

15.3.1. REMO INTERVALO

Las posibilidades son infinitas. En todos ellos se busca que el organismo oscile entre dos niveles de intensidad. Desde el punto de vista técnico se busca el refuerzo de una correcta ejecución técnica a mayor ritmo sin entrar en fatigas elevadas.

Pueden realizarse por número de paladas, por tiempo o por distancia. Ejemplos:

De baja intensidad:

2 tandas de 10 x 30 pal (20 pal) (recup: 2 kms.técnico)

2 tandas de 8 x 40 pal (20 pal) (recup: 2 kms.técnico)

De más intensidad: le damos la vuelta al número de paladas fuertes y suaves, con lo que el tiempo de recuperación es mayor, o sea:

2 tandas de 10 x 20 pal (30 pal) (recup: 2 kms.técnico)

2 tandas de 8 x 20 pal (40 pal) (recup: 2 kms.técnico)

15.3.2. REMO SERIES

Como ya hemos indicado más arriba, incluimos aquí aquellos entrenamientos consistentes en series desde bastante cortas (500 mts.) a bastante largas (3000 mts.) entre las que tenemos una recuperación incompleta y lógicamente la intensidad de las series no es máxima sino limitada a un determinado ritmo.

La distancia total de trabajo en series puede ser cuatro veces la distancia de competición. Ejemplos de estos entrenamientos serían:

4 x 2000 mts. [28 pal/min] (1 km. recup.);

3 x 3000 mts. [26 pal/min] (1 km. recup.);

10 x 1000 mts. [26 pal/min] (500 mts. recup.).

15.3.3. CIRCUITO

La tradicional distribución del entrenamiento en tierra en forma de circuito en el que se ejecutan varios ejercicios marcados generalmente por un mayor tiempo de trabajo que de recuperación. No precisa más comentarios y me remito a la amplia bibliografía que ha tratado este tipo de entrenamiento.

15.3.4. GIMNASIA DIRIGIDA

Bajo este epígrafe incluimos aquellos entrenamientos en los que el entrenador dirige de modo directo la ejecución de los ejercicios, marca el ritmo, el tiempo de ejecución y recuperación. En definitiva constituye la típica y antigua figura del entrenador rodeado de remeros en un gimnasio y dirigiendo el entrenamiento. Es un tipo de sesión muy importante, especialmente en las categorías más jóvenes, permite enseñar ejercicios, comportamientos, modos de trabajar, etc. Establece una relación muy directa entrenador-remeros. Permite observar la ejecución y el comportamiento de los remeros.

Dentro de este tipo de sesión caben casi todas las posibilidades de trabajo: acondicionamiento general, resistencia muscular por repeticiones, flexibilidad, ejercicios de mejora de la carrera, etc.

15.4. MÉTODO DE REPETICIONES O SERIES.

Se trata de realizar series de un ejercicio concreto a una intensidad determinada. En todos los casos, la **recuperación entre series debe ser completa**.

15.4.1. REMO SERIES

Se realizan sobre distancias inferiores o iguales a la de competición, a gran intensidad: de 170 puls/min. a máximas, así como el ritmo: 28 pal/min. a máximo. Caben casi todas las variantes imaginables. Son típicas las series en múltiplos de 500 mts. hasta la distancia de competición.

Lo más normal es que el total de metros recorridos en serie no supere el doble, aunque podría ser un poco más, de la distancia de competición. Las recuperación suele ser la vuelta remando suave al punto de partida más el tiempo utilizado en los dos virajes y la nueva alineación de salida.

Son entrenamientos muy frecuentes: 2 x 2000; 3 x 1500; 4 x 1000; 6 ú 8 x 500; etc., con intensidades máximas o relativamente limitadas.

15.4.2. REMO PIRÁMIDES

Son una modificación del Remo series en el que la intensidad de trabajo durante la serie es variable y controlada. La intensidad es de 160 puls/min. a máxima y el ritmo: 28 pal/min. a máximo.

Las pirámides suponen, desde el punto de vista del rendimiento físico, la capacidad de realizar esfuerzos controlados muy elevados en situaciones de fatiga importante. Se trata de llevar el cuerpo a una elevada concentración de lactato y en esta situación hacerlo subir o controlar un elevado ritmo e intensidad.

La recuperación entre pirámides suele ser completa. Generalmente 2 o 3 kms. de remo técnico suave son suficientes para dejar el organismo en condiciones de afrontar la siguiente.

Las variantes son muchas, si bien las podemos agrupar en dos:

- Pirámides propiamente dichas (ascendente/descendente):

```
2'   -  2'  -  1'   -  2'   -  2'        <-  tiempo
80%    90%    max    90%    80%          <-  porcentaje sobre ritmo o pulso.

2'   -  1'  -  1'   -  1'   -  2'        <-  tiempo
80%    90%    max    90%    80%          <-  porcentaje sobre ritmo o pulso.

1'   -  1'  -  1'   -  1'   -  1'        <-  tiempo
80%    90%    max    90%    80%          <-  porcentaje sobre ritmo o pulso.

1'   -  1'  -  1'        <-  tiempo
90%    max    90%        <-  porcentaje sobre ritmo o pulso.
```

- Pirámides ascendentes:

```
2'   -  2'  -  1'   -  1'        <-  tiempo
70%    80%    90%    max         <-  porcentaje sobre ritmo o pulso.

1'   -  1'  -  1'   -  1'        <-  tiempo
70%    80%    90%    max         <-  porcentaje sobre ritmo o pulso.
```

15.4.3. PESAS REPETICIONES

Los ejercicios que pueden realizarse con lo que genéricamente denominamos «pesas» y que pueden comprender tanto el trabajo con halteras como el de aparatos de gimnasio. Pueden ser infinitamente variados y existen buenos manuales de musculación que nos ayudarán a orientar este tipo de entrenamiento.

El trabajo con pesas debe cubrir dos facetas, en primer lugar reforzar la musculatura específica del remo y, en segundo lugar, realizar ejercicios compensatorios para evitar desequilibrios funcionales. Bajo estas dos orientaciones deben elegirse los diferentes ejercicios.

Los ejercicios con pesas más habituales son los siguientes:

SENTADILLA: La barra sobre los hombros. Se baja controladamente hasta que los muslos queden paralelos al suelo. Los pies se colocan ligeramente separados y apoyada toda la planta en el suelo. Cuidar de mantener la columna derecha.

ABDOMINALES: Con las piernas algo flexionadas y los pies   ligeramente por encima de la cadera elevamos el tronco con una sobrecarga sujeta con las manos en la nuca. Es importante que los músculos abdominales se relajen entre cada dos repeticiones.

LUMBARES: Sobre un banco alto o plinto se sujetan los pies y elevamos el tronco de abajo a algo más de la horizontal, con sobrecarga en la nuca.

ARRANCADA: Elevar la barra desde el suelo a los hombros cuidando de una ejecución correcta, especialmente en cuanto a la posición de la espalda se refiere.

REMO TABLA: Tumbados en posición prono sobre un banco alto, elevamos las pesas desde el suelo a la tabla del banco. Los brazos no deben colocarse demasiado separados. Para no sobrecargar la espalda no deben sujetarse los pies y se colocará un cojín entre el abdomen y el banco.

En la iniciación de remeros jóvenes a este tipo de entrenamiento debe aumentarse la lista de ejercicios incluyendo diversos ejercicios no específicos (pectoral, bíceps, isquiotibiales, etc.), y, sobre todo, controlar muy estrechamente la correcta ejecución técnica. Por esto mismo los pesos deben ser tales que permitan mantener una buena técnica hasta la última repetición. En estos entrenamientos el control por parte del entrenador debe ser estricto.

En los programas de entrenamiento veremos diversas variantes de número de ejercicios, número de series y número de repeticiones.

Por lo general si se trata de entrenamiento de fuerza/resistencia, o sea, típicas «Pesas Repeticiones», la recuperación suele ser el mismo tiempo de trabajo, o lo que es lo mismo, el entrenamiento se ejecuta por parejas descansando uno mientras el otro hace el ejercicio.

Ritmo de ejecución: las series de elevado número de repeticiones, a ritmo de boga: 20-25 rep/min. Normalmente se ejecutan a más ritmo los ejercicios que implican menos grupos musculares que los que utilizan los grandes grupos musculares. En cualquier caso no debe haber demasiadas diferencias entre unos y otros.

15.4.4. PESAS MÁXIMAS

Los ejercicios deben ser específicos del gesto técnico del remo. Los entrenamientos deben ejecutarse bajo un estricto control por parte del entrenador para evitar lesiones por sobrecargas. Es muy conveniente tener un buen conocimiento de las posibles patologías articulares, muy especialmente de las de columna, así como de las restantes cargas que el remero soportará en los entrenamientos en bote.

La recuperación debe ser amplia siendo el tiempo de recuperación el doble del de trabajo, o sea, el ejercicio se realizaría por tríos.

Aunque caben muy diversas variantes, es frecuente hacer 5 ejercicios, 3 series, 5 ó 6 repeticiones.

15.4.5. PESAS POTENCIA

Lo que tradicionalmente denominamos así recoge entrenamientos en los que se aplican cargas inferiores a las máximas (50-60%) para ser ejecutadas con gran rapidez, emulando al gesto técnico del remo.

Al igual que para la fuerza máxima deben ser ejercicios muy específicos concentrándose en los de extensión de piernas y flexión de brazos.

15.4.6. CUESTAS

Este tradicional entrenamiento de carrera no es otra cosa que un entrenamiento de series a muy elevada intensidad realizado en carrera en vez de en el bote. No cabe duda de que es un buen entrenamiento de resistencia anaeróbica y puede ser un buen sustituto de las series en bote, ya que tiene unas características similares.

Capítulo 16. PLANIFICACIÓN, PERIODIZACION Y CONTROL DEL ENTRENAMIENTO.

16.1. INTRODUCCION.

En capítulos anteriores hemos comentado que el entrenamiento es un proceso formado por una sucesión de cargas adecuadas con descansos igualmente adecuados. Hemos visto que la mejoría o «supercompensación» se consigue en el mismo sentido o parámetro de la carga. Todo ello nos hace pensar que de alguna forma habrá que poner en orden las cargas y los descansos para lograr el objetivo que buscamos.

Asímismo habíamos mencionado que las cargas se refieren a los tipos de ejercicio físico, su cantidad, intensidad y también al aspecto subjetivo, o sea, cómo siente el deportista un determinado entrenamiento. Al decir esto estamos insistiendo en que existen muchos tipos de cargas y que todas ellas van destinadas a mejorar el rendimiento de las diferentes cualidades físicas: resistencia, fuerza, velocidad, etc. También nos hace pensar que un remero tiene que desarrollar varias de todas esas cualidades por no decir todas en diversa medida. Ello nos plantea uno de los grandes interrogantes del entrenamiento deportivo: ¿cómo aplicar las cargas y los descansos?.

La respuesta es muy compleja y constituye lo que denominamos el PROGRAMA DE ENTRENAMIENTO, en el que se detallan los tipos de entrenamientos a realizar, su cantidad, intensidad, recuperaciones, etc. En él también se expresa que hay unas cualidades que son prioritarias sobre otras, o cualidades que deben mejorarse antes que otras, o incluso cualidades que pueden intercalarse y que sirven como descanso activo a otras cargas, etc. La elaboración del Programa de entrenamiento es algo muy complejo y delicado. Su correcta realización y puesta en práctica es decisiva para lograr el mejor momento de forma en la ocasión que lo requiere.

Ello significa que un programa de entrenamiento ha de estar referido a un determinado período de tiempo, normalmente una temporada. En nuestro caso concreto generalmente de septiembre a agosto. También pueden contemplarse programas más largos, como los programas cuatrienales de preparación olímpica, o más cortos como la preparación de una competición concreta a corto plazo (quince días, un mes, etc.).

El gran clásico de la periodización, Matveyev (1977, ed.española), hacía una división general del proceso de entrenamiento de una TEMPORADA en PERÍODOS o MACROCICLOS, que a su vez se dividen en MESOCICLOS y éstos en MICROCICLOS. Cada uno de éstos está formado por un determinado número de SESIONES DE ENTRENAMIENTO. La puesta en orden de todo ésto presenta múltiples posibilidades, variantes u opiniones según los distintos entrenadores. También encontramos importantes diferencias según se trate de entrenar categorías jóvenes o remeros de élite.

A continuación estudiaremos dos opciones de distribución de los mesociclos y macrociclos, o lo que es lo mismo dos formas de distribuir las cargas y las recuperaciones a lo largo de una temporada. En primer lugar veremos el sistema tradicional basado en el planteamiento original de Matveiev y en segundo lugar veremos cómo ha evolucionado hacia un sistema que denominamos contemporáneo.

16.2. SISTEMA TRADICIONAL DE PLANIFICACIÓN.

Matvéiev indicaba como norma general la división del proceso en tres períodos o macrociclos: PREPARATORIO, DE COMPETICIÓN y DE TRANSICIÓN. A continuación los estudiaremos con más detalle.

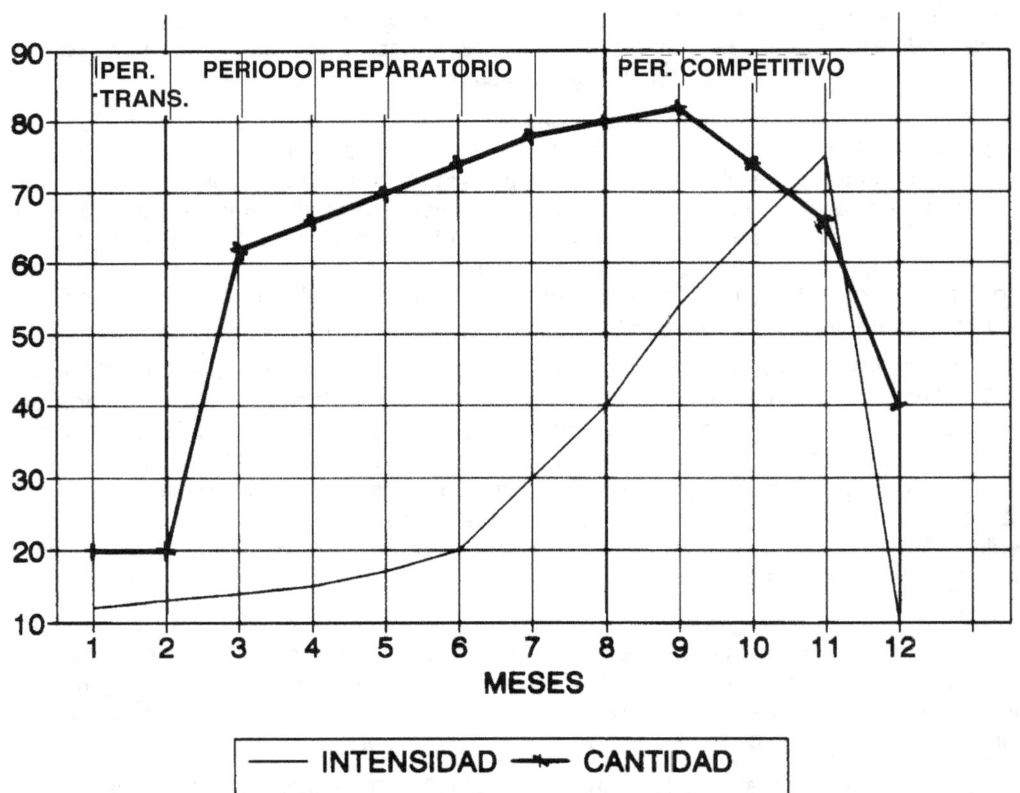

Esquema de los tres períodos - Curva cantidad/intensidad

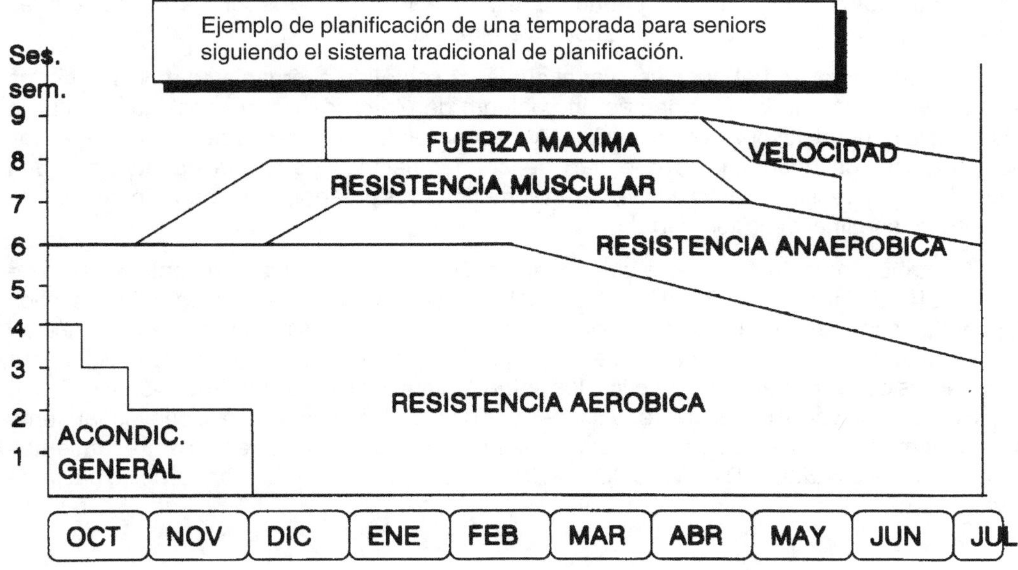

Distribución entrenamiento de una temporada

16.2.1. PERÍODO PREPARATORIO.

Incluye todo aquel tiempo que destinamos a la mejora de las cualidades que el deportista necesitará para la competición. En este período o no hay competiciones o ésta se consideran como parte de la propia preparación y no como fin de ésta. Se inicia de dos a cuatro semanas después de la última gran competición de la temporada anterior, habitualmente septiembre-octubre, y termina en torno al mes de marzo.

Se puede dividir a su vez en dos mesociclos: de acondicionamiento general y de preparación específica:

A) Mesociclo de acondicionamiento general.

Es el primer ciclo de la temporada y constituye los cimientos de la preparación anual. En él se persigue dotar al remero de unas condiciones físicas generales que le permitan tolerar y asimilar el entrenamiento más específico e intenso de los siguientes ciclos y períodos. Un buen trabajo de acondicionamiento general permite además la prevención de lesiones, la corrección de defectos en la realización de los entrenamientos, etc.

La duración de este período suele ser de tres a cuatro semanas en remeros seniors con varios años de práctica y de diez a doce en categorías jóvenes. Aún deberá ser más largo para los remeros que se inician.

Las sesiones de entrenamiento se basan en una larga duración, (90-120 minutos), a una intensidad baja. El remero debe mantener un ritmo cardíaco no muy elevado (110-140 pulsaciones por minuto). Dada la gran importancia que en el remo tiene la formación de un buen aparato cardiovascular y del aumento del nivel del umbral aeróbico, la mayoría de los entrenamientos deben ser de tipo contínuo: CARRERA, REMO. Estos son los más frecuentes durante la primera parte del ciclo de acondicionamiento.

Debido el intenso trabajo muscular al que será sometido el organismo en los períodos siguientes, hemos de incluir además un conjunto de ejercicios destinados a aumentar la resistencia general de toda la musculatura. Muy importante a este respecto son los ejercicios de los músculos abdominales que han de ser fortalecidos para que después puedan compensar el intenso trabajo a que se verán sometidos sus antagonistas, los lumbares, sobre todo en la fase final de la temporada.

Dentro de los entrenamientos que tienen este objetivo «muscular» encontramos los de GIMNASIA GENERAL, CIRCUITO, FOOTING y algunas otras variantes. Todos ellos responden a las características de un entrenamiento de ejercicios musculares de intensidad media-baja, de larga duración y amplia tipología. También entran dentro de este ciclo, para los remeros con varios años de práctica, los entrenamientos de PESAS REPETICIONES, con bajos pesos y elevado número de repeticiones y series, que conducen a un acondicionamiento muscular más específico de cara a la siguiente fase. También realizaremos entrenamientos de CARRERA o REMO INTERVALICOS en los que forzamos el umbral anaeróbico hacia un nivel más alto.

B) Mesociclo de preparación específica.

Constituye el grueso o parte fundamental del entrenamiento físico del remero y lógicamente la mayor parte de las sesiones irán dirigidas a la mejora de la resistencia específica.

Entrenamientos típicos de este ciclo son PESAS REPETICIONES, CIRCUITOS DE PESAS, REMO SERIES LARGA O MEDIA DURACIÓN, y algunos otros que harán trabajar la musculatura del cuerpo a una intensidad media-alta durante períodos de tiempo relativamente largos.

16.2.2. PERÍODO DE COMPETICIÓN.

Es aquel en el que se lleva a cabo la participación en las competiciones en las que queremos que el deportista muestre toda su valía y desarrolle su máximo rendimiento. Se inicia en abril para terminar en julio-agosto.

En este período se trata de mejorar las cualidades necesarias para lograr el máximo rendimiento en la embarcación. Buscamos aplicar cada vez más específicamente las cualidades entrenadas anteriormente para lograr la máxima velocidad de la embarcación en la distancia de competición. Ritmo y potencia son las claves de este período.

Los ciclos en que se subdivide este período dependen fundamentalmente del calendario de competiciones y del estado de forma del remero, por lo que no es fácil determinarlos aquí. Los entrenamientos son casi todos en bote buscando el óptimo rendimiento a ritmos cada vez más elevados.

16.2.3. PERÍODO DE TRANSICIÓN.

Es aquel que sigue al de competición y constituye un descanso para el organismo y poder afrontar el nuevo período preparatorio del siguiente proceso. Es un período de vital importancia cuando nos planteamos la carrera deportiva completa de un individuo. Está constituido por las tres o cuatro semanas siguientes a la última y más importante competición de la temporada. Al finalizar ésta hay que dar un receso al organismo, lo cual no quiere decir entrar en una fase de absoluta inactividad. Durante este período debe seguirse un programa basado en unas pocas sesiones de entrenamiento semanales -cuatro o cinco- con actividad de baja intensidad y fundamentalmente con ejercicios complementarios y no específicos. También puede ser muy provechoso participar en competiciones amistosas.

16.3. SISTEMA CONTEMPORÁNEO DE PLANIFICACIÓN.

El sistema tradicional de planificación que acabamos de ver ha evolucionado a medida que se observaba que, en deportistas que ya habían logrado un elevado rendimiento, no se producían nuevos incrementos al seguir un sistema de trabajo tan «uniforme». El grado de adaptabilidad disminuye con cada nueva sesión de entrenamiento, y tampoco cabe aumentar constantemente la carga.

Por otro lado, se ha constatado que resulta muy difícil mejorar progresivamente todas las cualidades de modo simultáneo y uniforme, ya que, al nivel que requiere el remero de élite, unas se interfieren con otras y también exigiría unos elevadísimos volúmenes de entrenamiento.

El aumento de competiciones en las que es necesario disponer de buena forma ha contribuido también a buscar sistemas que permitan disponer de motivación y disposición para la competición, incluso en lo que se consideraba período de preparación. Éstas y otras razones han llevado a una nueva concepción de la planificación del entrenamiento que denominamos **sistema contemporáneo** por ser de creación muy reciente.

Además este sistema nos permite mantener el esquema habitual de nuestro deporte en el que buscamos un punto de máximo rendimiento (Campeonato del Mundo): diseño de UNA CIMA.

El sistema contemporáneo se basa en:

A) Concentrar en cada mesociclo las cargas de entrenamiento para el desarrollo de capacidades específicas, o lo que es lo mismo, para lograr objetivos concretos.

B) Cada mesociclo busca la mejora de una o muy pocas cualidades que sean compatibles en su preparación.

C) Cada mesociclo tendrá la duración que se considera óptima para una mejora de dicha o dichas cualidades.

D) Las capacidades, y por tanto, los mesociclos, se van superponiendo de modo que el efecto residual de los anteriores nos mejore los efectos de los posteriores. Un conjunto de mesociclos que logran un determinado objetivo conforman un macrociclo.

16.3.1. MACROCICLOS, MESOCICLOS Y MICROCICLOS.

Los **macrociclos** serían las grandes fases de la temporada en los que se obtienen un conjunto de cualidades y objetivos. En mi opinión es recomendable plantear cinco macrociclos:

1. Preparación general.

2. Preparación específica.

3. Competiciones previas.

4. Competitivo.

5. Período transitorio.

Los **mesociclos** están constituidos por un conjunto de microciclos con un objetivo de mejora de una sola cualidad o varias compatibles.

Por ello los mesociclos se clasifican en función del modo de incidir sobre una cualidad cualquiera. La mejora de todas las cualidades sigue un mismo proceso, lo que varía es el tiempo y el contenido. Por ello los mesociclos pueden ser solamente de tres clases:

a) de acumulación: en los que se lleva a cabo un trabajo de gran cantidad a baja intensidad de una o varias cualidades.

b) de transformación: se trabaja, con volúmenes apropiados, unas intensidades más elevadas.

c) de realización: se alcanza un modelo competitivo y se aplican las cualidades/objetivo en su grado máximo.

Los **microciclos** están constituidos por un conjunto de sesiones de entrenamiento que reúnen características comunes en cuanto al sistema de trabajo y la orientación de las cargas. Constituyen pasos o etapas para el logro de la cualidad/objetivo del mesociclo en el que están incluidos. Podemos distinguir seis tipos de microciclos:

a) Ajuste: se trabaja en niveles medios de todos los parámetros. En él se busca «ajustar» el organismo, ponerlo en disposición de la progresión tan importante a que va a ser sometido.

b) Carga: se aumentan los parámetros de carga en función de la cualidad o cualidades objetivo hasta niveles submáximos.

c) Impacto: se alcanzan los niveles máximos de la carga de entrenamiento.

d) Activación: el trabajo se hace muy específico con respecto a la cualidad/objetivo. Generalmente la intensidad de entrenamiento es alta. Es un microciclo que pone al remero en situación óptima para la competición o control que constituye el objetivo del mesociclo.

e) Competitivo: este microciclo es el que incluye los días previos y los días de la competición en que se participa: desplazamiento, adaptación, competiciones, recuperaciones, etc.

f) Recuperación: se disminuye a niveles medios/bajos las cargas de entrenamiento de modo que permitan al organismo situarse en buenas condiciones para iniciar un nuevo mesociclo con otras cualidades/objetivo. Al final de cada mesociclo hay un microciclo de recuperación.

La secuencia de colocación de los microciclos sería la siguiente:

• En los mesociclos en los que no se contempla ninguna competición:

AJUSTE -> CARGA -> IMPACTO -> RECUPERACIÓN

• En los mesociclos en los que se participa en alguna competición o control importante:

AJUSTE -> CARGA -> IMPACTO -> ACTIVACIÓN -> COMPETITIVO -> RECUPERACIÓN

En el Remo es habitual que los microciclos coincidan con las semanas.

16.3.2. PLAN DE UNA TEMPORADA.

De todo lo dicho, podemos hacer una aproximación de lo que podría ser una temporada típica de un remero de categoría senior internacional.

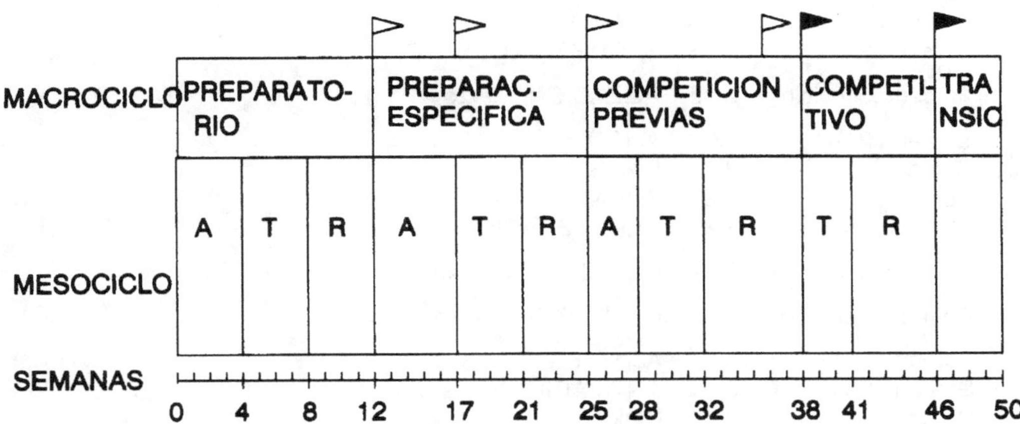

Gráfica de una temporada (Sistema contemporáneo)

Primer macrociclo: 1. PREPARATORIO

Primer mesociclo   1.1.ACUMULACIÓN Octubre

Semana 1   1.1.1. AJUSTE
Semana 2   1.1.2. CARGA
Semana 3   1.1.3. IMPACTO
Semana 4   1.1.4. RECUPERACIÓN

Segundo mesociclo 1.2.TRANSFORMACION Noviembre

Semana 5   1.2.1. AJUSTE
Semana 6   1.2.2. CARGA
Semana 7   1.2.3. IMPACTO
Semana 8   1.2.4. RECUPERACION

Tercer mesociclo   1.3.REALIZACION Diciembre

Semana 9   1.3.1. CARGA
Semana 10   1.3.2. IMPACTO
Semana 11   1.3.3. RECUPERACION

Segundo macrociclo: 2. PREPARACION ESPECIFICA

Primer mesociclo   2.1.ACUMULACION Enero

Semana 12	2.1.1. AJUSTE
Semana 13	2.1.2. CARGA
Semana 14	2.1.3. COMPETITIVO (Cto. Invierno)
Semana 15	2.1.4. RECUPERACION

Segundo mesociclo 2.2.TRANSFORMACION Febrero

Semana 16	2.2.1. AJUSTE
Semana 17	2.2.2. CARGA
Semana 18	2.2.3. CARGA
Semana 19	2.2.4. IMPACTO
Semana 20	2.2.5. RECUPERACION

Tercer mesociclo   2.3.REALIZACION Marzo

Semana 21	2.3.1. AJUSTE
Semana 22	2.3.2. CARGA
Semana 23	2.3.3. IMPACTO
Semana 24	2.3.4. RECUPERACION

Tercer macrociclo: COMPETICIONES PREVIAS

Primer mesociclo   3.1.ACUMULACION   Abril

Semana 25	3.1.1. AJUSTE
Semana 26	3.1.2. ACTIVACIÓN
Semana 27	3.1.3. COMPETITIVO (Regata)
Semana 28	3.1.4. RECUPERACION
Semana 29	3.1.5. COMPETITIVO (Regata)

Segundo mesociclo 3.2.TRANSFORMACION Mayo

Semana 30	3.2.1. RECUPERACION
Semana 31	3.2.2. AJUSTE
Semana 32	3.2.3. CARGA
Semana 33	3.2.4. CARGA

Tercer mesociclo   3.3.REALIZACION   Junio

Semana 34	3.3.1. RECUPERACION
Semana 35	3.3.2. AJUSTE
Semana 36	3.3.3. CARGA
Semana 37	3.3.4. COMPETITIVO (Campeonato nacional)
Semana 38	3.3.5. RECUPERACION

Cuarto macrociclo: COMPETICIÓN

Primer mesociclo   4.1.TRANSFORMACION Julio

Semana 39	4.1.1. AJUSTE
Semana 40	4.1.2. COMPETITIVO (Lucerna)
Semana 41	4.1.3. RECUPERACION

Segundo mesociclo 4.2.REALIZACION Agosto

Semana 42   4.2.1. AJUSTE
Semana 43   4.2.2. CARGA
Semana 44   4.2.3. IMPACTO
Semana 45   4.2.4. ACTIVACIÓN
Semana 46   4.2.5. COMPETITIVO (CAMPEONATOS DEL MUNDO)

Quinto macrociclo: PERÍODO TRANSITORIO

Mesociclo único   5.1.RECUPERACION Septiembre

Semana 47   5.1.1. RECUPERACION
Semana 48   5.1.2. RECUPERACION
Semana 49   5.1.3. RECUPERACION
Semana 50   5.1.4. RECUPERACION

16.4. RECTIFICACIÓN DEL PLAN SOBRE LA MARCHA Y EVALUACIÓN DE LA EFECTIVIDAD DEL MISMO.

Un plan de entrenamiento debe respetarse escrupulosamente, ello contribuye a reforzar la motivación y la efectividad de la preparación. No son admisibles las modificaciones sobre la marcha, solo porque «me encuentro cansado» o «creo que sería mejor hacer otra cosa».

Sin embargo, un plan de entrenamiento convenientemente concebido debe permitir las modificaciones oportunas en función de los resultados de los tests, la consecución o no de objetivos intermedios, así como de otras posibles causas ajenas (dificultades de entrenamiento, lesiones, etc.), efectuándose los ajustes individuales o colectivos que el entrenador considere necesarios.

La evaluación del plan de entrenamiento se hará a través del control de la efectiva ejecución del mismo y de la consecución de los objetivos previstos para cada una de las fases. Los resultados de los controles y competiciones nos proporcionarán la información necesaria. En Remo resulta difícil expresar en términos absolutos tales datos, siendo más habitual la información relativa entre unos remeros y otros.

16.5. PLANIFICACIÓN A LARGO PLAZO.

La estructura de los programas de entrenamiento no puede ser igual para remeros jóvenes que para remeros de élite. En general se puede afirmar que el contenido de la preparación evoluciona desde una primera fase de la carrera deportiva, en la que la mayor parte del entrenamiento es de carácter general, hacia la fase final, en la que tiene absoluta preponderancia la especificidad del entrenamiento.

Esto queda gráficamente recogido en el siguiente esquema:

DISTRIBUCION DEL ENTRENAMIENTO

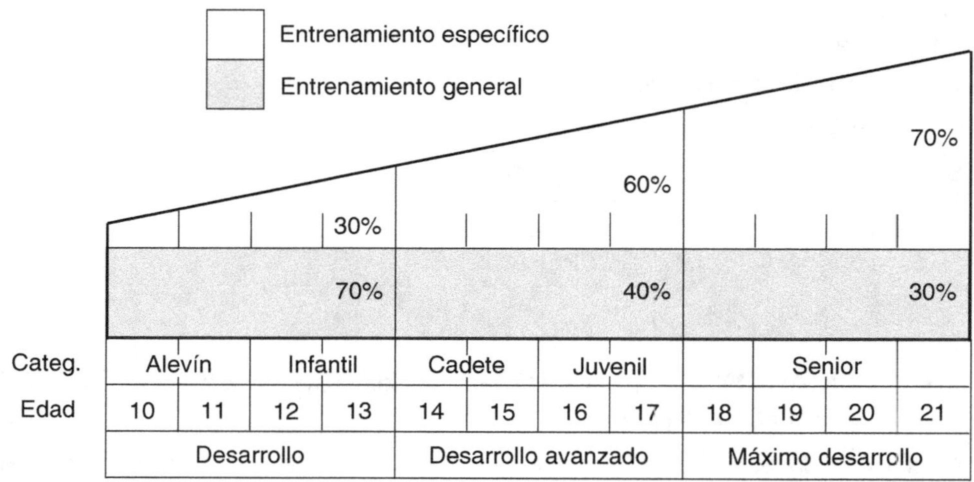

CAPACIDADES GENERALES

Capacidad aeróbica Fuerza de base Coordinación general Aprendizaje técnico	Capacidad aeróbica Fuerza general Técnica de base (cuple y punta)	Capacidad aeróbica Fuerza resistencia Capacidad anaeróbica

CAPACIDADES ESPECIFICAS

Movimiento relacionado con una participación lúdica y natural: - varios tipos de pruebas - juegos - ciclismo - natación - remo	Aprendizaje de la técnica del remo: - entrenamiento en distintas distancias - entrenamiento técnico más detallado - entrenamiento con sobrecargas - automatización	Perfeccionamiento de la técnica del remo: - desarrollo de la técnica de remo - aprendizaje de los principios del entrenamiento - adaptación y control bajo diferentes condiciones meteorológicas

Tomado de Thor S. Nilsen (1981).

Gráfica de entrenamiento a largo plazo.

Otros autores (Nabatnikova, 1982) dan una diferente proporción de la preparación general y especial a distintas edades:

	prep.general	prep.especial
12 - 14 años	70-80 %	20-30 %
15 - 17 años	30-40 %	60-70 %

Por otro lado, tenemos también constatado que la adquisición de destrezas y habilidades técnicas tiene su grado máximo en los años anteriores a la pubertad. Ello nos indicaría que será muy provechoso adquirir dominio en el manejo del barco, equilibrio y sensación de movimiento en estas edades tempranas. Lo que parece no ser recomendable sería la pretensión de desarrollar cualidades de resistencia y fuerza desde dichas edades.

Capítulo 17. PROGRAMA DE ENTRENAMIENTO.

17.1. INDICACIONES GENERALES.

De la lectura de los Principios del entrenamiento y de lo dicho en el capítulo anterior sobre planificación, tenemos que concluir que no es posible elaborar un programa de entrenamiento si no sabemos a quién va dirigido exactamente y todas las demás circunstancias que rodean el entrenamiento.

Efectivamente, al desarrollar estos programas, que tienen un planteamiento absolutamente general, he podido comprobar una vez más que se incurre en un elevado riesgo de error.

Sin embargo, mi experiencia en cursos de entrenadores y el carácter eminentemente práctico de este libro me han hecho decantarme por plantear los programas de esta forma. Es decir, señalando las directrices generales de la planificación (cap. 16), explicando los diversos tipos de entrenamiento (cap. 15) y, por último, poniendo ejemplos de programas concretos (cap. 17). Con todo ello creo que el entrenador puede tener la ayuda necesaria para desarrollar sus propios programas.

Presentamos tres programas de entrenamiento, el primero está diseñado para remeros cadetes/juveniles con un cierto grado de dominio en el remo. Podríamos decir que con dos o tres años de práctica, pues partimos de que tienen un buen conocimiento técnico y una buena base de condición física.

El segundo programa sería para remeros juveniles avanzados o seniors de nivel nacional medio.

El tercer programa es para remeros senior élite. Está configurado para una temporada de regatas internacionales con participación en Campeonatos del Mundo.

Notas para la mejor comprensión de los programas:

- Las fases de recuperación se indican entre paréntesis ().

- Los entrenamientos interválicos en bote pueden venir referidos tanto en número de paladas, como en tiempo o distancia.

17.2. PROGRAMA DE ENTRENAMIENTO CADETES

MACROCICLO 1.PREPARATORIO GENERAL
MESOCICLO 1.Aprox. SEPTIEMBRE.

	Semana 1	Semana 2	Semana 3	Semana 4
Lunes	Gimnasia dirigida Acondicionamiento general. 60 min.	Gimnasia dirigida Circuito general	Gimnasia dirigida Circuito general	Gimnasia dirigida Ejercs.mejora de la carrera
Martes	Remo técnico cont. 12 kms.	Remo técnico cont. 12 kms.	Remo técnico cont. 12 kms.	Carrera continua 45 minutos
Miércoles	Remo técnico cont. 12 kms.	Remo técnico cont. 12 kms.	Remo técnico cont. 12 kms.	Gimnasia dirigida Repeticiones
Jueves	Remo técnico cont. 12 kms.	Remo técnico cont. 12 kms.	Remo técnico cont. 12 kms.	Descanso
Viernes	Gimnasia dirigida Acondicionamiento general. 60 min.	Gimnasia dirigida Ejercs.mejora de la carrera.	Gimnasia dirigida Ejercs.mejora de la 60 min.	Gimnasia dirigida Flexibilidad carrera
Sábado	Remo técnico cont. 14 kms.	Remo técnico cont. 14 kms.	Remo técnico cont. 14 kms	Remo técnico 14 kms.
Domingo	Descanso	Descanso	Descanso	Remo técnico 14 kms.

PROGRAMA DE ENTRENAMIENTO CADETES
MACROCICLO 1.PREPARATORIO GENERAL
MESOCICLO 2.Aprox. OCTUBRE.

	Semana 1	Semana 2	Semana 3	Semana 4
Lunes	Gimnasia dirigida Circuito general	Gimnasia dirigida Circuito general	Gimnasia dirigida Juegos	Gimnasia dirigida Juegos
Martes	Carrera continua 35 min.	Carrera continua 35 min.	Carrera continua 40 min.	Carrera continua 40 min.
Miércoles	Carrera intervalo 4 x 10 x 20"(10") (5 min)	Carrera intervalo 4 x 10 x 20"(10") (5 min)	Carrera intervalo 4 x 10 x 20"(10") (5 min)	Carrera intervalo 4 x 10 x 20"(10") (5 min)
Jueves	Descanso	Descanso	Descanso	Descanso
Viernes	Gimnasia dirigida Repeticiones	Gimnasia dirigida Repeticiones	Gimnasia dirigida Repeticiones	Gimnasia dirigida Flexibilidad
Sábado	Remo técnico cont. 16 kms.	Remo técnico cont. 16 kms.	Remo series 2 x 1500 mts.	Control de remoergómetro 1500 mts.
Domingo	Remo técnico cont. 16 kms.	Remo técnico cont. 16 kms.	Remo técnico cont. 16 kms.	Remo técnico cont. 16 kms.

PROGRAMA DE ENTRENAMIENTO CADETES MACROCICLO
MACROCICLO 1.PREPARATORIO GENERAL MESOCICLO
MESOCICLO 3.Aprox. NOVIEMBRE.

	Semana 1	Semana 2	Semana 3	Semana 4
Lunes	Gimnasia dirigida Repeticiones	Remo técnico cont. 14 kms.	Gimnasia dirigida Juegos	Gimnasia dirigida Circuito
Martes	Carrera continua 50 min.	Carrera continua 1 x 25 min (10 min) 1 x 15 min	Carrera continua 50 min.	Carrera continua 1 x 25 min (10 min) 1 x 15 min
Miércoles	Gimnasia dirigida Ejercs.mejora de la carrera	Gimnasia dirigida Ejercs.mejora de la carrera	Gimnasia dirigida Ejercs.mejora de la carrera	Remo técnico cont. 14 kms.
Jueves	Carrera intervalo 3 x 14 x 20"(10") (4 min)	Descanso	Descanso	Descanso
Viernes	Descanso	Gimnasia dirigida Flexibilidad	Ejercs./pesas repeticiones «1»	Ejercs./pesas repeticiones «2»
Sábado	Control de carrera 10 kms.	Remo endurecimiento 1 x 12 kms.	Remo intervalo 4 kms:15 pal(15 pal) 2 kms. 4 kms:15 pal(15 pal) 2 kms.	Remo intervalo 4 kms:15 pal(15 pal) 2 kms. 4 kms:15 pal(15 pal) 2 kms.
Domingo	Descanso	Remo técnico 16 kms.	Remo endurecimiento 1 x 12 kms.	Remo endurecimiento 1 x 12 kms.

PROGRAMA DE ENTRENAMIENTO CADETES
MACROCICLO 2.PREPARACIÓN ESPECIFICA
MESOCICLO 1.Aprox. DICIEMBRE.

	Semana 1	Semana 2	Semana 3	Semana 4
Lunes	Gimnasia dirigida Repeticiones	Gimnasia dirigida Circuito	Gimnasia dirigida Circuito	Gimnasia dirigida Circuito
Martes	Carrera continua 50 min.	Carrera continua 50 min.	Carrera continua 50 min.	Carrera continua 50 min.
Miércoles	Remo técnico cont. 14 kms.	Remo técnico cont. 14 kms.	Remo técnico cont. 14 kms.	Remo técnico cont. 14 kms.
Jueves	Descanso	Descanso	Descanso	Remo técnico cont. 16 kms.
Viernes	Ejercs./pesas repeticiones «3»	Ejercs./pesas repeticiones «4»	Ejercs./pesas repeticiones «5»	Remo técnico cont. 16 kms.
Sábado	Remo técnico cont. 16 kms.	Control de remoergómetro 2000 mts.	Remo intervalo 4 kms:15 pal(10 pal) 2 kms. 4 kms:15 pal(10 pal) 2 kms.	Descanso
Domingo	Remo intervalo 4 kms:15 pal(10 pal) 2 kms. 4 kms:15 pal(10 pal) 2 kms.	Remo técnico cont. 16 kms.	Remo técnico cont. 16 kms.	Descanso

PROGRAMA DE ENTRENAMIENTO CADETES
MACROCICLO 2.PREPARACIÓN ESPECIFICA
MESOCICLO 2.Aprox. ENERO.

	Semana 1	Semana 2	Semana 3	Semana 4
Lunes	Remo técnico cont. 14 kms.	Remo técnico cont. 14 kms.	Remo intervalo 4 kms:20 pal(10 pal) 2 kms. 4 kms:20 pal(10 pal)	Gimnasia dirigida Repeticiones
Martes	Remo series largas 2 x 3000 mts (2 kms)	Remo series largas 2 x 3000 mts (2 kms)	Carrera continua 50 min.	Carrera continua 50 min.
Miércoles	Remo técnico cont. 16 kms.	Remo técnico cont. 16 kms.	Remo técnico cont. 14 kms.	Remo técnico cont. 14 kms.
Jueves	Remo series largas 3 x 4 min. (4 min)	Remo series largas 3 x 4 min. (4 min)	Descanso	Descanso
Viernes	Remo series progres. 6'(2') 5'(2') 4'(2') 3'(2') 2'(2') 1'	Remo series progres. 6'(2') 5'(2') 4'(2') 3'(2') 2'(2') 1'	Ejercs./pesas repeticiones «6»	Ejercs./pesas repeticiones «7»
Sábado	Descanso	Descanso	Remo series largas 3 x 3000 mts.(1 km)	Remo técnico cont. 16 kms.
Domingo	Descanso	Descanso	Remo técnico cont. 16 kms.	Remo endurecimiento 1 x 12 kms.

PROGRAMA DE ENTRENAMIENTO CADETES
MACROCICLO 2.PREPARACIÓN ESPECIFICA
MESOCICLO 3.Aprox. FEBRERO.

	Semana 1	Semana 2	Semana 3	Semana 4
Lunes	Gimnasia dirigida Repeticiones	Gimnasia dirigida Juegos	Gimnasia dirigida Juegos	Remo técnico cont. 12 kms.
Martes	Carrera continua 60 min.	Carrera intervalo 6'(3') 5'(3') 4'(3') 3'(3') 2'(3') 1'	Carrera intervalo 6'(3') 5'(3') 4'(3') 3'(3') 2'(3') 1'	Remo endurecimiento 3 x 10 min (10 min)
Miércoles	Remo intervalo 10 x 20 pal(10 pal) 2 kms. 10 x 20 pal(10 pal) 2 kms.	Remo técnico cont. 14 kms.	Remo técnico cont. 14 kms.	Remo técnico cont. 12 kms.
Jueves	Descanso	Descanso	Descanso	Descanso
Viernes	Ejercs./pesas repeticiones «8»	Ejercs./pesas repeticiones «9»	Ejercs./pesas repeticiones «10»	Remo técnico cont. 16 kms.
Sábado	Remo técnico cont. 16 kms.	Remo técnico cont. 16 kms.	Remo técnico cont. 16 kms.	Remo pirámides 3 x 4'-3'-2'-1' (2 kms.)
Domingo	Remo intervalo 10 x 30"(15")(6 min) 10 x 30"(15")(6 min)	Remo intervalo 12 x 30"(15")(6 min) 12 x 30"(15")(6 min)	Remo intervalo 14 x 30"(15")(6 min) 14 x 30"(15")(6 min)	Remo intervalo 12 x 30"(15')(6 min) 12 x 30"(15')(6 min)

PROGRAMA DE ENTRENAMIENTO CADETES
MACROCICLO 3.COMPETICIONES PREVIAS
MESOCICLO 1.Aprox. MARZO.

	Semana 1	Semana 2	Semana 3	Semana 4
Lunes	Carrera continua 50 min.	Remo técnico cont. 14 kms.	Carrera continua 50 min.	Remo técnico cont. 14 kms.
Martes	Remo endurecimiento 1 x 10 kms.	Remo endurecimiento 3 x 8 min (6 min)	Remo endurecimiento 4 x 6 min (4 min)	Remo endurecimiento 5 x 4 min (4 min)
Miércoles	Remo técnico cont. 14 kms.	Remo técnico cont. 12 kms.	Remo pirámides 3 x 2'-1'-1'-1' (2 kms.)	Remo pirámides 3 x 2'-1'-1'-1' (2 kms.)
Jueves	Descanso 1 x 4 kms (2 kms) 1 x 3 kms (2 kms)	Remo series largas	Descanso	Descanso
Viernes	Ejercs./pesas repeticiones «11»	Ejercs./pesas repeticiones «12»	Ejercs./pesas repeticiones «13»	Ejercs./pesas repeticiones «14»
Sábado	Remo intervalo 4 kms:20 pal(10 pal) 2 kms. 4 kms:20 pal(10 pal) 2 kms.	Remo intervalo 4 kms:25 pal(15 pal) 2 kms. 4 kms:25 pal(15 pal) 2 kms.	Remo intervalo 4 kms:15 pal(15 pal) 2 kms. 4 kms:15 pal(15 pal) 2 kms.	Remo intervalo 4 kms:20 pal(20 pal) 2 kms. 4 kms:20 pal(20 pal) 2 kms.
Domingo	Remo series 2 x 1500 mts.(4 kms)	Regata 2 x 1500 mts.	Remo series 2 x 1500 mts.	Remo series

PROGRAMA DE ENTRENAMIENTO CADETES
MACROCICLO 3.COMPETICIONES PREVIAS
MESOCICLO 2.Aprox. ABRIL.

	Semana 1	Semana 2	Semana 3	Semana 4
Lunes	Remo técnico cont. 14 kms.	Remo técnico cont. 14 kms.	Remo intervalo 8 x 20 pal(20 pal) 2 kms. 8 x 20 pal(20 pal) 2 kms.	Remo fartlek 12 kms.
Martes	Remo intervalo 8 x 20 pal (20 pal) 2 kms. 8 x 20 pal (20 pal) 2 kms.	Remo intervalo 8 x 20 pal (20 pal) 2 kms. 8 x 20 pal (20 pal) 2 kms.	Remo técnico 14 kms.	Remo series 1 x 250 mts 1 x 500 mts
Miércoles	Remo pirámides 3 x 2'-1'-1'-1' (2 kms.)	Remo pirámides 3 x 2'-1'-1'-1' (2 kms.)	Remo series 2 x 1500 mts (2 kms)	Remo técnico 12 kms.
Jueves	Descanso	Descanso	Remo series 2 x 1000 mts. (3 km)	Descanso
Viernes	Ejercs./pesas repeticiones «15»	Ejercs./pesas repeticiones «16»	Remo series 3 x 750 mts (2 kms)	Remo fartlek 12 kms.
Sábado	Remo endur.progres. 3 x 15 min.sin parar	Remo endur.progres. 3 x 15 min.sin parar	Remo series 3 x 500 mts (1 kms)	Regata
Domingo	Remo series 2 x 1500 mts.	Remo series 2 x 1500 mts	Descanso	Regata

PROGRAMA DE ENTRENAMIENTO CADETES
MACROCICLO 3.COMPETITIVO
MESOCICLO 1.Aprox. MAYO.

	Semana 1	Semana 2	Semana 3	Semana 4
Lunes	Remo endurecimiento 3 x 4 min (5 min.)	Remo técnico cont. 14 kms.	Remo técnico cont. 14 kms.	Remo endurecimiento 3 x 5 min (4 min)
Martes	Remo intervalo 8 x 20 pal (20 pal) 2 kms. 8 x 20 pal (20 pal) 2 kms.	Remo técnico cont. 14 kms.	Remo técnico cont. 14 kms.	Remo intervalo 10 x 20 pal (20 pal) 2 kms. 10 x 20 pal (20 pal) 2 kms.
Miércoles 14 kms.	Remo técnico cont. 8 x 20 pal (20 pal)	Remo intervalo 8 x 20 pal (20 pal) 2 kms. 8 x 20 pal (20 pal) 2 kms.	Remo intervalo 14 kms. 2 kms. 8 x 20 pal (20 pal) 2 kms.	Remo técnico cont.
Jueves	Descanso	Descanso	Descanso	Descanso
Viernes	Control remoergómetro 1500 mts.	Remo técnico cont. 14 kms.	Remo técnico cont. 14 kms.	Remo pirámides 3 x 2'-2'-1'-1' (2 kms.)
Sábado	Remo técnico cont. 16 kms.	Remo intervalo 8 x 1 min (5 min)	Remo intervalo 8 x 1 min (5 min)	Remo series 10 x 1 min (5 min)
Domingo	Remo intervalo 8 x 17 pal (5 pal) 2 kms. 8 x 17 pal (5 pal) 2 kms.	Remo endurecimien. 3 x 8 min (6 min)	Remo pirámides 3 x 1'-1'-1'-1'-1' 80 90 max80 90% (2 kms.)	Remo series 1 x 1500 mts. 1 x 1000 mts.

PROGRAMA DE ENTRENAMIENTO CADETES
MACROCICLO 3.COMPETITIVO
MESOCICLO 2.Aprox. JUNIO.

	Semana 1	**Semana 2**	**Semana 3**	**Semana 4**
Lunes	Remo técnico cont. 14 kms.	Remo técnico cont. 14 kms.	Remo técnico cont. 16 kms.	Remo técnico cont. 16 kms.
Martes	Remo técnico cont. 16 kms.	Remo endurecimiento 3 x 8 min (2 kms.)	Remo endurecimiento 3 x 8 min (2 kms.)	Remo endurecimiento 3 x 8 min (2 kms) Remo técnico cont. 12 kms.
Miércoles	Remo intervalo 8 x 20 pal (10 pal) 2 kms. 8 x 20 pal (10 pal) 2 kms.	Remo intervalo 10 x 20 pal (15 pal) 2 kms. 10 x 20 pal (15 pal) 2 kms.	Remo intervalo 10 x 20 pal (15 pal) 2 kms. 10 x 20 pal (15 pal) 2 kms.	Remo intervalo 10 x 20 pal (15 pal) 2 kms. 10 x 20 pal (15 pal) 2 kms. Remo técnico cont. 12 kms.
Jueves	Remo endurecimiento 3 x 4 min (1,5 km)	Remo endurecimiento 3 x 4 min (1,5 km)	Remo endurecimiento 3 x 4 min (1,5 km)	Remo series 3 x 1000 mts. Remo técnico cont. 12 kms.
Viernes	Remo técnico cont. 16 kms.	Remo pirámide 3 x 2'-2'-1'-1' (2 kms.)	Remo pirámide 3 x 2'-2'-1'-1' (2 kms.)	Remo técnico cont. 14 kms.
Sábado	Remo intervalo 10 x 17 pal (5 pal) 2 kms. 10 x 17 pal (5 pal) 2 kms.	Remo intervalo 10 x 17 pal (5 pal) 2 kms. 10 x 17 pal (5 pal) 2 kms.	Remo intervalo 12 x 17 pal (5 pal) 2 kms. 12 x 17 pal (5 pal) 2 kms.	Control remoergómetro 1500 mts.
Domingo	Remo series 3 x 1500 mts.	Remo series 2 x 1500 mts.	Remo series 2 x 1500 mts.	Descanso

PROGRAMA DE ENTRENAMIENTO CADETES
MACROCICLO 3.COMPETITIVO
MESOCICLO 3.Aprox. JULIO.

	Semana 1	Semana 2	Semana 3	Semana 4
Lunes	Remo técnico cont. 12 kms. Remo técnico cont. 12 kms.	Remo técnico cont. 12 kms. Remo series 3 x 1000 mts.	Remo técnico cont. 12 kms. Remo series 1 x 1000 mts.	Descanso
Martes	Remo series 3 x 750 mts (2 kms) Remo técnico cont. 12 kms.	Remo técnico cont. 12 kms. Remo series 3 x 750 mts.	Remo técnico cont. 12 kms. Remo series 2 x 500 mts.	Descanso
Miércoles	Remo intervalo 4 x 20 pal (30 pal) 2 kms. 4 x 20 pal (30 pal) 2 kms. Remo técnico cont. 12 kms.	Remo técnico cont. 12 kms. Remo series 4 x 500 mts.	Remo fartlek 12 kms.	Descanso
Jueves	Remo pirámides 3 x 1'-1'-1' 30 36 30 (2.5 kms. rec.) Remo técnico cont. 12 kms.	Remo técnico cont. 12 kms. Remo salidas 10 x 15/20 paladas	Remo técnico cont. 10 kms. Remo técnico cont 10 kms.	Descanso
Viernes	Remo fartlek 12 kms. 1 x 500 Remo técnico cont. 10 kms.	Remo fartlek 10 kms. Remo fartlek 10 kms.	Remo series 1 x 1000 /70%/ Descanso	Descanso
Sábado	Regata 2 x 1500 mts	Remo series 1 x 1500 mts.	Regatas	Descanso
Domingo	Descanso	Descanso	Regatas	Descanso

PERÍODO DE TRANSICIÓN

Deben realizarse de tres a cuatro entrenamientos semanales consistentes en carrera continua (40 min.), natación (aprox. 1000 mts.), bicicleta (90 minutos), juegos (fútbol, baloncesto, etc.), remo técnico contínuo (10-12 kms.), etc.

EJERCICIOS/PESAS REPETICIONES

	1	2	3	4	5	6	7	8
Piernas (sentadilla)	4 x 40	4 x 40	4 x 25	4 x 25	4 x 40	4 x 40	3 x 60	3 x 40
Abdominales	4 x 30	4 x 30	4 x 20	4 x 20	4 x 30	4 x 30	3 x 50	3 x 40
Tríceps banquito	4 x 20	4 x 20			4 x 20		3 x 40	
Lumbares	4 x 20	4 x 20			4 x 20		3 x 20	
Pectoral	4 x 20	4 x 20	4 x 15	4 x 15	4 x 20	4 x 20		3 x 40
Remo tabla	4 x 25	4 x 25	4 x 15	4 x 15	4 x 25	4 x 25	3 x 60	3 x 40
Ergómetro			4 x 1'	4 x 1'				
Yerk						4 x 20		
Arrancada						4 x 30		3 x 40

	9	10	11	12	13	14	15	16
Piernas (sentadilla)	3 x 40	3 x 60			3 x 50		3 x 50	2 x 60
Abdominales	3 x 40	3 x 40	3 x 40	3 x 40	3 x 40	3 x 50	3 x 50	3 x 40
Pectoral	3 x 40	3 x 40						
Remo tabla	3 x 40	3 x 60	3 x 40		3 x 50		3 x 50	2 x 60
Gemelos	3 x 60	3 x 60						
Yerk			3 x 40	3 x 40	3 x 40			
Arrancada	3 x 40		3 x 40	3 x 40	3 x 50	3 x 50	3 x 50	2 x 60
Cuádriceps máquina				3 x 50	3 x 40	3 x 60	2 x 60	
Pullover				3 x 30	3 x 30	3 x 30	3 x 30	

17.3. PROGRAMA DE ENTRENAMIENTO JUVENILES / SENIORS

MACROCICLO 1. PREPARATORIO.
MESOCICLO 1. ACUMULACIÓN   Aprox. SEPTIEMBRE.

	Semana 1 AJUSTE	Semana 2 AJUSTE	Semana 3 CARGA	Semana 4 CARGA
Lunes	Carrera continua 50 min.	Carrera continua 60 min.	Carrera continua 60 min.	Carrera continua 60 min.
Martes	Pesas repeticiones 5 ej. 2 x 30	Pesas repeticiones 5 ej. 2 x 30	Pesas repeticiones 5 ej. 2 x 40	Pesas repeticiones 5 ej. 2 x 30
Miércoles	Remo técnico cont. 12 kms.	Remo técnico cont. 10 kms.	Remo técnico cont. 10 kms.	Remo técnico cont. 10 kms.
Jueves	Carrera continua 50 min.	Carrera continua 60 min.	Carrera continua 60 min.	Carrera continua 60 min.
Viernes	Pesas repeticiones 5 ej. 2 x 30	Pesas repeticiones 5 ej. 2 x 30	Pesas repeticiones 5 ej. 2 x 40	Pesas repeticiones 5 ej. 2 x 40
Sábado	Remo técnico cont. 16 kms.	Remo técnico cont. 16 kms.	Remo técnico cont. 16 kms.	Remo técnico cont. 16 kms.
Domingo	Descanso	Descanso	Descanso	Descanso

PROGRAMA DE ENTRENAMIENTO JUVENILES / SENIORS
MACROCICLO 1. PREPARATORIO
MESOCICLO 2. TRANSFORMACIÓN   Aprox. OCTUBRE.

	Semana 1 AJUSTE	Semana 2 CARGA	Semana 3 CARGA	Semana 4 RECUPERACIÓN
Lunes	Carrera continua 1 h. 15 min.	Carrera continua 1 h. 15 min.	Carrera continua 1 h. 15 min.	Carrera continua 1 h. 15 min.
Martes	Pesas repeticiones 5 ej. 2 x 60	Pesas repeticiones 5 ej. 2 x 70	Pesas repeticiones 5 ej. 2 x 80	Pesas repeticiones 5 ej. 2 x 50
Miércoles	Remo técnico cont. 16 kms.	Remo técnico cont. 16 kms.	Remo técnico cont. 16 kms.	Remo técnico cont. 16 kms.
Jueves	Remo técnico cont. 20 kms.	Remo técnico cont. 20 kms.	Remo técnico cont. 20 kms.	Remo técnico cont. 20 kms.
Viernes	Pesas repeticiones 5 ej. 2 x 60	Pesas repeticiones 5 ej. 2 x 70	Pesas repeticiones 5 ej. 2 x 80	Pesas repeticiones 5 ej. 2 x 50
Sábado	Remo intervalo 10 x 30 pal (20 pal) 2 kms. técnico 10 x 30 pal (20 pal) 2 kms. técnico	Remo intervalo 10 x 30 pal (20 pal) 2 kms. técnico 10 x 30 pal (20 pal) 2 kms. técnico	Remo intervalo 10 x 30 pal (20 pal) 2 kms. técnico 10 x 30 pal (20 pal) 2 kms. técnico	Remo intervalo 10 x 30 pal (20 pal) 2 kms. técnico 10 x 30 pal (20 pal) 2 kms. técnico
Domingo	Descanso	Descanso	Descanso	Descanso

PROGRAMA DE ENTRENAMIENTO JUVENILES / SENIORS
MACROCICLO 1. PREPARATORIO
MESOCICLO 3. TRANSFORMACIÓN Aprox. NOVIEMBRE.

	Semana 1 AJUSTE	Semana 2 CARGA	Semana 3 CARGA	Semana 4 RECUPERACIÓN
Lunes	Carrera continua 45 min. Pesas repeticiones 5 ej. 2 x 60	Carrera continua 45 min. Pesas repeticiones 5 ej. 2 x 70	Carrera continua 45 min. Pesas repeticiones 5 ej. 2 x 80	Carrera continua 45 min. Pesas repeticiones 5 ej. 2 x 60
Martes	Remo endurecimiento 3 x 20 min. (10 min)	Remo endurecimiento 3 x 20 min (10 min)	Remo endurecimiento 3 x 20 min (10 min)	Remo endurecimiento 3 x 20 min (10 min)
Miércoles	Pesas fuerza-potenc. 5 ej. 3 x 30 Remo técnico cont. 12 kms.	Pesas fuerza-potenc. 5 ej. 3 x 25 Remo técnico cont. 12 kms.	Pesas fuerza-potenc. 5 ej. 4 x 20 Remo técnico cont. 12 kms.	Pesas fuerza-potenc. 5 ej. 4 x 20 Remo técnico cont. 10 kms.
Jueves	Remo técnico cont. 18 kms.	Remo técnico cont. 18 kms.	Remo técnico cont. 18 kms.	Remo técnico cont. 16 kms.
Viernes	Pesas repeticiones 5 ej. 3 x 40	Pesas repeticiones 5 ej. 3 x 50	Pesas repeticiones 5 ej. 3 x 60	Pesas repeticiones 5 ej. 2 x 50
Sábado	Remo endurecimiento 1 x 12 kms.	Remo endurecimiento 1 x 12 kms.	Remo endurecimiento 1 x 12 kms.	Remo endurecimiento 1 x 12 kms.
Domingo	Descanso	Descanso	Descanso	Descanso

PROGRAMA DE ENTRENAMIENTO JUVENILES / SENIORS
MACROCICLO 1. PREPARATORIO
MESOCICLO 4. REALIZACIÓN   Aprox. DICIEMBRE.

	Semana 1 AJUSTE	Semana 2 CARGA	Semana 3 CARGA	Semana 4 RECUPERACIÓN
Lunes	Carrera continua 45 min. Pesas repeticiones 5 ej. 2 x 60	Carrera continua 45 min. Pesas repeticiones 5 ej. 2 x 70	Carrera continua 45 min. Pesas repeticiones 5 ej. 2 x 80	Carrera continua 45 min. Pesas repeticiones 5 ej. 2 x 60
Martes	Remo endurecimiento 3 x 15 min. (10 min)	Remo endurecimiento 3 x 15 min (10 min)	Remo endurecimiento 3 x 15 min (10 min)	Remo endurecimiento 3 x 15 min (10 min)
Miércoles	Pesas repeticiones 5 ej. 4 x 30 Remo técnico cont. 16 kms.	Pesas repeticiones 5 ej. 4 x 25 Remo técnico cont. 16 kms.	Pesas repeticiones 5 ej. 5 x 25 Remo técnico cont. 16 kms.	Pesas repeticiones 5 ej. 3 x 25 Remo técnico cont. 14 kms.
Jueves	Remo series largas 2 x 4000 mts (2 kms)	Remo series largas 2 x 4000 mts (2 kms)	Remo series largas 2 x 4000 mts (2 kms)	Remo series largas 2 x 4000 mts (2 kms)
Viernes	Pesas repeticiones 5 ej. 2 x 60	Pesas repeticiones 5 ej. 2 x 70	Pesas repeticiones 5 ej. 2 x 80	Pesas repeticiones 5 ej. 2 x 60
Sábado	Remo series 3 x 3000 mts (2 kms)	Remo series 3 x 4000 mts (2 kms)	Remo series 3 x 4000 mts (2 kms)	Remo series 2 x 4000 mts (2 kms)
Domingo	Descanso	Descanso	Descanso	Descanso

PROGRAMA DE ENTRENAMIENTO JUVENILES / SENIORS
MACROCICLO 2. PREPARACIÓN ESPECIFICA
MESOCICLO 1. ACUMULACIÓN   Aprox. ENERO.

	Semana 1 AJUSTE	Semana 2 CARGA	Semana 3 COMPETITIVO	Semana 4 RECUPERACIÓN
Lunes	Remo técnico cont. 10 kms. Pesas repeticiones 5 ej. 3 x 35	Remo técnico cont. 10 kms. Pesas repeticiones 5 ej. 4 x 35	Remo técnico cont. 10 kms. Pesas repeticiones 5 ej. 2 x 35	Descanso Pesas repeticiones 5 ej. 2 x 35
Martes	Remo series largas 2 x 4000 mts (2 kms)	Remo series largas 2 x 4000 mts (2 kms)	Remo endurecimiento 2 x 5 min (15 min)	Remo endurecimiento 2 x 4000 mts (2 kms)
Miércoles	Pesas repeticiones 5 ej. 3 x 35	Pesas repeticiones 5 ej. 4 x 35	Pesas repeticiones 5 ej. 2 x 35	Pesas repeticiones 5 ej. 3 x 35
Jueves	Remo técnico cont. 16 kms.	Remo técnico cont. 16 kms.	Remo fartlek 12 kms.	Remo técnico cont. 16 kms.
Viernes	Pesas repeticiones 5 ej. 3 x 35	Pesas repeticiones 5 ej. 4 x 35		Pesas repeticiones 5 ej. 3 x 35
Sábado	Remo series 3 x 3000 mts (3 kms)	Remo series 2 x 2000 mts (3 kms)	Regata	Remo técnico cont. 20 kms.
Domingo	Descanso	Descanso	Regata	Descanso

PROGRAMA DE ENTRENAMIENTO JUVENILES / SENIORS
MACROCICLO 2. PREPARACIÓN ESPECIFICA
MESOCICLO 2. TRANSFORMACIÓN   Aprox. FEBRERO.

	Semana 1 AJUSTE	Semana 2 CARGA	Semana 3 CARGA	Semana 4 RECUPERACIÓN
Lunes	Remo técnico cont. 10 kms. Pesas repeticiones 5 ej. 3 x 35	Remo técnico cont. 10 kms. Pesas repeticiones 5 ej. 4 x 35	Remo técnico cont. 10 kms. Pesas repeticiones 5 ej. 4 x 35	Remo técnico cont. 10 kms. Pesas repeticiones 5 ej. 3 x 35
Martes	Remo series largas 1 x 4000 mts (2 kms) 1 x 3000 mts (2 kms)	Remo series largas 3 x 3000 mts (2 kms) 1 x 3000 mts (2 kms)	Remo series largas 3 x 3000 mts (2 kms)	Remo series largas 1 x 4000 mts (2 kms)
Miércoles	Remo técnico cont 10 kms. Pesas repeticiones 5 ej. 3 x 35	Remo técnico cont. 10 kms. Pesas repeticiones 5 ej. 4 x 35	Remo técnico cont. 10 kms. Pesas repeticiones 5 ej. 4 x 35	Remo técnico cont. 10 kms. Pesas repeticiones 5 ej. 3 x 35
Jueves	Remo técnico cont. 16 kms.	Remo técnico cont. 16 kms.	Remo técnico cont. 16 kms.	Remo técnico cont. 16 kms.
Viernes	Remo técnico cont. 10 kms. Pesas repeticiones 5 ej. 3 x 35	Remo técnico cont. 10 kms. Pesas repeticiones 5 ej. 4 x 35	Remo técnico cont. 10 kms. Pesas repeticiones 5 ej. 4 x 35	Remo técnico cont. 10 kms. Pesas repeticiones 5 ej. 3 x 35
Sábado	Remo series largas 1 x 4000 mts (3 kms) 1 x 3000 mts (2 kms)	Remo series largas 1 x 4000 mts (3 kms) 1 x 3000 mts (2 kms)	Remo series largas 1 x 4000 mts (3 kms) 1 x 3000 mts (2 kms)	Remo series largas 1 x 4000 mts (3 kms) 1 x 3000 mts (2 kms)
Domingo	Descanso	Descanso	Descanso	Descanso

PROGRAMA DE ENTRENAMIENTO JUVENILES / SENIORS
MACROCICLO 2. PREPARACIÓN ESPECIFICA
MESOCICLO 3. REALIZACIÓN   Aprox. MARZO.

	Semana 1 AJUSTE	Semana 2 CARGA	Semana 3 IMPACTO	Semana 4 RECUPERACIÓN
Lunes	Remo técnico cont. 12 kms. Pesas repeticiones 5 ej. 3 x 40	Remo técnico cont. 12 kms. Pesas repeticiones 5 ej. 4 x 40	Remo técnico cont. 12 kms. Pesas repeticiones 5 ej. 5 x 40	Remo técnico cont. 12 kms. Pesas repeticiones 5 ej. 3 x 40
Martes	Remo endurecimiento x 10 min (10 min)	Remo endurecimiento 3 x 12 min (10 min)	Remo endurecimiento 4 x 10 min (10 min)	Remo endurecimiento 3 x 10 min (10 min)
Miércoles	Remo técnico cont. 16 kms.	Remo técnico cont. 16 kms.	Remo técnico cont. 16 kms.	Remo técnico cont 12 kms.
Jueves	Remo intervalo 10 x 30 pal (20 pal) 6 min. técnico 10 x 30 pal (20 pal) 6 min. técnico	Remo intervalo 10 x 30 pal (20 pal) 6 min. técnico 10 x 30 pal (20 pal) 6 min. técnico	Remo intervalo 12 x 30 pal (20 pal) 6 min. técnico 12 x 30 pal (20 pal) 6 min. técnico	Remo intervalo 8 x 30 pal (20 pal) 6 min. técnico 8 x 30 pal (20 pal) 6 min. técnico
Viernes	Remo técnico cont. 12 kms. Pesas repeticiones 5 ej. 3 x 40	Remo técnico cont. 12 kms. Pesas repeticiones 5 ej. 4 x 40	Remo técnico cont. 12 kms. Pesas repeticiones 5 ej. 4 x 40	Remo técnico cont. 12 kms. Pesas repeticiones 5 ej. 3 x 40
Sábado	Remo pirámides 3 x 4'-3'-2'-1' (2 kms.)	Remo pirámides 3 x 4'-3'-2'-1' (2 kms.)	Remo pirámides 3 x 4'-3'-2'-1' (2 kms.)	Remo pirámides 3 x 4'-3'-2'-1' (2 kms.)
Domingo	Remo intervalo 12 x 30"(15")(6 min) 12 x 30"(15")(6 min)	Remo intervalo 12 x 30"(15")(6 min) 12 x 30"(15")(6 min)	Remo intervalo 14 x 30"(15")(6 min) 14 x 30"(15")(6 min)	Remo intervalo 12 x 30"(15")(6 min) 12 x 30"(15")(6 min)

PROGRAMA DE ENTRENAMIENTO JUVENILES / SENIORS
MACROCICLO 3. COMPETICIONES PREVIAS
MESOCICLO 1. ACUMULACIÓN   Aprox. ABRIL.

	Semana 1 ACTIVACIÓN	Semana 2 COMPETITIVO	Semana 3 RECUPERACIÓN	Semana 4 AJUSTE
Lunes	Pesas repeticiones 5 ej. 4 x 40	Remo técnico cont. 6 kms.	Descanso	Pesas repeticiones 4 ej. 4 x 40
Martes	Remo series 4 x 2000 mts (2 kms)	Remo series 2 x 1000 mts.(3 kms)	Remo técnico cont. 16 kms.	Remo técnico cont. 16 kms.
Miércoles	Remo intervalo 4 x 1 min (2 min) 7 min. técnico 4 x 1 min (2 min) 7 min. técnico 4 x 1 min (2 min) 7 min. técnico	Remo series 4 x 500 mts.(1,5 km) (3 kms.)	Pesas repeticiones 5 ej. 4 x 40	Remo series 4 x 2000 mts (2 km.)
Jueves	Remo técnico cont. 16 kms.	Remo fartlek 12 kms.	Remo técnico cont. 18 kms.	Remo técnico cont. 16 kms.
Viernes	Remo pirámides 3 x 3'-2'-1'-1' (2 kms.)	Remo fartlek 12 kms.	Remo técnico cont. 18 kms.	Remo pirámides 3 x 2'-2'-1'-1' (2 kms.)
Sábado	Remo intervalo 14 x 30"(15")(6 min) 14 x 30"(15")(6 min) 14 x 30"(15")(6 min)	Regata	Control de remoergómetro 2500 mts.	Remo intervalo 4 x 1 min (2 min) 7 min. técnico 4 x 1 min (2 min) 7 min. técnico 4 x 1 min (2 min.) 7 min. técnico
Domingo	Remo series 2 x 2000 mts.(4 kms)	Regata	Descanso 2 x 2000 mts.(4 kms)	Remo series

PROGRAMA DE ENTRENAMIENTO JUVENILES / SENIORS
MACROCICLO 3. COMPETICIONES PREVIAS
MESOCICLO 2. TRANSFORMACIÓN   Aprox. MAYO.

	Semana 1 AJUSTE	Semana 2 AJUSTE	Semana 3 CARGA	Semana 4 CARGA
Lunes	Pesas repeticiones 4 ej. 4 x 40	Remo técnico cont. 18 kms.	Remo técnico cont. 18 kms.	Remo técnico cont. 18 kms.
Martes	Remo técnico cont. 18 kms.	Remo técnico cont. 18 kms.	Remo endurecimiento 3 x 10 min (2 kms)	Remo endurecimiento 3 x 10 min (2 kms.)
Miércoles	Remo series 4 x 2000 mts (2 kms)	Remo intervalo 10 x 20 pal (10 pal) 2 kms. 10 x 20 pal (10 pal) 2 kms.	Remo intervalo 15 x 30"(15")(2 kms) 15 x 30"(15")(2 kms)	Remo intervalo 15 x 30"(15")(2 kms) 15 x 30"(15")(2 kms)
Jueves	Remo técnico cont. 16 kms.	Remo endurecimiento 3 x 6 min (2 kms)	Remo endurecimiento 3 x 6 min (2 kms)	Remo endurecimiento 3 x 6 min (2 kms
Viernes	Remo pirámides 3 x 2'-2'-1'-1' (2 kms.)	Remo técnico cont. 18 kms.	Remo pirámide 3 x 2'-2'-2'-1' (2 kms.)	Remo pirámide 3 x 2'-2'-2'-1' (2 kms.)
Sábado	Remo intervalo 4 x 1 min (2 min) 7 min. técnico 4 x 1 min (2 min) 7 min. técnico 4 x 1 min (2 min) 7 min. técnico	Remo intervalo 15 x 30"(15")(2 kms) 15 x 30"(15")(2 kms)	Remo intervalo 15 x 30"(15")(2 kms) 15 x 30"(15")(2 kms)	Remo intervalo 15 x 30"(15")(2 kms) 15 x 30"(15")(2 kms)
Domingo	Remo series 2 x 2000 mts.(4 kms)	Remo series 3 x 2000 mts.	Remo series 2 x 2000 mts.	Remo series 2 x 2000 mts.

PROGRAMA DE ENTRENAMIENTO JUVENILES / SENIORS
MACROCICLO 3. COMPETICIONES PREVIAS
MESOCICLO 3. REALIZACIÓN   Aprox. JUNIO.

	Semana 1 IMPACTO	Semana 2 RECUPERACIÓN	Semana 3 ACTIVACIÓN	Semana 4 COMPETITIVO
Lunes	Remo técnico cont.	Remo técnico cont. 16 kms.	Remo técnico cont. 16 kms.	Remo técnico cont. 14 kms. 16 kms.
		Remo técnico cont. 12 kms.	Remo series 2 x 1500 mts.	Remo series 2 x 1000 mts.
Martes	Remo endurecimiento 3 x 10 min (2 kms)	Remo series 3 x 1000 mts (3 kms)	Remo técnico cont. 14 kms.	Remo técnico cont. 12 kms.
	Remo técnico cont. 12 kms.	Remo técnico cont. 12 kms.	Remo series 3 x 1000 mts.	Remo series 3 x 500 mts.
Miércoles	Remo intervalo 10 x 30"(30")(2 kms) 10 x 30"(30")(2 kms)	Remo intervalo 6 x 30"(60")(2 kms) 6 x 30"(60")(2 kms)	Remo técnico cont. 16 kms.	Remo fartlek 12 kms.
	Remo técnico cont. 12 kms.	Remo técnico cont. 12 kms.	Remo series 5 x 500 mts.	
Jueves	Remo series 3 x 1000 mts (3 kms)	Remo pirámides 3 x 1'-1'-1'-1'-1' 30 34 38 34 30 (2.5 kms. rec.)	Remo técnico cont. 16 kms.	Remo fartlek 12 kms.
	Remo técnico cont. 12 kms.	Remo técnico cont. 12 kms.	Remo salidas 12 x 1 min (1 km.)	Remo técnico cont. 10 kms.
Viernes	Remo técnico cont. 14 kms.	Remo fartlek 12 kms. 1 x 500 Remo técnico cont. 10 kms.	Remo fartlek 12 kms. Remo fartlek 12 kms.	Remo series 1 x 1000 /70%/ Descanso
Sábado	Control de remoergómetro 2000 mts.	Regata 2 x 2000 mts	Remo series 1 x 2000 mts.	Regatas
Domingo	Descanso	Descanso	Descanso	Regatas

PROGRAMA DE ENTRENAMIENTO JUVENILES / SENIORS
MACROCICLO DE RECUPERACIÓN.
MESOCICLO ÚNICO.   Aprox. JULIO y AGOSTO

	Semana 1 RECUPERACIÓN	Semana 2 RECUPERACIÓN	Semana 3 RECUPERACIÓN	Semana 4 RECUPERACIÓN
Lunes	Descanso	Carrera continua 40 min.	Carrera continua 50 min.	Carrera continua 40 min.
Martes	Descanso	Pesas repeticiones 5 ej. 2 x 30	Pesas repeticiones 5 ej. 2 x 40	Pesas repeticiones 5 ej. 2 x 30
Miércoles	Remo técnico cont. 12 kms.	Remo técnico cont. 12 kms.	Remo técnico cont. 12 kms.	Remo técnico cont. 12 kms.
Jueves	Descanso 40 min.	Carrera continua 50 min.	Carrera continua 40 min.	Carrera continua
Viernes	Remo técnico cont. 10 kms.	Remo técnico cont. 10 kms.	Remo técnico cont. 10 kms.	Remo técnico cont. 10 kms.
Sábado	Descanso	Descanso	Descanso	Descanso
Domingo	Descanso	Descanso	Descanso	Descanso

17.4. PROGRAMA DE ENTRENAMIENTO SENIORS ALTO RENDIMIENTO (O ALTA COMPETICIÓN)

MACROCICLO 1. PREPARATORIO
MESOCICLO 1. ACUMULACIÓN   Aprox. OCTUBRE.

	Semana 1 AJUSTE	Semana 2 CARGA	Semana 3 CARGA	Semana 4 RECUPERACIÓN
Lunes	Carrera continua 1 h. 15 min.	Carrera continua 1 h. 15 min.	Carrera continua 1 h. 15 min.	Carrera continua 1 h. 15 min.
Martes	Pesas repeticiones 5 ej. 2 x 60	Pesas repeticiones 5 ej. 2 x 70	Pesas repeticiones 5 ej. 2 x 80	Pesas repeticiones 5 ej. 2 x 50
Miércoles	Remo endurecimiento 2 x 30 min. (10 min)	Remo endurecimiento 2 x 30 min (10 min)	Remo endurecimiento 2 x 30 min (10 min)	Remo endurecimiento 2 x 30 min (10 min)
Jueves	Remo técnico cont. 20 kms.	Remo técnico cont. 20 kms.	Remo técnico cont. 20 kms.	Remo técnico cont. 20 kms.
Viernes	Remo técnico cont. 16 kms. Pesas repeticiones 5 ej. 2 x 60	Remo técnico cont. 16 kms. Pesas repeticiones 5 ej. 2 x 70	Remo técnico cont. 16 kms. Pesas repeticiones 5 ej. 2 x 80	Remo técnico cont. 16 kms. Pesas repeticiones 5 ej. 2 x 50
Sábado	Remo intervalo 10 x 30 pal (20 pal) 2 kms. técnico 10 x 30 pal (20 pal) 2 kms. técnico Remo técnico cont. 16 kms.	Remo intervalo 10 x 30 pal (20 pal) 2 kms. técnico 10 x 30 pal (20 pal) 2 kms. técnico Remo técnico cont. 16 kms.	Remo intervalo 10 x 30 pal (20 pal) 2 kms. técnico 10 x 30 pal (20 pal) 2 kms. técnico Remo técnico cont. 16 kms.	Remo intervalo 10 x 30 pal (20 pal) 2 kms. técnico 10 x 30 pal (20 pal) 2 kms. técnico Remo técnico cont. 16 kms.
Domingo	Descanso	Descanso	Descanso	Descanso

PROGRAMA DE ENTRENAMIENTO SENIORS ALTO RENDIMIENTO (O ALTA COMPETICIÓN)
MACROCICLO 1. PREPARATORIO
MESOCICLO 2. TRANSFORMACIÓN Aprox. NOVIEMBRE.

	Semana 1 AJUSTE	Semana 2 CARGA	Semana 3 CARGA	Semana 4 RECUPERACIÓN
Lunes	Remo técnico cont. 16 kms. Pesas repeticiones 5 ej. 3 x 40	Remo técnico cont. 16 kms. Pesas repeticiones 5 ej. 3 x 50	Remo técnico cont. 16 kms. Pesas repeticiones 5 ej. 3 x 60	Remo técnico cont. 14 kms. Pesas repeticiones 5 ej. 2 x 50
Martes	Remo endurecimiento 3 x 20 min. (10 min)	Remo endurecimiento 3 x 20 min (10 min)	Remo endurecimiento 3 x 20 min (10 min)	Remo endurecimiento 3 x 20 min (10 min)
Miércoles	Remo técnico cont. 16 kms. Pesas repeticiones 5 ej. 3 x 40	Remo técnico cont. 16 kms. Pesas repeticiones 5 ej. 3 x 50	Remo técnico cont. 16 kms. Pesas repeticiones 5 ej. 3 x 60	Remo técnico cont. 14 kms. Pesas repeticiones 5 ej. 2 x 50
Jueves	Remo técnico cont. 22 kms.	Remo técnico cont. 22 kms.	Remo técnico cont. 22 kms.	Remo técnico cont. 16 kms.
Viernes	Remo técnico cont. 16 kms. Pesas repeticiones 5 ej. 3 x 40	Remo técnico cont. 16 kms. Pesas repeticiones 5 ej. 3 x 50	Remo técnico cont. 16 kms. Pesas repeticiones 5 ej. 3 x 60	Remo técnico cont. 14 kms. Pesas repeticiones 5 ej. 2 x 50
Sábado	Remo endurecimiento 1 x 12 kms. Remo técnico cont. 16 kms.	Remo endurecimiento 1 x 12 kms. Remo técnico cont. 16 kms.	Remo endurecimiento 1 x 12 kms. Remo técnico cont. 16 kms.	Remo endurecimiento 1 x 12 kms. Remo técnico cont. 16 kms.
Domingo	Descanso	Descanso	Descanso	Descanso

PROGRAMA DE ENTRENAMIENTO SENIORS ALTO RENDIMIENTO (O ALTA COMPETICIÓN)
MACROCICLO 1. PREPARATORIO
MESOCICLO 3. REALIZACIÓN   Aprox. DICIEMBRE.

	Semana 1 AJUSTE	Semana 2 CARGA	Semana 3 CARGA	Semana 4 RECUPERACIÓN
Lunes	Remo técnico cont. 16 kms. Pesas repeticiones 5 ej. 4 x 30	Remo técnico cont. 16 kms. Pesas repeticiones 5 ej. 4 x 25	Remo técnico cont. 16 kms. Pesas repeticiones 5 ej. 5 x 25	Remo técnico cont. 14 kms. Pesas repeticiones 5 ej. 3 x 25
Martes	Remo endurecimiento 3 x 15 min. (10 min)	Remo endurecimiento 3 x 15 min (10 min)	Remo endurecimiento 3 x 15 min (10 min)	Remo endurecimiento 3 x 15 min (10 min)
Miércoles	Remo técnico cont. 16 kms. Pesas repeticiones 5 ej. 4 x 30	Remo técnico cont. 16 kms. Pesas repeticiones 5 ej. 4 x 25	Remo técnico cont. 16 kms. Pesas repeticiones 5 ej. 5 x 25	Remo técnico cont. 14 kms. Pesas repeticiones 5 ej. 3 x 25
Jueves	Remo series 4 x 2000 mts (2 kms)	Remo series 4 x 2000 mts (2 kms)	Remo series 4 x 2000 mts (2 kms)	Remo series 4 x 2000 mts (2 kms)
Viernes	Remo técnico cont. 16 kms. Pesas repeticiones 5 ej. 4 x 30	Remo técnico cont. 16 kms. Pesas repeticiones 5 ej. 4 x 25	Remo técnico cont. 16 kms. Pesas repeticiones 5 ej. 5 x 25	Remo técnico cont. 14 kms. Pesas repeticiones 5 ej. 3 x 25
Sábado	Remo series 2 x 4000 mts (2 kms) Remo series 2 x 2000 mts (2 kms)	Remo series 2 x 4000 mts (2 kms) Remo series 2 x 2000 mts (2 kms)	Remo series 2 x 4000 mts (2 kms) Remo series 2 x 2000 mts (2 kms)	Remo series 2 x 4000 mts (2 kms) Remo series 2 x 2000 mts (2 kms)
Domingo	Descanso	Descanso	Descanso	Descanso

PROGRAMA DE ENTRENAMIENTO SENIORS ALTO RENDIMIENTO (O ALTA COMPETICIÓN)
MACROCICLO 2. PREPARACIÓN ESPECIFICA
MESOCICLO 1. ACUMULACIÓN   APROX. ENERO.

	Semana 1 **AJUSTE**	**Semana 2** **CARGA**	**Semana 3** **COMPETITIVO**	**Semana 4** **RECUPERACIÓN**
Lunes	Remo técnico cont. 16 kms.	Remo técnico cont. 16 kms.	Remo técnico cont. 8 kms.	Descanso
	Pesas repeticiones 5 ej. 3 x 35	Pesas repeticiones 5 ej. 5 x 35	Pesas repeticiones 5 ej. 2 x 35	Pesas repeticiones 5 ej. 2 x 35
Martes	Remo series largas 2 x 4000 mts (2 kms)	Remo series largas 2 x 4000 mts (2 kms)	Remo endurecimiento 2 x 5 min (15 min)	Remo endurecimiento 2 x 4000 mts (2 kms)
Miércoles	Remo técnico cont. 18 kms.	Remo técnico cont. 18 kms.	Remo técnico cont. 8 kms.	Remo técnico cont. 14 kms.
	Pesas repeticiones 5 ej. 3 x 35	Pesas repeticiones 5 ej. 4 x 35	Pesas repeticiones 5 ej. 2 x 35	Pesas repeticiones 5 ej. 3 x 35
Jueves	Remo series 2 x 3000 mts (3 kms)	Remo series largas 2 x 4000 mts (3 kms)	Remo fartlek 12 kms.	Remo técnico cont. 16 kms.
Viernes	Remo técnico cont. 18 kms.	Remo técnico cont. 18 kms.	Remo fartlek 12 kms.	Remo técnico cont. 16 kms.
	Pesas repeticiones 5 ej. 3 x 35	Pesas repeticiones 5 ej. 4 x 35		Pesas repeticiones 5 ej. 3 x 35
Sábado	Remo series 2 x 3000 mts (3 kms)	Remo series 2 x 2000 mts (3 kms)	Regata	Remo técnico cont. 16 kms.
	Remo series 2 x 3000 mts (3 kms)	Remo técnico cont. 18 kms.	Remo técnico cont. 16 kms.	
Domingo	Descanso	Descanso	Regata	Descanso

PROGRAMA DE ENTRENAMIENTO SENIORS ALTO RENDIMIENTO (O ALTA COMPETICIÓN)
MACROCICLO 2. PREPARACIÓN ESPECIFICA
MESOCICLO 2. TRANSFORMACIÓN   Aprox. FEBRERO.

	Semana 1 AJUSTE	Semana 2 y 3 CARGA	Semana 4 IMPACTO	Semana 5 RECUPERACIÓN
Lunes	Remo técnico cont. 14 kms.	Remo técnico cont. 14 kms.	Remo técnico cont. 14 kms.	Remo técnico cont. 14 kms.
	Pesas repeticiones 5 ej. 3 x 35	Pesas repeticiones 5 ej. 4 x 35	Pesas repeticiones 5 ej. 5 x 35	Pesas repeticiones 5 ej. 3 x 35
Martes	Remo series largas 1 x 4000 mts (2 kms) 1 x 3000 mts (2 kms) 1 x 3000 mts (2 kms)	Remo series largas 1 x 3000 mts (2 kms) 1 x 3000 mts (2 kms) 1 x 3000 mts (2 kms)	Remo series largas 1 x 3000 mts (2 kms) 1 x 3000 mts (2 kms)	Remo series largas 1 x 4000 mts (2 kms) 1 x 3000 mts (2 kms)
	Remo series largas 1 x 4000 mts (2 kms) 1 x 3000 mts (2 kms)	Remo series largas 1 x 4000 mts (2 kms) 1 x 3000 mts (2 kms)	Remo series largas 1 x 4000 mts (2 kms) 1 x 3000 mts (2 kms)	Remo series largas 1 x 4000 mts (2 kms) 1 x 3000 mts (2 kms)
Miércoles	Remo técnico cont. 18 kms.	Remo técnico cont. 18 kms.	Remo técnico cont. 18 kms.	Remo técnico cont. 18 kms.
	Pesas repeticiones 5 ej. 3 x 35	Pesas repeticiones 5 ej. 4 x 35	Pesas repeticiones 5 ej. 5 x 35	Pesas repeticiones 5 ej. 3 x 35
Jueves	Remo series largas 1 x 4000 mts (3 kms) 1 x 3000 mts (2 kms)	Remo series largas 1 x 4000 mts (3 kms) 1 x 3000 mts (2 kms)	Remo series largas 1 x 4000 mts (3 kms) 1 x 3000 mts (2 kms)	Remo series largas 1 x 4000 mts (3 kms) 1 x 3000 mts (2 kms)
Viernes	Remo técnico cont. 18 kms.	Remo técnico cont. 18 kms.	Remo técnico cont. 18 kms.	Remo técnico cont. 18 kms.
	Pesas repeticiones 5 ej. 3 x 35	Pesas repeticiones 5 ej. 4 x 35	Pesas repeticiones 5 ej. 5 x 35	Pesas repeticiones 5 ej. 3 x 35
Sábado	Remo series largas 1 x 4000 mts (3 kms) 1 x 3000 mts (2 kms)	Remo series largas 1 x 4000 mts (3 kms) 1 x 3000 mts (2 kms)	Remo series largas 1 x 4000 mts (3 kms) 1 x 3000 mts (2 kms)	Remo series largas 1 x 4000 mts (3 kms) 1 x 3000 mts (2 kms)
	Remo series largas 1 x 4000 mts (3 kms) 1 x 3000 mts (2 kms)	Remo series largas 1 x 4000 mts (3 kms) 1 x 3000 mts (2 kms)	Remo series largas 1 x 4000 mts (3 kms) 1 x 3000 mts (2 kms)	Remo series largas 1 x 4000 mts (3 kms) 1 x 3000 mts (2 kms)
Domingo	Descanso	Descanso	Descanso	Descanso

PROGRAMA DE ENTRENAMIENTO SENIORS ALTO RENDIMIENTO (O ALTA COMPETICIÓN)
MACROCICLO 2. PREPARACIÓN ESPECIFICA
MESOCICLO 3. REALIZACIÓN   Aprox. MARZO.

	Semana 1 AJUSTE	Semana 2 CARGA	Semana 3 IMPACTO	Semana 4 RECUPERACIÓN
Lunes	Remo técnico cont. 12 kms.	Remo técnico cont. 12 kms.	Remo técnico cont. 12 kms.	Remo técnico cont. 12 kms.
	Pesas repeticiones 5 ej. 3 x 40	Pesas repeticiones 5 ej. 4 x 40	Pesas repeticiones 5 ej. 5 x 40	Pesas repeticiones 5 ej. 3 x 40
Martes	Remo endurecimiento 3 x 10 min (10 min)	Remo endurecimiento 3 x 12 min (10 min)	Remo endurecimiento 4 x 10 min (10 min)	Remo endurecimiento 3 x 10 min (10 min)
	Remo técnico cont. 14 kms.	Remo técnico cont. 16 kms.	Remo técnico cont. 14 kms.	Remo técnico cont. 14 kms.
Miércoles	Remo técnico cont. 12 kms.	Remo técnico cont. 16 kms.	Remo técnico cont. 16 kms.	Remo técnico cont. 12 kms.
	Pesas repeticiones 5 ej. 3 x 40	Pesas repeticiones 5 ej. 4 x 40	Pesas repeticiones 5 ej. 5 x 40	Pesas repeticiones 5 ej. 3 x 40
Jueves	Remo intervalo 8 x 30 pal (20 pal) 6 min. técnico 8 x 30 pal (20 pal) 6 min. técnico 8 x 30 pal (20 pal) 6 min. técnico	Remo intervalo 8 x 30 pal (20 pal) 6 min. técnico 8 x 30 pal (20 pal) 6 min. técnico 8 x 30 pal (20 pal) 6 min. técnico	Remo intervalo 10 x 30 pal (20 pal) 6 min. técnico 10 x 30 pal (20 pal) 6 min. técnico 10 x 30 pal (20 pal) 6 min. técnico	Remo intervalo 8 x 30 pal (20 pal) 6 min. técnico 8 x 30 pal (20 pal) 6 min. técnico 8 x 30 pal (20 pal) 6 min. técnico
Viernes	Remo técnico cont. 16 kms.	Remo técnico cont. 18 kms.	Remo técnico cont. 16 kms.	Remo técnico cont. 16 kms.
	Pesas repeticiones 5 ej. 3 x 40	Pesas repeticiones 5 ej. 4 x 40	Pesas repeticiones 5 ej. 5 x 40	Pesas repeticiones 5 ej. 3 x 40
Sábado	Remo pirámides 3 x 4'-3'-2'-1' (2 kms.)	Remo pirámides 3 x 4'-3'-2'-1' (2 kms.)	Remo pirámides 3 x 4'-3'-2'-1' (2 kms.)	Remo pirámides 3 x 4'-3'-2'-1' (2 kms.)
	Remo técnico cont. 14 kms.	Remo técnico cont. 16 kms.	Remo técnico cont. 18 kms.	Remo técnico cont. 14 kms.
Domingo	Remo intervalo 12 x 30"(15")(6 min) 12 x 30"(15")(6 min) 12 x 30"(15")(6 min)	Remo intervalo 12 x 30"(15")(6 min) 12 x 30"(15")(6 min) 12 x 30"(15")(6 min)	Remo intervalo 14 x 30"(15")(6 min) 14 x 30"(15")(6 min) 14 x 30"(15")(6 min)	Remo intervalo 12 x 30"(15")(6 min) 12 x 30"(15")(6 min) 12 x 30"(15")(6 min)

PROGRAMA DE ENTRENAMIENTO SENIORS ALTO RENDIMIENTO (O ALTA COMPETICIÓN)
MACROCICLO 3. COMPETICIONES PREVIAS
MESOCICLO 1. ACUMULACIÓN   Aprox. ABRIL.

	Semana 1 ACTIVACIÓN	Semana 2 COMPETITIVO	Semana 3 RECUPERACIÓN	Semana 4 COMPETITIVO
Lunes	Pesas repeticiones 5 ej. 5 x 40	Remo técnico cont. 16 kms.	Descanso 16 kms.	Remo técnico cont.
Martes	Remo series 4 x 2000 mts (2 kms)	Remo endurecimiento 3 x 5 min (2 min)	Descanso	Remo endurecimiento 3 x 5 min (2 min)
	Remo técnico cont. 16 kms.	Remo técnico cont. 16 kms.		Remo técnico cont. 16 kms.
Miércoles	Remo intervalo 4 x 1 min (2 min) 7 min. técnico 4 x 1 min (2 min) 7 min. técnico 4 x 1 min (2 min) 7 min. técnico	Remo series progres. 3 x 500+500+500+500 ritmo> 28 30 32 34 (3 kms.)	Remo técnico cont. 18 kms.	Remo series progres. 3 x 500+500+500+500 ritmo>28 30 32 34 (3 kms. rec.)
	Remo técnico cont. 16 kms		Pesas repeticiones 5 ej. 5 x 40	
Jueves	Remo técnico cont. 16 kms.	Remo fartlek 12 kms.	Remo técnico cont. 18 kms. Remo técnico cont. 14 kms.	Remo fartlek 12 kms.
Viernes	Remo intervalo 14 x 30"(15")(6 min) 14 x 30"(15")(6 min) 14 x 30"(15")(6 min)	Remo fartlek 12 kms.	Remo técnico cont. 18 kms.	Remo fartlek 12 kms.
	Remo técnico cont. 16 kms.		Remo técnico cont. 16 kms.	
Sábado	Remo pirámides 3 x 3'-2'-1'-1' (2 kms.)	Regata	Remo técnico cont. 20 kms.	Regata
	Remo técnico cont. 14 kms.		Remo técnico cont. 16 kms.	
Domingo	Remo series 2 x 1000 mts.(4 kms)	Regata	Descanso	Regata

PROGRAMA DE ENTRENAMIENTO SENIORS ALTO RENDIMIENTO (O ALTA COMPETICIÓN)
MACROCICLO 3. COMPETICIONES PREVIAS
MESOCICLO 2. TRANSFORMACIÓN   Aprox. MAYO.

	Semana 1 RECUPERACIÓN	Semana 2 AJUSTE	Semana 3 CARGA	Semana 4 CARGA
Lunes	Descanso	Remo técnico cont. 18 kms.	Remo técnico cont. 18 kms.	Remo técnico cont. 16 kms.
		Pesas repeticiones 5 ejs. 4 x 40	Pesas repeticiones 5 ejs. 4 x 40	Remo series con resistencia 6 x 3 min (4 min)
Martes	Descanso	Remo series 3 x 2000 mts (2 kms)	Remo series 2 x 2000 mts (2 kms) 1 x 2000 mts (2 kms)	Remo endurecimiento 3 x 10 min (2 kms)
		Remo técnico cont. 14 kms.	Remo técnico cont. 14 kms.	Remo técnico cont. 14 kms.
Miércoles	Remo técnico cont. 18 kms.	Remo series 4 x 2000 mts (2 kms)	Remo series 1 x 3000 mts (3 kms) 1 x 3000 mts (3 kms)	Remo intervalo 12 x 30"(15")(6 min) 12 x 30"(15")(6 min)
	Pesas repeticiones 5 ej. 5 x 40	Remo técnico cont. 14 kms.	Remo técnico cont. 14 kms.	Remo técnico cont. 14 kms.
Jueves	Remo técnico cont. 18 kms.	Remo técnico cont. 18 kms.	Remo técnico cont. 18 kms.	Remo técnico cont. 14 kms.
Viernes	Remo técnico cont. 18 kms.	Remo series 4 x 2000 mts.(2 kms)	Remo series 1 x 2000 mts (2 kms) 1 x 2000 mts (2 kms) 1 x 2000 mts (2 kms)	Remo pirámides 3 x 4'-3'-2'-1' (2 kms)
	Remo técnico cont. 16 kms.	Remo técnico cont. 14 kms.	Remo técnico cont. 16 kms.	Remo técnico cont. 14 kms.
Sábado	Remo técnico cont. 20 kms.	Remo series 5 x 2000 mts.(2 kms)	Remo series 1 x 3000 mts (3 kms) 1 x 3000 mts (3 kms)	Remo intervalo 8 x 1 min (1 min) (8 min. técnico) 8 x 1 min (1 min) (8 min. técnico)
	Remo técnico cont. 16 kms.			Remo técnico cont. 16 kms.
Domingo	Descanso	Descanso	Descanso	Descanso

PROGRAMA DE ENTRENAMIENTO SENIORS ALTO RENDIMIENTO (O ALTA COMPETICIÓN)
MACROCICLO 3. COMPETICIONES PREVIAS
MESOCICLO 3. REALIZACIÓN   Aprox. JUNIO.

	Semana 1 RECUPERACIÓN	Semana 2 AJUSTE	Semana 3 CARGA	Semana 4 COMPETITIVO
Lunes	Remo técnico cont. 16 kms.	Remo series c/resis. 6 x 3 min (4 min)	Remo series c/resis. 6 x 3 min (4 min)	Remo técnico cont. 14 kms.
		Pesas técnico cont. 16 kms.	Pesas técnico cont. 16 kms.	
Martes	Remo técnico cont. 16 kms	Remo endurecimiento 3 x 10 min (2 kms)	Remo endurecimiento 3 x 12 min (2 kms)	Remo series 3 x 5 min (15 min)
		Remo técnico cont. 14 kms.	Remo técnico cont. 14 kms.	
Miércoles	Remo técnico cont. 18 kms.	Remo intervalo 12 x 30"(15")(6 min) 12 x 30"(15")(6 min)	Remo intervalo 12 x 30"(15")(6 min) 12 x 30"(15")(6 min) 12 x 30"(15")(6 min)	Remo series 1 x 1000 mts (4 kms) 1 x 500 mts (4 kms)
	Pesas repeticiones 5 ej. 5 x 40	Remo técnico cont. 14 kms.	Remo técnico cont. 14 kms.	
Jueves	Remo técnico cont. 18 kms.	Remo técnico cont. 16 kms.	Remo técnico cont. 20 kms.	Remo fartlek 14 kms.
Viernes	Remo técnico cont. 18 kms. (2 kms)	Remo pirámides 3 x 4'-3'-2'-1' (2 kms)	Remo pirámides 3 x 3'-2'-1'-1'	Remo fartlek 14 kms.
	Remo técnico cont. 16 kms.	Remo técnico cont. 14 kms.	Remo técnico cont. 14 kms.	
Sábado	Remo técnico cont. 20 kms.	Remo intervalo 8 x 1 min (1 min) 8 min. técnico 8 x 1 min (1 min) 8 min. técnico 8 x 1 min (1 min) 8 min técnico	Remo intervalo 8 x 1 min (1 min) 8 min. técnico 8 x 1 min (1 min) 8 min. técnico	Regata
	Remo técnico cont. 16 kms.	Remo técnico cont. 16 kms.	Remo técnico cont. 16 kms.	
Domingo	Descanso	Descanso	Remo series control 2 x 2000 mts (4 kms)	Regata

PROGRAMA DE ENTRENAMIENTO SENIORS ALTO RENDIMIENTO (O ALTA COMPETICIÓN)
MACROCICLO 4. COMPETITIVO
MESOCICLO 1. TRANSFORMACIÓN   Aprox. JULIO.

	Semana 1 AJUSTE	Semana 2 COMPETITIVO	Semana 3 RECUPERACIÓN	Semana 4 AJUSTE
Lunes	Descanso	Remo series 3 x 1500 mts (2 kms)	Remo técnico cont. 16 kms.	Remo series c/resis. 6 x 3 min (4 min)
		Remo técnico cont. 12 kms		Pesas técnico cont. 16 kms.
Martes	Remo técnico cont. 16 kms.	Remo series 1 x 1000 mts (4 kms) 1 x 500 mts (4 kms)	Remo técnico cont. 16 kms.	Remo endurecimiento 3 x 10 min (2 kms)
	Remo intervalo 8 x 1 min (1 min) 8 min. técnico 8 x 1 min (1 min) 8 min. técnico 8 x 1 min (1 min) 8 min. técnico			Remo técnico cont. 14 kms.
Miércoles	Remo pirámides 3 x 1'-1'-1'-1'-1'-1'-1' (2 kms)	Remo fartlek 12 kms.	Remo técnico cont. 18 kms.	Remo intervalo 12 x 30"(15")(6 min) 12 x 30"(15")(6 min)
	Remo técnico cont. 16 kms.	Remo fartlek 12 kms.	Pesas repeticiones 5 ej.	Remo técnico cont. 5 x 40 14 kms.
Jueves	Remo intervalo 14 x 30"(15")(6 min) 14 x 30"(15")(6 min)	Remo fartlek 12 kms.	Remo técnico cont. 18 kms.	Remo técnico cont. 16 kms.
	Remo técnico cont. 16 kms.	Remo fartlek 12 kms.		
Viernes	Remo series 3 x 1000 mts (3 kms)	Remo fartlek 10 kms.	Remo técnico cont. 18 kms.	Remo pirámides 3 x 4'-3'-2'-1' (2 kms)
	Remo series 6 x 500 mts(1.5 kms)	Regata	Remo técnico cont. 16 kms.	Remo técnico cont. 14 kms.
Sábado	Remo series 3 x 1000 mts (3 kms)	Regata	Remo técnico cont. 20 kms.	Remo intervalo 8 x 1 min (1 min) 8 min. técnico 8 x 1 min (1 min) 8 min. técnico
			Remo técnico cont. 16 kms.	Remo técnico cont. 16 kms.
Domingo	Descanso	Regata	Descanso	Descanso

PROGRAMA DE ENTRENAMIENTO SENIORS ALTO RENDIMIENTO (O ALTA COMPETICIÓN)
MACROCICLO 4. COMPETITIVO
MESOCICLO 2. REALIZACIÓN   Aprox. AGOSTO.

	Semana 1 CARGA	Semana 2 IMPACTO	Semana 3 ACTIVACIÓN	Semana 4 COMPETITIVO
Lunes	Remo técnico cont. 12 kms.	Remo técnico cont.	Remo intervalo 4 veces: 2 kms: 25 pal(15pal) 2 kms. técnico	Eliminatorias
	Remo técnico cont. 16 kms.	Remo técnico cont. 12 kms.	Remo técnico cont. 16 kms.	
Martes	Remo series 3 x 1500 mts (2 kms)	Remo series 3 x 1500 mts (3 kms)	Remo series 1 x 2000 mts. máx 4 kms. técnico 1 x 1500 mts. máx 4 kms. técnico	Remo técnico cont. 12 kms.
	Remo técnico cont. 16 kms.	Remo técnico cont. 16 kms.	Remo técnico cont. 12 kms.	Remo técnico cont. 8 kms.
Miércoles	Remo intervalo 4 x 30 pal (20 pal) (2 kms.)	Remo intervalo 4 x 30 pal (20 pal) (2 kms.)	Remo fartlek 16 kms.	Repescas
	Remo técnico cont. 16 kms.	Remo técnico cont. 16 kms.	Remo técnico cont. 12 kms.	Remo técnico cont. 14 kms.
Jueves	Remo pirámides 3 x 1'-1'-1'-1'-1' 28 32 36 32 28 (2.5 kms. rec.)	Remo pirámides 3 x 1'-1'-1'-1'-1' 28 32 36 32 28 (2.5 kms. rec.)	Remo series 3 x 1000 mts.(3 kms)	Semifinales
	Remo técnico cont. 16 kms.	Remo técnico cont. 16 kms.	Remo técnico cont. 12 kms.	
Viernes	Remo intervalo 8 x 1 min (2 min) 2 kms. técnico 8 x 1 min (2 min) 2 kms. técnico	Remo técnico cont. 16 kms.	Remo series 4 x 500 mts.(recup: 1 km.técnico+5 min)	Descanso
	Remo técnico cont. 16 kms.	Remo técnico cont. 16 kms.	Remo técnico cont. 12 kms.	
Sábado	Remo series control 2 x 2000 mts (4 kms)	Remo intervalo 8 x 1 min (2 min) 2 kms. 8 x 1 min (2 min) 2 kms.	Remo series 7 x 1 min (recup.total)	Finales
Domingo	Descanso	Remo series control 2 x 2000 mts (4 kms)	Remo técnico cont. 12 kms.	Finales

PROGRAMA DE ENTRENAMIENTO SENIORS ALTO RENDIMIENTO (O ALTA COMPETICIÓN)
MACROCICLO DE RECUPERACIÓN.
MESOCICLO ÚNICO.   Aprox. SEPTIEMBRE.

	Semana 1 RECUPERACIÓN	Semana 2 RECUPERACIÓN	Semana 3 RECUPERACIÓN	Semana 4 RECUPERACIÓN
Lunes	Descanso 40 min.	Carrera continua 50 min.	Carrera continua 40 min.	Carrera continua
Martes	Descanso 5 ej. 2 x 30	Pesas repeticiones 5 ej. 2 x 40	Pesas repeticiones 5 ej. 2 x 30	Pesas repeticiones
Miércoles	Remo técnico cont. 10 kms.	Remo técnico cont. 10 kms.	Remo técnico cont. 10 kms.	Remo técnico cont. 10 kms.
Jueves	Descanso 40 min.	Carrera continua 50 min.	Carrera continua 40 min.	Carrera continua
Viernes	Remo técnico cont. 10 kms.	Remo técnico cont. 10 kms.	Remo técnico cont. 10 kms.	Remo técnico cont. 10 kms.
Sábado	Descanso	Descanso	Descanso	Descanso
Domingo	Descanso	Descanso	Descanso	Descanso

Capítulo 18. LA INICIACIÓN

18.1. INTRODUCCION.

El Remo es un deporte que utiliza un material relativamente sofisticado y, en general, desconocido para el chico o chica que se acerca a él. Casi con toda seguridad, los elementos conocidos por el alumno referentes a deporte o movimiento no nos servirán para apoyarnos en ellos. Prácticamente todo lo que le vamos a enseñar al futuro remero es completamente nuevo para él o ella.

Esto hace especialmente importante que el proceso de enseñanza-aprendizaje deba ser perfectamente conocido y organizado por los entrenadores que lo llevan a cabo.

En estas páginas atenderemos a uno de los sistemas más habituales para la iniciación deportiva: los cursillos. Aunque es perfectamente probable iniciar a un solo remero o remera, ello puede considerarse un caso particular dentro de lo que supone organizar un cursillo de iniciación al que se incorporarán tantos alumnos como las circunstancias y los medios permitan y cuya determinación veremos más adelante.

18.2. LOS CURSILLOS DE INICIACIÓN.

Los cursillos permiten una gran sistematización y control de la enseñanza. La complejidad de nuestro material, del movimiento del remero y del manejo de la embarcación obligan a poner una especial atención en la ORGANIZACIÓN. Una buena organización supone la puesta en orden de todos los elementos que intervienen a lo largo del proceso. Tendremos perfectamente enumerados y ordenados aquellos elementos o factores conocidos de antemano como pueden ser el material a utilizar y el calendario y valoraremos aquellos factores variables que incidirán en el funcionamiento como son el clima, las averías del material o incluso el número de remeros que asistirán un día concreto. Organización no quiere decir por tanto que todo obedezca a un plan minucioso y perfectamente previsto. Teléfono y Fax: (956) 53 14 82La organización de un cursillo ha de dejar unos márgenes de actuación a la libre decisión del monitor cuando así lo aconsejen ciertas circunstancias.

Hay que prever qué hacer cuando las condiciones meteorológicas no le permitan seguir las sesiones como tenía previsto, debe tener en cuenta la diferente capacidad de aprendizaje de unos y otros, tomar una decisión de sanción a un alumno que no ha cumplido con las reglas de juego, o tener una rápida respuesta ante una avería que inutilice un bote e incluso ante un accidente que pudiera ocurrirle a un alumno. Las actuaciones seguras y decididas del monitor refuerzan su posición, aumentan su credibilidad y favorecen el ambiente deportivo dentro del grupo.

18.3. PUESTA EN MARCHA DEL MÉTODO.

Al proyectar la celebración de un Cursillo de Iniciación deberemos elaborar por escrito un plan de trabajo en que tomaremos en consideración los siguientes puntos:

INFRAESTRUCTURA

- acceso al agua y otras condiciones de ésta tales como seguridad, corrientes, mareas, vientos, etc.
- casa de botes y pontón o embarcadero.
- servicios deportivos: vestuario, gimnasio, etc.

MATERIAL DISPONIBLE

- barcos, remos, repuestos.
- motora y megáfono.

OBJETIVOS que se persiguen, que pueden ser: divulgación del Remo como actividad de «Deporte para todos», o bien como remo de competición de modo que los participantes, al finalizar el cursillo, pasen a formar parte del equipo del Club, continuando su formación para participar en competiciones.

MONITOR: designamos el monitor responsable y uno o dos auxiliares.

TIEMPO DE DURACIÓN

- tiempo necesario para una enseñanza real. Por regla general son necesarias de 18 á 20 sesiones de práctica sobre el bote para lograr que los alumnos realicen un movimiento correcto a un ritmo suficiente (20-24 pal/min).
- fechas más convenientes

ALUMNOS

- Condiciones de admisión: edad, sexo, etc.
- Número de participantes: lo determinamos en función del material disponible y los demás medios con los que contamos.
- Autorización paterna para menores de edad.
- Tramitación de la Licencia y suscripción de seguro deportivo.
- Exigencia de saber nadar.

OTROS

- Servicio médico

- Publicidad del cursillo

- Aquellos otros elementos concretos del lugar y momento en que se va a realizar y que puedan afectar al desarrollo del Cursillo.

En los siguientes apartados, y siguiendo la orientación general de este libro, nos vamos a referir a Cursillos para chicos y chicas jóvenes con el objetivo de que en el futuro se conviertan en remeros de competición.

18.4. CONOCIMIENTO DEL DEPORTISTA.

Para un buen proceso de enseñanza-aprendizaje es muy importante un buen conocimiento por parte del monitor de los chicos y chicas que se han incorporado al cursillo.

Con una breve entrevista tratamos de conocer un poco mejor al chico o chica, especialmente nos interesa su actitud hacia el deporte y la competición, sus experiencias anteriores, su conocimiento o relación con nuestro deporte, algunas pinceladas de su persona como son los estudios que realiza y sus aficiones, el tiempo de que dispone a través del dato de su horario de estudios y la distancias a su domicilio y centro de estudios. Con algunas preguntas sobre sus hábitos alimenticios le hacemos ver que nos interesará su rendimiento y su actitud general, y por último con un simple Test Ruffier un dato mínimo inicial ante el esfuerzo.

En función de sus respuestas vamos planteándoles los aspectos que en su propia situación son positivos o negativos para nuestra actividad. Por ejemplo si vive muy lejos y también tuviera el colegio muy lejos le expresamos que tendrá que emplear mucho tiempo en desplazamientos y que lo considere. Asímismo le animamos si encontramos elementos positivos.

Después de la entrevista, el siguiente momento de contacto directo entre el entrenador y el deportista lo constituye la primera sesión de aprendizaje. La intercomunicación que se establece en esta sesión es crucial y proporciona una auténtica relación afectiva profesor-alumno. Más adelante explicamos el desarrollo de esta sesión.

A lo largo de toda la permanencia del deportista en el equipo se van produciendo circunstancias que conducen a un mayor conocimiento de su persona.

Durante las sucesivas sesiones de entrenamiento pueden ir surgiendo también lesiones o molestias físicas que son atendidas en primer lugar por el entrenador y en segunda instancia por el médico del Club o de la Mutualidad, lo que va añadiendo información a posibles correcciones posturales en la ejecución técnica o ejercicios compensatorios de cualquier dolencia. La motivación que el remero presenta ante estas «rehabilitaciones» constituye también un dato más hacia su conocimiento.

18.5. CONTROLES.

En función de la disponibilidad de tiempo es muy conveniente ir tomando algunos datos objetivos de rendimiento de los cursillistas. Bien orientados y explicados, los controles se convierten en un potente factor de motivación. Los tests más inmediatos son:

- carrera: siendo el Remo un deporte fundamentalmente de resistencia, desde un primer momento la carrera sobre larga distancia constituye un dato importante del nivel que los remeros presentan en este aspecto. Desde los primeros entrenamientos en tierra se desarrollan carreras sobre distancias determinadas (no necesariamente sobre una distancia exacta de metros sino sobre un recorrido concreto y habitual).

- remoergómetro: Los tests se realizan sobre remoergómetro Concept II. Debido a la elevada exigencia física que supone el control en remoergómetro, el primer test se realiza sobre una distancia de 500 mts. Es conveniente que los remeros se hayan familiarizado anteriormente con el aparato durante las sesiones de entrenamiento en tierra.

- controles técnicos: se lleva a cabo un permanente control de la técnica adquirida por los remeros en su seguimiento diario al realizar los entrenamientos en bote. Por otro lado se realizan controles sobre diversas distancias que constituyen controles de tipo técnico ya que en estas etapas iniciales es el elemento técnico el principal factor limitante.

18.6. LA INFORMACIÓN.

La contrapartida al conocimiento que obtenemos del deportista es la información que le proporcionamos de nosotros como personas, del Club, del Remo, de sus normas, etc. Es por sí misma un factor esencial en la motivación y el rendimiento. Solo podemos motivarnos por algo que conocemos.

La información constituye uno de los principales puntales sobre el que se apoya un buen desarrollo y formación de los deportistas.

Desde un primer momento el inscrito en un Cursillo debe conocer quién es el responsable, qué horario y duración tendrá y qué objetivos se pretenden. Por ello iniciamos el Cursillo siempre con una Reunión en la que tras dar la bienvenida se informa a los participantes del contenido del cursillo, el entorno en el que se desenvuelve, el material a utilizar y todas aquellas normas de funcionamiento del Club que deban ser de general conocimiento y que nos permiten concentrarnos posteriormente en la tarea de enseñanza y formación de los deportistas. Esta Reunión se lleva a cabo antes del primer día de enseñanza y generalmente con posterioridad a las entrevistas que hemos mantenido con cada uno.

18.7. ENSEÑANZA DIRECTA Y PERSONALIZADA.

Después de aquella primera toma de contacto que supuso la entrevista personal y de la Reunión informativa, iniciamos el proceso de enseñanza propiamente dicho que se lleva a cabo directamente sobre la embarcación, concretamente en el skiff, ya que permite individualizar la enseñanza y trabajar sobre un elemento fundamental en la técnica del remo: el equilibrio y la sensibilidad del conjunto bote-agua. No soy partidario del uso de doble sculls pues el aprendiz no está capacitado para atender al acoplamiento con otro remero lo que provoca una serie de inconvenientes que nada favorecen el aprendizaje. Sería un método válido si el que sienta a proa fuera el propio profesor u otro remero experimentado, lo cual sería prácticamente lo mismo que enseñar con el skiff sujeto al pontón y no lograríamos la asimilación del equilibrio. Es un procedimiento válido para perfeccionar algunos detalles de remeros que ya dominan bastante bien el movimiento sobre el bote. También puede ser un método recomendable o incluso imprescindible en el caso de aguas con corrientes peligrosas o importante tráfico.

El proceso de enseñanza se lleva a efecto mediante lo que se denomina un «aprendizaje por modelos» o «instrucción directa», que consiste en:

1. Motivación: presentar la relación eficiencia-éxito.

   Esta fase la hemos debido iniciar desde aquella primera reunión a que hemos hecho referencia.

2. Exposición del modelo a realizar. Puede ser verbal, visual o kinestésica. En el Remo será una adecuada combinación de las tres.

Por otro lado la exposición debe ser global, si bien polarizaremos la atención en los puntos más importantes de la técnica del remo y en los elementos que por nuestra experiencia sabemos que constituyen importantes fuentes de errores.

Lo más sencillo y habitual es que el propio profesor realice sobre el bote el movimiento completo de la estropada a la vez que va explicando los puntos más importantes y reforzando la atención de los aprendices sobre tales aspectos; este sistema permite además enseñar algo que no es menos importante: subir y bajar del bote.

Con anterioridad dentro del hangar y junto a las estanterías en que se encuentran los botes y remos les explicaremos cómo deben sacarse los botes al agua, en qué puntos pueden agarrarse y por donde no deben ser asidos. El propio monitor ayudado por alguno de los alumnos o incluso por un remero traslada el bote al agua y continúa la explicación al grupo sobre la forma más conveniente de echarlo al agua y colocarle los remos.

Una vez la embarcación está preparada junto al pontón explica a los remeros cómo deben subir a ella, dónde deben colocar las manos y los pies, cómo deben sentarse sobre el asiento o carrito, indica la colocación correcta de los pies en las pedalinas y la importancia que para el equilibrio tiene la permanente sujeción de los dos remos. Soltar un remo supone la pérdida casi absoluta del control del equilibrio del bote y por tanto la casi segura caída al agua. Separándose ligeramente del pontón continúa su explicación señalando que el movimiento se inicia partiendo de una posición de «reposo» en la que las piernas se encuentran extendidas, el tronco vertical y los brazos extendidos sujetando los remos que tienen su pala en posición horizontal.

A partir de ahí iniciamos el movimiento técnico de la palada ejecutado con simplificación de elementos y con gran lentitud. En primer lugar, realizamos el movimiento del carro hacia adelante, hacia la popa del bote. Una vez alcanzada una posición adelantada se efectúa el «repaleo». Les expresamos a los alumnos que el repaleo constituye el gesto más difícil y más nuevo en las primeras sesiones. A partir de esta posición se inicia el auténtico movimiento activo o de propulsión del bote pues desplazamos el cuerpo hacia atrás, hacia la proa, extendiendo las piernas, incorporando hacia atrás ligeramente el cuerpo y flexionando los brazos de modo que llegamos al final de la «pasada por el agua» con las empuñaduras de los remos junto al pecho del remero. En ese punto realizamos de nuevo el «repaleo» en sentido contrario para colocar de nuevo las palas en posición horizontal y extendemos los brazos y adelantamos ligeramente el tronco de modo que nos situemos de nuevo en la posición de partida. Repetimos varias veces este movimiento de modo que pueda ser razonablemente retenido por los aprendices.

Posteriormente, uno por uno irán subiendo al skiff para realizar, controlado y dirigido por el monitor los movimientos que comprende la técnica del Remo y que fueron realizados y explicados anteriormente por éste. Es un trabajo paciente pero es el método más eficaz para lograr una buena asimilación, corrección de errores, evitación de accidentes y disminución de daños al material. El alumno ejecuta estos movimientos con el skiff sujeto como podemos apreciar en la fotografía. Al principio siguiendo estrictamente las órdenes del profesor: colócate en la posición de reposo (piernas extendidas, cuerpo vertical, brazos extendidos, remos horizontales), desplázate hacia adelante, haz el repaleo, desplázate hacia proa, de nuevo el repaleo contrario, extiende los brazos. Poco a poco el aprendiz lo va ejecutando por su cuenta corrigiendo el profesor los fallos que observe. Así durante el tiempo que consideremos necesario hasta que observemos una ejecución con una razonable seguridad: o sea el aprendiz lleva a cabo el movimiento de una manera bastante continua, no resulta necesario recordarle casi nada y no comete errores de equilibrio como puede ser que ante un tambaleo del bote suelte los remos.

Antes de permitirles navegar les enseñamos la forma de hacer virar la embarcación: remando con un solo remo, sin utilizar las piernas pero realizando correctamente el repaleo.

Cuando observamos que el alumno controla bastante satisfactoriamente el movimiento técnico y es capaz de hacer virar la embarcación les permitimos que naveguen por una zona de seguridad bajo control absoluto del monitor.

Normalmente el «soltar» al remero o remera se produce en la segunda sesión, en función del tiempo que destinamos a cada remero, de su propia habilidad y de las condiciones meteorológicas, pues aunque observemos una razonable ejecución a lo mejor no podemos dejarlos navegar porque hay mucho viento y no podrían controlar la dirección del bote y la vuelta al embarcadero.

Tras las dos primeras sesiones prácticas reforzamos su motivación y sus conocimientos con una nueva reunión en la que les exponemos vídeos de buenos remeros, les enseñamos las denominaciones de los diferentes elementos de los barcos, los tipos de barcos, las ideas básicas y principales del entrenamiento de los remeros, etc. Tras esta segunda reunión, nuevamente dos/tres sesiones prácticas en la que todos los remeros navegan con una razonable soltura en un tramo de unos 300 metros.

Con los remeros navegando tomamos una motora para seguirlos más de cerca e ir apuntándoles las correcciones técnicas precisas.

El resto de los días de la semana son empleados, aparte uno de descanso, en sesiones de aprendizaje de la preparación física.

En todo momento inspira nuestro trabajo el tratar de formar con los alumnos un auténtico grupo, con una dinámica interna que favorezca el ambiente deportivo que debe crearse en él. A ello contribuye la buena organización, la exigencia y cumplimiento de la puntualidad, el cuidado de las embarcaciones y los remos, la mutua colaboración y ayuda, el compañerismo, etc.

18.8. LA ENSEÑANZA DE LA TECNICA Y EL EQUILIBRIO.

Aunque ya hemos relatado someramente el proceso de enseñanza, a continuación indicamos aquellos puntos sobre los que hacemos especial hincapié:

- Explicar en qué consiste la denominada «posición de seguridad» o «posición normal o de reposo» que es aquella en la que el remero se encuentra con el tronco en posición vertical, las piernas extendidas y los brazos extendidos. Hacer ver que partimos siempre de dicha posición y que debe ser la posición a adoptar cuando nos tomemos un reposo o nos tomemos un tiempo para decidir algo.

- Señalar las condiciones de equilibrio de la embarcación haciendo ver cómo el nivel del bote se controla con la colocación de la altura de las empuñaduras de los remos y, consiguientemente, con el movimiento de los brazos. Debemos señalar cómo, manteniendo firmes los remos sobre el agua, un balanceo del cuerpo no influye en el nivel de la embarcación. Insistimos en que perder el control de los remos supondrá casi con toda seguridad caer al agua. El equilibrio, en tanto en cuanto supone captación del movimiento general del barco, constituye probablemente el elemento esencial de la enseñanza del Remo. Recordemos que ya señalábamos como lo más importante de la técnica la «sensación» del movimiento; pues bien, el equilibrio es el pilar fundamental de aquéllo. Solo la creación de un buen soporte nervioso de equilibrio asegura un futuro desarrollo estable de la técnica (Schröder, 1978, citado por Hahn, 1988).

- Les hacemos ver la importancia que tiene la ejecución de los movimientos siguiendo las órdenes del monitor aunque éste pueda en algunas ocasiones dejar que el remero pruebe libremente a hacer lo que le parezca mejor y corregir sobre la marcha.

- Es fundamental antes de dejar navegar libremente al remero, tener la seguridad de que el remero sabe cómo virar la embarcación y siquiera un rudimentario 'ciar' (remar en sentido contrario) aunque tenga que hacerlo siguiendo las órdenes del monitor.

- Introducimos a los alumnos en el léxico propio del Remo paulatinamente. Les señalamos las partes del bote (babor, estribor, chumacera, carro, pedalinas, vías, proa, popa, etc. etc.) y el nombre de los diferentes movimientos (repaleo, ataque, salida, pasada, ciar, etc.). Para evitar errores de comprensión estos términos son mostrados tanto verbalmente como por escrito desde un principio.

- También ponemos el énfasis necesario en la enseñanza del manejo de la embarcación y los remos fuera del agua: colocación en las estanterías, traslado al pontón, puntos en los que debe o no sujetarse, evitación de golpes, etc.

- Recalcamos sistemáticamente la atención del principiante en el aspecto cinestésico del Remo. No se trata simplemente de realizar un movimiento previamente expuesto sino que se trata de 'mover' el barco y el remero debe aprender a captar y sentir esta sensación de movimiento, de lo contrario, jamás será un buen remero.

18.9. EL PERFECCIONAMIENTO.

Todos los extremos señalados constituyen la tarea diaria en la enseñanza inicial de los remeros que, lógicamente y unos con mayor acierto que otros, van logrando un dominio progresivo de la técnica del Remo. Consideramos que el Cursillo de Iniciación termina cuando los remeros conocen y ejecutan con soltura el movimiento técnico. Ello lo logramos tras unas quince a veinte sesiones que vienen a repartirse en cinco o seis semanas, finalizadas las cuales llevaremos a cabo la correspondiente Competición de Fin de Cursillo.

Finalizado el cursillo se inicia, o mejor dicho se continúa el proceso de perfeccionamiento para situar a los remeros en condiciones de competición a nivel local, regional y nacional.

Desde el punto de vista técnico los pasos siguientes son:

- comprensión del ritmo y tiempo de la boga. Movimientos rápidos y lentos, momentos de fuerza y momentos de soltura. Ritmo y armonía general del movimiento.

- captación del movimiento del barco, las sensaciones de velocidad y aceleración, la relación ejecución del remero-movimiento del barco, etc.

- aprendizaje y perfeccionamiento del remo en equipo, compenetración, acoplamiento de los componentes de una tripulación.

- dominio de los cambios de ritmo, mejoramiento de la técnica en condiciones adversas tales como cansancio, malas condiciones del agua, etc.

• automatización total del movimiento.

• táctica de regatas, técnica de salidas, control de ritmo y dominio del final.

• táctica y dominio emocional de la competición.

18.10. MOTIVACIÓN PARA LA COMPETICIÓN.

Desde la primera entrevista que tenemos con el deportista ya le hablamos de que nuestro objetivo es la competición. Les expresamos que nuestra intención es formar deportistas en un deporte de competición. No se trata sólo de ocupar un tiempo libre con una actividad lúdica, sino que todas nuestras acciones irán en concurrencia a las competiciones en las que vayamos a participar. Esperamos de ellos una mentalización y motivación en este sentido.

La competición ocupa un lugar destacado en todo el proceso, pues todo él va jalonado de competiciones.

En este sentido resulta muy interesante la relación de los remeros jóvenes que se han iniciado hace poco, con remeros de élite. Debemos conseguir que alguno de éstos les de una charla, les explique sus vivencias ante las grandes competiciones, su modo de vivir el entrenamiento y la competición, etc.

Podemos resumir nuestro planteamiento en la siguiente frase: «La mentalidad de un campeón debe ser competitiva. El día de la competición tiene que ser como una fiesta en la que se celebra algo importante. Quien tenga miedo a competir no tiene mentalidad de campeón y seguro que no servirá para la alta competición. El deportista debe acudir a la competición con la mentalidad de que es el protagonista de esa fiesta y no la víctima» (Fernando Molina, Campeón del Mundo de Remo 1993). Desde el principio debemos trabajar con esta idea, de modo que los remeros deseen el momento de la competición, lleguen a ella con satisfacción y la afronten como algo natural y no como una reválida en la que pueden ser eliminados o sancionados.

PARTE V. LA COMPETICIÓN.

Capítulo 19. PREPARACION PARA LA COMPETICIÓN.

19.1. LOS DOS ASPECTOS DE LA COMPETICION.

Todo lo que hemos visto hasta ahora, - técnica, reglaje y entrenamiento -, tiene como objetivo la competición. Las características de ésta conforman y 'modelan' todos los demás aspectos. Por ello ni el remero ni el entrenador deben perder nunca de vista que el fin de todo lo que hacen es competir en la mejor de las condiciones posibles.

Serían muchos los aspectos que se podrían estudiar en torno a la competición, pero desde la posición del entrenador y el remero son dos los que más nos interesan: en primer lugar, la vertiente «técnica» que se refiere a la forma de acometerla por parte del remero, cómo comportarse en la competición y cómo resolver las situaciones que ésta nos presente, y, en segundo lugar, la vertiente «legal» u «organizativa» que atiende a las normas por las que se rigen y la forma en que se organizan. En este capítulo veremos los aspectos técnicos y en el siguiente estudiaremos los aspectos normativos y de organización.

19.2. PREPARACIÓN DEL REMERO PARA LA COMPETICIÓN.

La regata constituye la expresión máxima del rendimiento del remero. Todas las horas de entrenamiento físico y técnico, toda la preparación del bote se van a demostrar en la regata. La distancia y condiciones en que se celebran las regatas suponen una exigencia extraordinaria de las condiciones físicas y psicológicas del remero. En la regata el esfuerzo es inmenso y en ella intervienen además varios factores, ajenos al entrenamiento propiamente dicho, que pueden ser decisivos.

Cómo podemos garantizarnos el hacer buenas regatas. Cómo podemos conseguir que en una regata seamos capaces de rendir al máximo de nuestras posibilidades y nunca menos. Parece obvio que la mejor manera de aprender a hacer buenas regatas es haciéndolas; esto es insustituible.

El stress y la ansiedad que toda competición comporta, deben asumirse para poder controlarlos. El buen deportista debe sentir gusto y deseo por la competición. Todos los sufrimientos, ansiedades y esfuerzos que la competición supone deben asumirse como intrínsecamente ligados a ésta y por tanto deben desearse y encontrarse a gusto con ellos. Debemos aprender y entrenarnos en imaginar o «visualizar» la competición pero aún así debemos asumir que una vez en ella tendremos que improvisar si las cosas no van como habíamos imaginado, lo cual será muy probable.

A todos nos ha pasado que en plena competición, debido en parte al esfuerzo que estamos realizando, se nos bloquea la mente y todas nuestras ilusiones de hacer una buena regata se nos van al traste cuando apenas hemos llegado a los primeros 500 mts: el equipo se encuentra solo, sin el apoyo del entrenador, surgen interrogantes sobre qué es lo que más conviene hacer en un determinado momento, nuestra posición relativa no es la que esperábamos y parece no corresponder con el esfuerzo que estamos haciendo.

Una de las cualidades que definen al buen remero es la capacidad de improvisación, o lo que es lo mismo, hacer que cualquier imprevisto que surja en la competición no nos parezca tal, sino que seamos capaces de resolverlo sobre la marcha, porque de alguna manera ya habíamos asumido que habría imprevistos. Es decir, se trata de reducir al mínimo toda posibilidad de imprevisibilidad. A ello contribuye, sin duda, la experiencia, pero incluso los remeros más experimentados se encuentran con situaciones insólitas. Incluso en las mejores tripulaciones del mundo hay caídas, trabones y paladas mal dadas. Todos tratamos de evitar estos accidentes, pero también debemos estar preparados para que si ello ocurre, tengamos la calma y la serenidad necesarias de corregir sobre la marcha el error, restablecer la remada que llevábamos y, unas paladas después, si se han perdido metros respecto al rival, o queda poco para la meta, pedir una subida. Si se falla en una palada hay que tratar de que la siguiente nos salga como las anteriores. Se ha abierto un paréntesis, hay que cerrarlo lo antes posible. Para tener este imprevisto previsto hay que ensayarlo en los entrenamientos. Cuando se produce un fallo, calma, se da bien la siguiente palada y aquí no ha pasado nada. No hay que acortar, no subir a la desesperada, lo mejor es continuar como si nada hubiera pasado. En realidad, objetivamente contemplado casi seguro que se trata de algo mínimo en el transcurso general de la tripulación. Tengamos también en cuenta a los compañeros, no pongamos nervioso al que le ha ocurrido, no es el momento de lamentos ni broncas. Es mucho más perjudicial un grito o una bronca en una regata que el trabón mismo.

Otro tipo de imprevistos para el que debemos prepararnos es el de cuál va a ser nuestra posición relativa en la regata al poco de darse la salida. Los remeros solemos hacernos cierta idea de cómo nos vamos a colocar después de darse las primeras paladas de una regata. A menudo sin embargo la realidad no coincide con lo que esperábamos. He aquí otro imprevisto. También tenemos que estar preparados para ello. En los días anteriores, en las horas anteriores a la regata hay que pensar qué pasará si nos vemos primeros, o si estamos en el montón o muy atrás, hay que estudiar todas las posibilidades. En definitiva, debemos borrar de nuestra mente cualquier preconcepción definitiva de cómo vamos a situarnos respecto de los rivales. Una preconcepción de este tipo puede bloquearnos la mente en plena regata, si vemos que no se cumple. No sabemos si el rival se está tirando un farol con una salida impresionante. En cualquier caso, debemos tener la seguridad y el aplomo suficientes para pensar: a lo nuestro, a andar todo lo que seamos capaces. Es la mejor manera de aumentar las posibilidades de alcanzarlo. Estadísticamente los botes que logran los parciales más uniformes son los que llegan delante a la meta.

Otro posible imprevisto sería la situación contraria. Un bote está habituado a salir detrás, para ir cogiendo posiciones, o simplemente, para llegar de los últimos. Y en la regata del año se ve primero nada más salir y se asusta. Hay que ser capaces de pensar lo mismo: «A lo nuestro, a andar todo lo que seamos capaces y aprovechar esta oportunidad». Lo demás ya saldrá sólo, no nos dejaremos pasar.

Otra cualidad del buen remero: la capacidad de auto-control de su esfuerzo y sufrimiento. Nadie niega que una regata supone pasar un mal rato. Es importante que sepamos lo siguiente: cuando vamos en plena regata sometemos al organismo a un esfuerzo muy intenso y prolongado. Es frecuente que, por puro instinto de conservación, la mente empiece a preguntarnos qué esta pasando, empieza a sonar la alarma. Como no le echamos cuenta, empieza a decirnos que aflojemos o incluso nos paremos. No hay que hacer caso. En una regata no pasa absolutamente nada malo al organismo, porque para ello estamos entrenados. Siempre se puede. Incluso cuando sabemos que no hemos entrenado como se debe. En ese caso dejemos que sea el organismo mismo el que ponga el límite, no la mente. Cuando suene la alarma, lo cual suele suceder primero al poco de darse la salida y después hacia la mitad de la regata (aunque esto es algo muy personal y varia también de unas regatas a otras), pensemos en respirar, en ir suelto, concentrémonos en remar bien: suelto, largo, presión, aceleración. Debemos ser conscientes que cada vez estamos más cansados pero no es menos cierto que la meta está cada vez más cerca. También podemos pensar que falta menos para los últimos 500 metros. La alarma no suele durar mucho. Sólo nos ataca en un tramo. Además nos damos cuenta de que es una sensación que ya hemos sentido en las series de entrenamiento, lo que sucede es que ahora nos parece más importante. Por eso decíamos que la mejor manera de aprender a hacer buenas regatas es haciéndolas, o al menos, hacer muchas series sobre la distancia. Todos hemos tenido alguna vez la tentación de pararnos en plena regata. El día que lo hiciéramos no tardaríamos ni un segundo en arrepentirnos y sentirnos fatal con nosotros mismos. En un instante comprobaríamos que el cambio de detener el sufrimiento por la frustración de vernos parados no ha sido bueno.

Durante el calentamiento sucede algo parecido, cuando se dan las series de 20 ó 30 paladas, siempre parece que el bote pesa más de lo normal, que nos cansamos más que de costumbre, que no vamos a aguantar toda la regata, que los rivales andan más, etc. Es normal este tipo de sugestiones, nos han pasado a todos, pero hay que ser plenamente conscientes de que son solo eso, sugestiones, falsas impresiones provocadas por la responsabilidad.

19.3. EL DESARROLLO DE LA REGATA.

La salida.

Comienzo de la regata, determinado por la voz del Juez de Salida o 'Starter': Va!

Si una tripulación sale antes de la señal de salida tendrá una 'salida falsa'. A la segunda salida falsa el juez de la regata eliminará a la tripulación infractora. Asímismo si una tripulación llega con retraso a la salida o ha cometido alguna otra infracción leve del reglamento, también puede recibir como sanción una 'salida falsa'.

La 'salidas falsas' se indican a la tripulación que la recibe colocando una boya o similar en su 'finger' de salida.

La tripulación debe estar preparada para soportar el aumento de stress que supone encontrarse en esta situación y, una vez más, la reacción debe ser de calma. Hay que pensar que nos obliga a hacer las cosas mejor pero nunca debe atenazarnos ni aumentar el grado de nerviosismo que ya tenemos.

Para los remeros, la salida está constituida por las primeras 10 - 20 paladas que tienen la dificultad de poner el bote en marcha a la vez que tienen la importancia de ir tomando posiciones en la regata, sin olvidar las posibles correcciones de dirección.

La técnica de las salidas es muy variable de unas tripulaciones a otras, en general, casi todas están constituidas por una primera palada que se inicia con el remo metido en el agua aproximadamente a medio carro o algo más, seguidas de varias paladas relativamente cortas hasta que la tripulación en torno a la cuarta-quinta palada rema con la técnica normal.

Qué puede considerarse como salida. Hay que rechazar la idea de que una regata está constituida por dos partes: la salida y lo demás. Hay que huir de la idea de dar una salida y en un momento determinado «coger ritmo de regata». Esto es un error. El remero no puede salir pensando que después de un gran esfuerzo va a tener un descansito cogiendo un ritmo más tolerable.

Hay botes con salidas más rápidas que otros, sin que ello tenga una relación directa con el resultado final, en cualquier caso ningún bote de calidad modera conscientemente su ritmo a las 20 ó 30 paladas, porque todos saben que con ello no disminuirá su cansancio y, además, empeorará automáticamente la posición que tanto esfuerzo le ha costado en la salida. Es obvio que el ritmo que se coge en salida no es posible mantenerlo durante los seis o siete minutos que dura una regata. Cada remero, pasada la sacudida inicial de las primeras 15 paladas, aproximadamente, debe buscar inmediatamente la soltura y un «remar bien» y efectivo que combine el trabajo a la máxima intensidad con la seguridad en su capacidad física. Es el momento de acordarse de la motivación y del auto-control del esfuerzo. Es ahí donde más nos ataca la mente, donde más suena la alarma.

En los botes más lentos «skiffes» y «doses», se observa más diferencia entre los puestos que se cogen en salida y los de llegada, mientras que a medida que los botes son más rápidos, es más difícil que éstas cambien, hasta el punto de en los ochos es prácticamente decisivo tomar una buena posición en salida, sin que ello implique necesariamente ponerse primeros, sino simplemente en el grupo de cabeza.

El tramo central y el final.

Durante todo el recorrido de la regata lo normal es tender a un ritmo relativamente uniforme, sin embargo, en función de las necesidades de lograr o mantener una determinada posición, se producirán subidas.

Las subidas son imprescindibles en toda regata. Sin temor a equivocarnos podemos afirmar que es lo que más distingue una regata de una serie de entrenamiento en las que es más normal respetar un ritmo uniforme. En la regata, teniendo en cuenta la presencia de los rivales, necesitaremos con toda seguridad dar subidas para modificar o mantener nuestra posición. Pero cómo deben darse para que sean efectivas e, incluso, no lleguen a tener un efecto contrario. En primer lugar hay que afirmar que subir no quiere decir cansarse más. Es más, una subida bien dada pude darnos una sensación física más favorable que la que llevábamos. En cualquier caso, las subidas son necesarias, sea cual sea nuestro estado físico, ni deben posponerse en función de éste.

Podemos distinguir dos clases de subidas:

a) Subidas que se dan en cualquier momento de la regata. A veces tenemos reparo en subir porque notamos que vamos al límite, queda mucha regata y es imposible darle más. Pero debemos saber que en una subida no se trata de duplicar la fuerza que vamos dando, ni siquiera de aumentarla exageradamente, sino simplemente de aumentarla ligeramente. Es seguro que ésto podemos hacerlo siempre: presionar un poco más de piernas, acelerar de brazos con la pala bien agarrada en el agua, y dar un poco más de habilidad a la salida de manos. No hay que subir de ritmo. Eso sale solo, Por ello la consigna más recomendable para este tipo de subidas es «presión». Si lo hace todo el equipo, lo cual es fundamental, y está bien ensayada, con eso basta. Notaremos en seguida que el bote corre más y pesa menos. Nos sentiremos aliviados y seguros. Por supuesto que hay que tratar de prolongar esta remada un buen rato. Es bueno contar paladas, por ejemplo, 30. Hay que tener cuidado de no considerar que todo ha terminado al finalizar la subida. Realmente la subida no termina. Nos quedamos en esa nueva situación.

Es fundamental que la subida la debe dar todo el equipo simultáneamente. Es absurdo y negativo para el bote, la subida de un solo remero por su cuenta: no mejora la velocidad del bote, creará inestabilidad, se cansará mucho más, se sentirá frustrado, etc. En realidad en todo momento de la regata cada remero debe sentir que es imposible ir más rápido, que él individualmente es incapaz de tirar más fuerte, debe ir al máximo, y, sin embargo, cuando se da la subida se produce lo increíble, el bote sube, va más rápido, tiramos más y nos sentimos mejor.

Estas subidas deben darse en cualquier momento. Apelamos aquí a la capacidad de improvisación a que hacíamos referencia al principio. No son demasiado recomendables las subidas programadas de antemano, porque ya hemos explicado que las regatas no suelen desarrollarse como teníamos pensado. Además también es posible que si sabemos que en un determinado punto vamos a dar una subida, caigamos en el error de «reservarnos» un poco en los momentos anteriores. Cuando llega la subida ésta ya no tiene el efecto que se pretendía. Las subidas, por tanto, deben improvisarse sobre la marcha, y no deben posponerse porque vayamos cansados ni porque pensemos que falta mucho para el final.

b) Las subidas de final de regata. En estas ya no debemos pensar en subir ni poco ni mucho, sino simplemente dar el máximo en cada palada, sin acortar ni perder el conjunto. En estas subidas es permisible un poco de brusquedad, casi de violencia. Se trata de darle un salto al bote, cambiarle la velocidad de forma importante, a base de fuerza y de ritmo. Por muy cansados que vayamos, cualquiera que sea nuestra posición, estas subidas siempre deben darse de esta manera. Para que se nos haga un poco más corta y evitar el largo sufrimiento de los últimos 300 mts. podemos contar 10, 10, y 10 paladas.

19.4. TÁCTICAS DE COMPETICIÓN.

A pesar de lo dicho, en el sentido de que el remero debe ser capaz de improvisar o resolver las situaciones de la regata conforme ésta se va desarrollando, todas las tripulaciones encuentran una manera más o menos standard de llevar a cabo su prueba. Esto viene dado por su preparación, por las series de entrenamiento, por la experiencia de regatas anteriores, por el planteamiento esperado de los rivales y por las condiciones climáticas.

Desde un punto de vista fisiológico es más económico y eficiente realizar los dos mil metros de regata a una intensidad lo más uniforme posible. Lo mejor es tratar de que el bote lleve una velocidad bastante constante exceptuando los primeros metros en los que es importante tomar una posición que nos permita «vivir» la regata y, los últimos metros en los que nos empleamos a fondo para lograr la mejor posición posible en la línea de meta.

Examinando los tiempos parciales invertidos por los equipos participantes en las finales 'A' de los Juegos Olímpicos de Barcelona'92 podemos ver como 'a grosso modo' todos los equipos hacen lo mismo: unos primeros quinientos muy rápidos, los dos tramos siguientes a una velocidad muy uniforme y, los últimos quinientos también muy rápidos aunque casi nunca más que los primeros. La media aritmética de cada uno de los parciales de todos los equipos nos corrobora esta apreciación.

En cualquier caso estamos hablando de pequeñas diferencias pues incluso cuando decimos que son unos primeros quinientos «muy rápidos» estamos hablando de que son unos cuatro o cinco segundos más rápidos que los segundos y terceros y tan solo tres o cuatro segundos de diferencia con el cuarto parcial. Si examinamos las desviaciones standard podemos comprobar esta apreciación y también aquélla que hacíamos de que se observan mayores variaciones de velocidad en los botes cortos que en los largos.

	500	1000	1500	2000	MEDIA	DESV. STANDARD	RITMOS(*)
4- F							
CAN	1 33,09	1 39,09	1 40,12	1 38,55	1 37,71	2,73	39 37
USA	1 34,15	1 39,62	1 40,45	1 37,64	1 37,97	2,43	38 37 37
GER	1 35,33	1 39,28	1 40,82	1 36,41	1 37,96	2,19	38 38 37
CHN	1 34,54	1 39,88	1 39,98	1 38,10	1 38,13	2,20	40 37 38
ROM	1 36,91	1 39,96	1 41,00	1 39,37	1 39,31	1,50	36 36 36
AUS	1 35,30	1 42,13	1 42,92	1 41,37	1 40,43	3,01	39 36 37
media	1 34,89	1 39,99	1 40,88	1 38,57	1 38,58	2,29	
2x F							
GER	1 37,69	1 43,26	1 44,55	1 43,50	1 42,25	2,68	34 34
ROM	1 37,69	1 43,97	1 45,90	1 43,91	1 42,87	3,09	37 31 34
CHN	1 38,75	1 44,67	1 46,55	1 45,19	1 43,79	2,99	34 33 33
NZL	1 42,36	1 44,85	1 46,26	1 43,34	1 44,70	1,44	35 34 37
GBR	1 42,60	1 47,23	1 49,11	1 47,68	1 46,66	2,44	34 32 36
EUN	1 40,43	1 50,47	1 50,59	1 47,96	1 47,36	4,14	37 32 34
media	1 39,92	1 45,74	1 47,16	1 45,60	1 44,60	2,77	
2- F							
CAN	1 40,62	1 47,65	1 50,10	1 47,85	1 46,56	3,56	36 35
GER	1 42,22	1 48,13	1 50,50	1 47,11	1 46,99	3,02	38 33 37
USA	1 41,55	1 48,39	1 50,80	1 47,37	1 47,03	3,40	35 35 35
FRA	1 43,73	1 49,44	1 47,59	1 47,94	1 47,18	2,11	37 34 36
GBR	1 43,94	1 50,15	1 52,52	1 50,67	1 49,32	3,23	36 34 33
BUL	1 45,85	1 53,48	1 56,76	1 56,58	1 53,17	4,42	34 33 36
media	1 42,99	1 49,54	1 51,38	1 49,59	1 48,37	3,20	

	500	1000	1500	2000	MEDIA	DESV. STANDARD	RITMOS(*)
1x F							
ROM	1 46,41	1 52,94	1 53,50	1 52,69	1 51,44	2,80	32 30
BEL	1 48,38	1 54,38	1 54,92	1 48,96	1 51,66	3,00	32 32 32
CAN	1 48,97	1 54,12	1 54,81	1 50,95	1 52,21	2,37	32 31 31
USA	1 50,00	1 55,07	1 52,83	1 51,94	1 52,46	1,82	34 30 34
SWE	1 51,49	1 55,96	1 55,54	1 54,56	1 54,39	1,75	31 30 34
FRA	1 51,22	1 55,47	1 55,64	1 59,52	1 55,46	2,94	31 33 35
media	1 49,45	1 54,66	1 54,54	1,53,10	1 52,94	2,11	
4x F							
GER	1 30,13	1 35,55	1 37,28	1 37,22	1 35,05	2,92	37 34
ROM	1 32,72	1 37,21	1 37,81	1 36,60	1 36,09	1,99	38 35 35
EUN	1 31,17	1 37,58	1 39,55	1 36,77	1 36,27	3,11	36 35 35
NED	1 34,46	1 39,60	1 40,17	1 38,17	1 38,10	2,22	35 34 36
USA	1 33,58	1 39,71	1 40,60	1 38,76	1 38,16	2,72	37 35 36
TCH	1 34,67	1 40,60	1 40,98	1 39,74	1 39,00	2,54	36 34 34
media	1 32,79	1 38,38	1 39,40	1 37,88	1 37,11	2,55	
8+ F							
CAN	1 29,16	1 30,55	1 32,19	1 30,72	1 30,66	1,07	38 37
ROM	1 29,81	1 32,39	1 32,74	1 31,32	1 31,57	1,14	40 36 37
GER	1 28,79	1 32,44	1 33,51	1 33,06	1 31,95	1,86	40 38 38
EUN	1 28,52	1 33,01	1 34,15	1 34,00	1 32,42	2,29	38 36 38
CHN	1 29,75	1 32,97	1 35,14	1 34,22	1 33,02	2,04	42 37 39
USA	1 30,05	1 33,59	1 35,27	1 33,34	1 33,06	1,89	40 37 38
media	1 29,35	1,32,49	1 33,83	1 32,78	1 32,11	1,67	
4+ H							
ROM	1 28,38	1 31,41	1 31,06	1 28,52	1 29,84	1,40	42 38
GER	1 28,38	1 32,40	1 31,40	1 28,16	1 30,09	1,85	39 37 39
POL	1 28,85	1 32,94	1 32,45	1 29,03	1 30,82	1,89	39 36 38
USA	1 28,27	1 32,59	1 33,57	1 31,60	1 31,51	1,99	38 37 39
FRA	1 29,59	1 34,73	1 33,06	1 29,44	1 31,71	2,27	39 37 38
EUN	1 29,09	1 33,21	1 34,63	1 35,20	1 33,03	2,39	39 38 38
media	1 28,76	1 32,88	1 32,70	1 30,33	1 31,17	1,72	
2x H							
AUS	1 31,80	1 35,89	1 35,44	1 34,19	1 34,33	1,59	38 37
AUT	1 32,67	1 35,18	1 35,68	1 34,89	1 34,61	1,15	34 33 34
NED	1 31,91	1 35,79	1 37,41	1 37,71	1 35,71	2,31	38 34 37
EST	1 32,89	1 37,73	1 35,90	1 36,82	1 35,84	1,82	37 36 36
POL	1 32,28	1 37,01	1 37,42	1 37,61	1 36,08	2,20	38 34 37
ESP	1 31,05	1 36,98	1 37,57	1 41,36	1 36,74	3,69	39 36 37
media	1 32,10	1 36,43	1 36,57	1 37,10	1 35,54	2,01	
2- H							
GBR	1 32,64	1 39,35	1 39,40	1 36,33	1 36,93	2,77	38 34
GER	1 33,72	1 40,63	1 40,11	1 38,22	1 38,17	2,72	36 35 36
SLO	1 34,51	1 43,71	1 39,91	1 38,30	1 39,11	3,30	34 32 34
FRA	1 36,42	1 40,92	1 42,19	1 36,81	1 39,09	2,51	38 37 36
BEL	1 36,38	1 38,10	1 45,93	1 37,79	1 39,55	3,74	38 34 38
USA	1 35,93	1 41,48	1 41,57	1 40,25	1 39,81	2,30	36 34 37
media	1 34,93	1 40,7	01 41,52	1 37,95	1 38,78	2,58	

	500	1000	1500	2000	MEDIA	DESV. STANDARD	RITMOS(*)
1x H							
GER	1 40,66	1 45,08	1 43,72	1 41,94	1 42,85	1,68	33 32
TCH	1 39,84	1 45,52	1 44,85	1 42,72	1 43,23	2,21	33 33 35
POL	1 41,34	1 46,19	1 45,99	1 42,72	1 44,06	2,09	34 30 32
NZL	1 41,94	1 45,17	1 45,47	1 44,87	1 44,36	1,41	33 34 35
EST	1 43,80	1 46,71	1 47,49	1 54,92	1 48,23	4,10	33 31 33
ARG	1 41,30	1 47,06	1 50,85	1 56,32	1 48,88	5,48	32 31 31
media	1 41,48	1 45,96	1 46,40	1 47,25	1 43,61	2,24	
2+ H							
GBR	1 42,41	1 44,26	1 43,58	1 39,58	1 42,46	1,79	38 39
ITA	1 39,93	1 42,32	1 44,67	1 44,06	1 42,75	1,84	39 37 37
ROM	1 41,38	1 44,78	1 43,97	1 41,45	1 42,90	1,51	37 35 38
GER	1 42,27	1 45,55	1 44,95	1 44,21	1 44,25	1,24	35 35 36
CUB	1 42,58	1 46,35	1 45,01	1 44,32	1 44,57	1,36	35 33 36
FRA	1 43,36	1 48,20	1 46,98	1 44,47	1 45,75	1,93	37 35 37
media	1 41,99	1 45,24	1 44,86	1 43,02	1 43,78	1,33	
4- H							
AUS	1 26,42	1 29,87	1 30,41	1 28,34	1 28,76	1,55	38 38
USA	1 26,47	1 31,18	1 31,75	1 27,28	1 29,17	2,32	38 36 37
SLO	1 26,06	1 31,73	1 31,47	1 28,98	1 29,56	2,29	39 35 38
GER	1 27,33	1 31,70	1 32,28	1 27,08	1 29,60	2,40	39 35 37
NED	1 28,31	1 32,90	1 32,37	1 25,56	1 29,79	3,02	39 34 37
NZL	1 27,18	1 33,08	1 31,83	1 30,04	1 30,53	2,22	37 34 36
media	1 26,96	1 31,74	1 31,69	1 27,88	1 29,57	2,17	
4x H							
GER	1 25,50	1 27,13	1 27,25	1 25,29	1 26,29	0,90	38 37
NOR	1 26,21	1 27,79	1 28,20	1 24,89	1 26,77	1,32	38 38 36
ITA	1 24,92	1 27,75	1 28,06	1 26,60	1 26,83	1,23	39 37 37
SUI	1 26,59	1 28,93	1 28,02	1 23,85	1 26,85	1,92	38 33 37
NED	1 26,50	1 28,89	1 28,55	1 24,98	1 27,23	1,59	36 37 35
FRA	1 25,87	1 30,21	1 29,73	1 28,99	1 28,70	1,69	36 36 35
media	1 25,93	1 28,45	1 28,30	1 25,77	1 27,11	1,27	
8+ H							
CAN	1 20,23	1 23,13	1 23,94	1 22,23	1 22,38	1,38	38 37
ROM	1 19,80	1 23,96	1 24,49	1 21,42	1 22,42	1,91	38 38 36
GER	1 20,40	1 24,13	1 24,09	1 22,38	1 22,75	1,53	39 37 37
USA	1 21,31	1 24,49	1 24,73	1 22,65	1 23,30	1,40	38 33 37
AUS	1 21,13	1 24,12	1 25,45	1 23,02	1 23,43	1,58	36 37 35
GBR	1 21,65	1 25,66	1 26,69	1 25,92	1 24,98	2,26	36 36 35
media	1 20,75	1 24,25	1 24,90	1 22,94	1 23,21	1,58	
MEDIA	1 34,45	1 39,03	1 39,58	1 37,84			

(*) Ritmos de estrupada en 500, 1000 y 1500

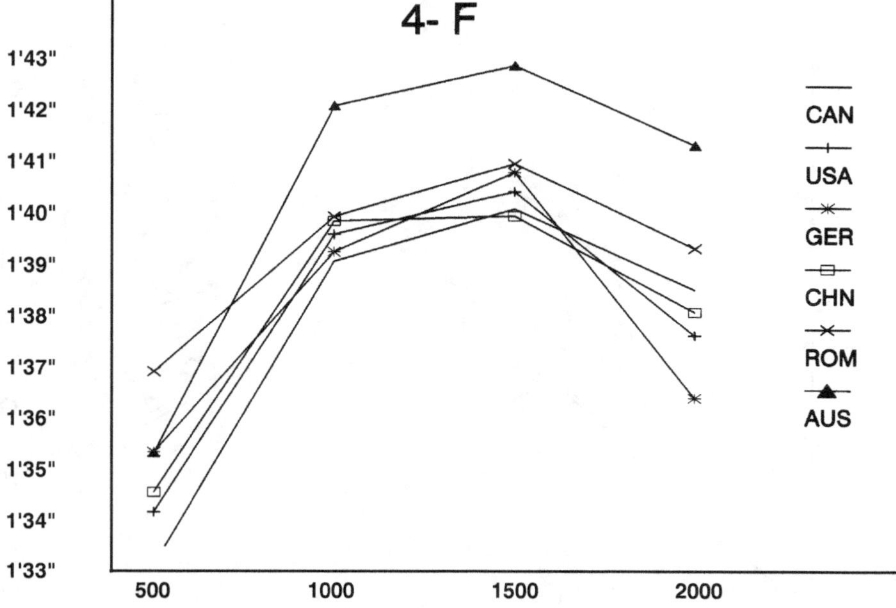

Gráfica de regata del 4 - F

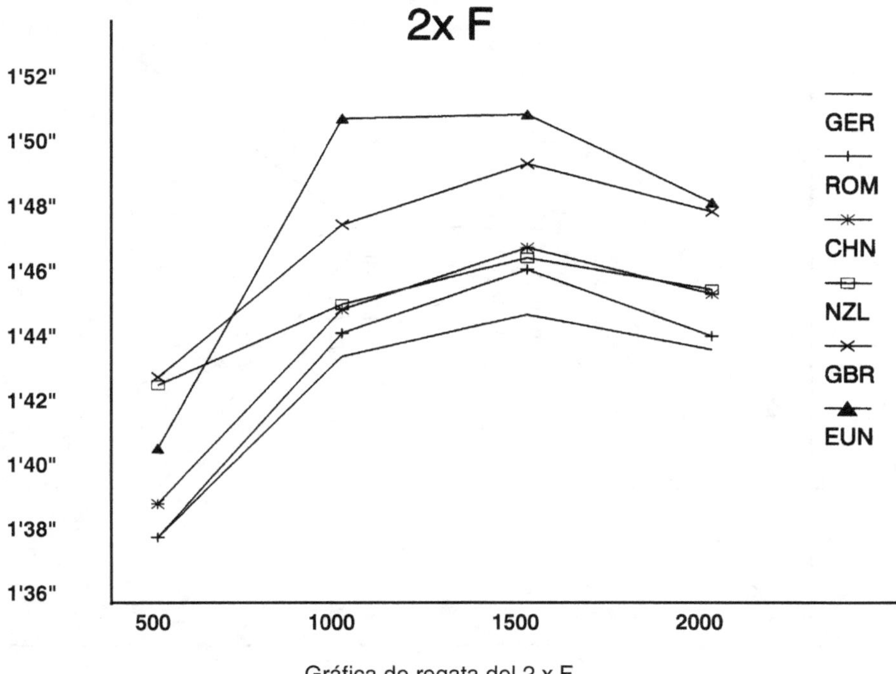

Gráfica de regata del 2 x F

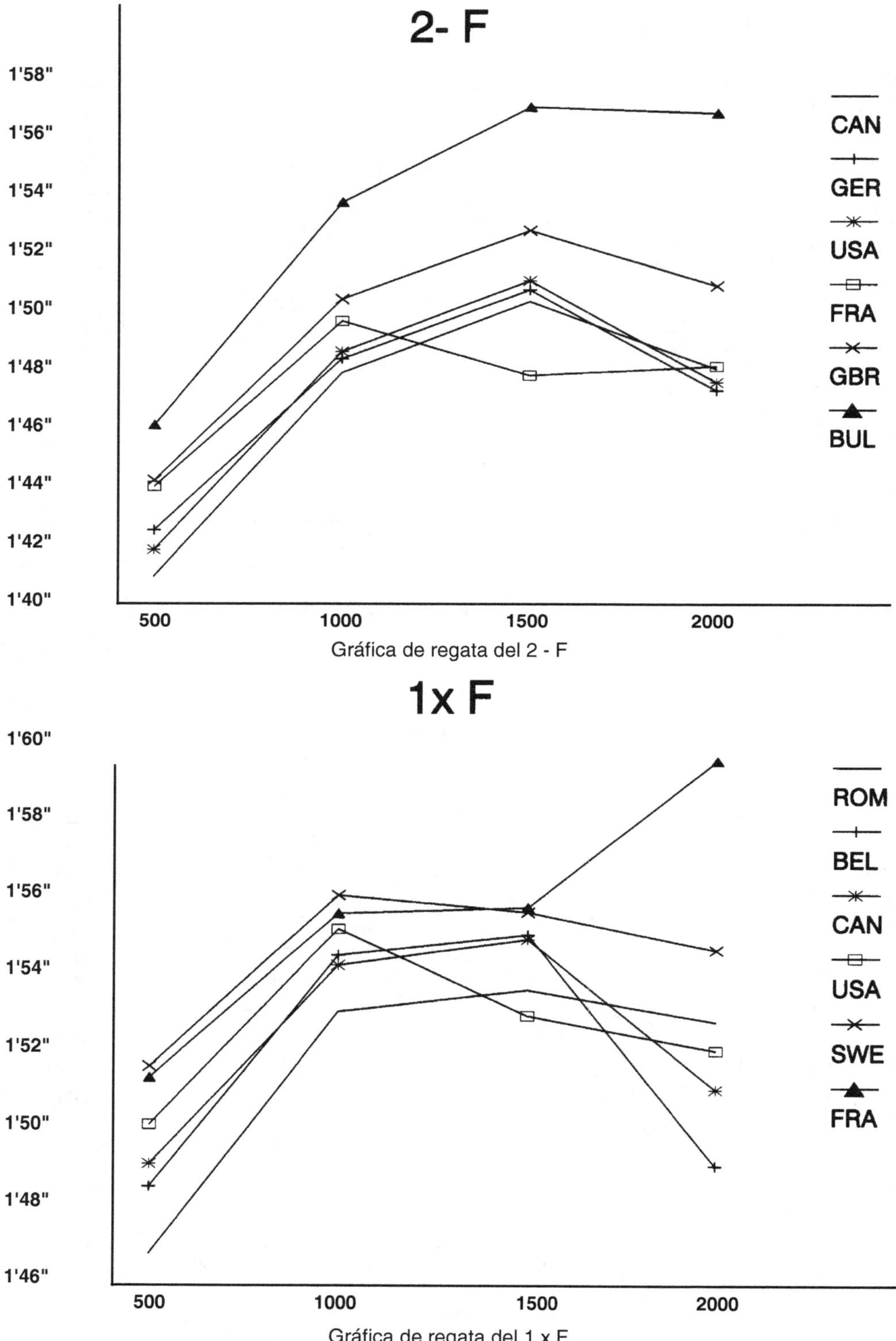

Gráfica de regata del 2 - F

Gráfica de regata del 1 x F

4x F

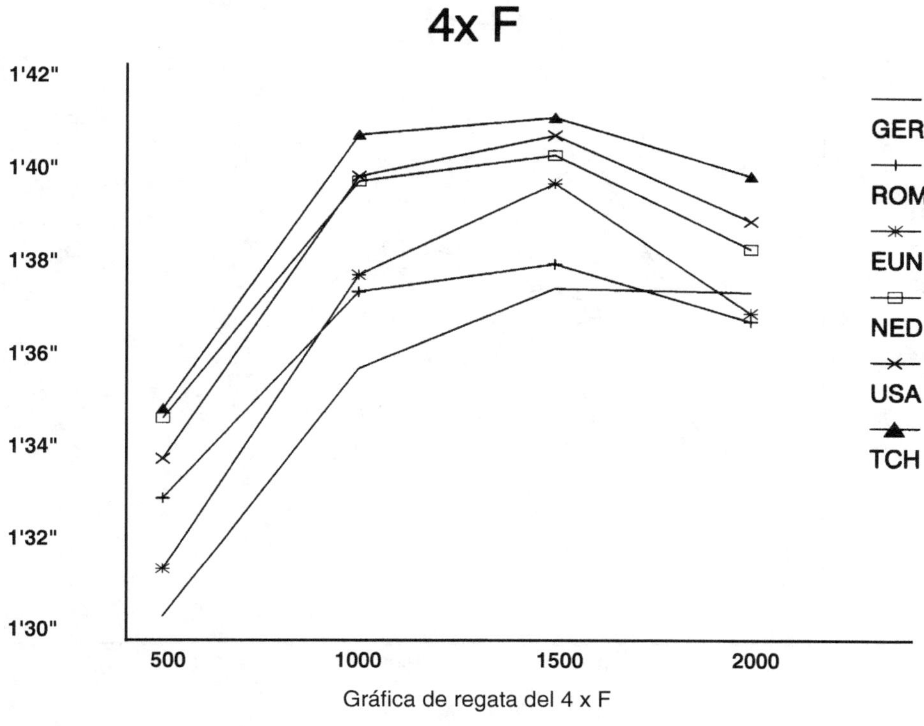

Gráfica de regata del 4 x F

8+ F

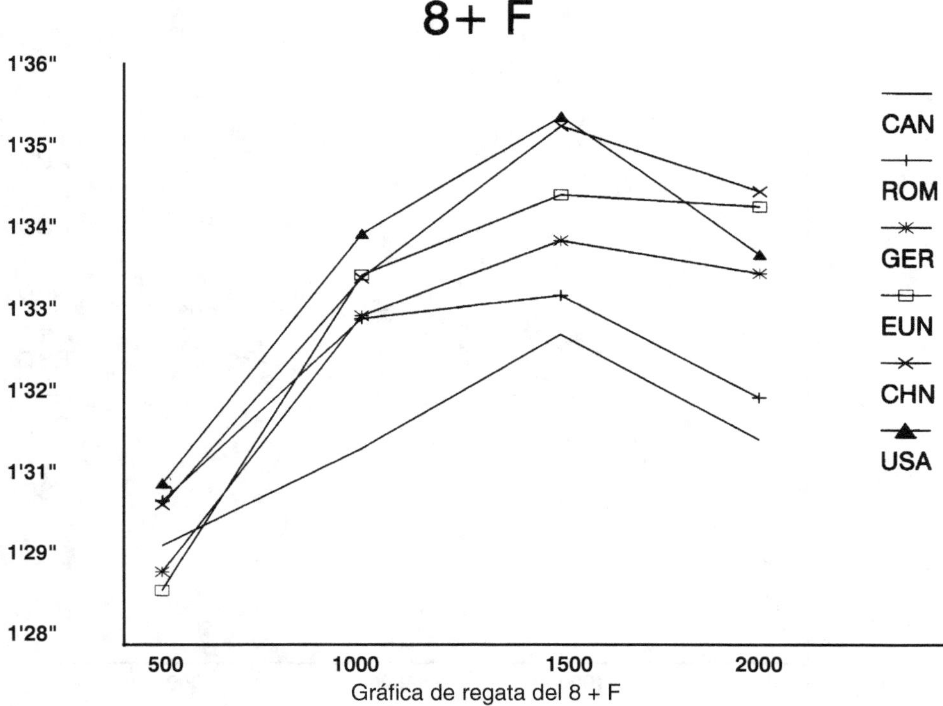

Gráfica de regata del 8 + F

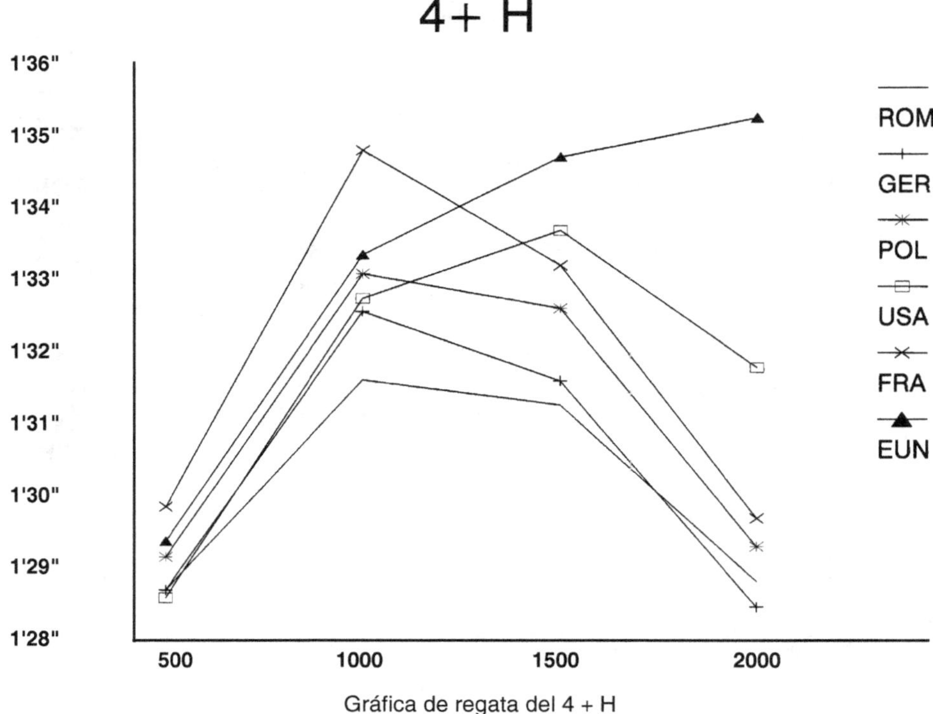

Gráfica de regata del 4 + H

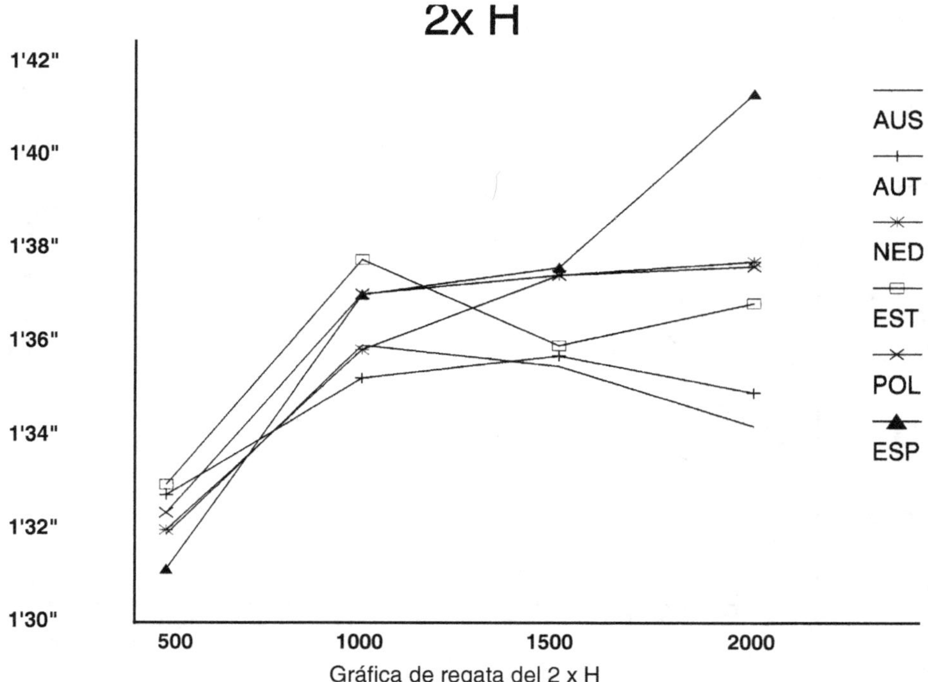

Gráfica de regata del 2 x H

2- H

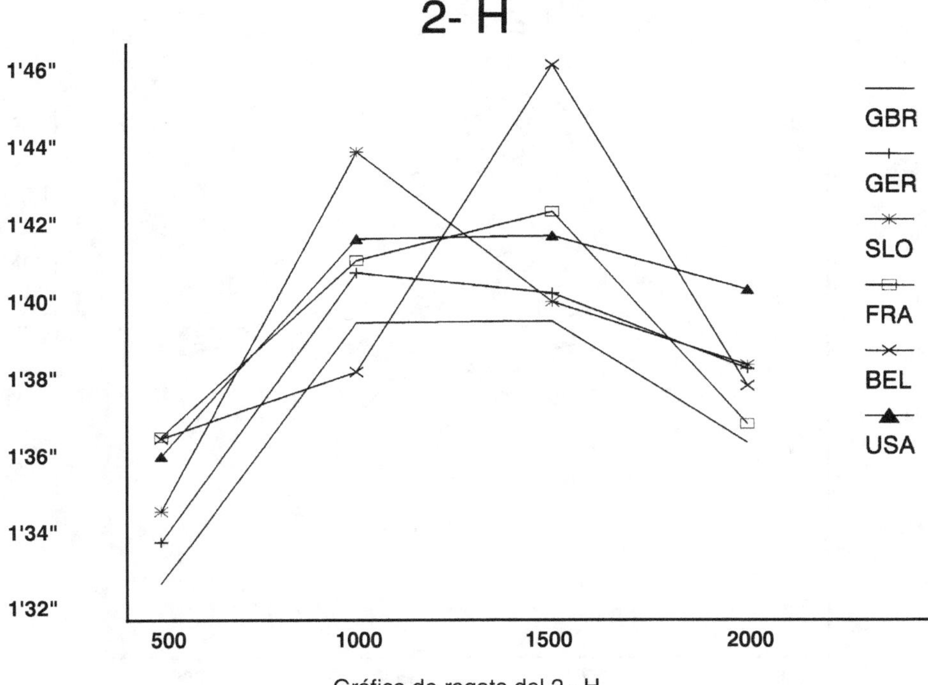

Gráfica de regata del 2 - H

1x H

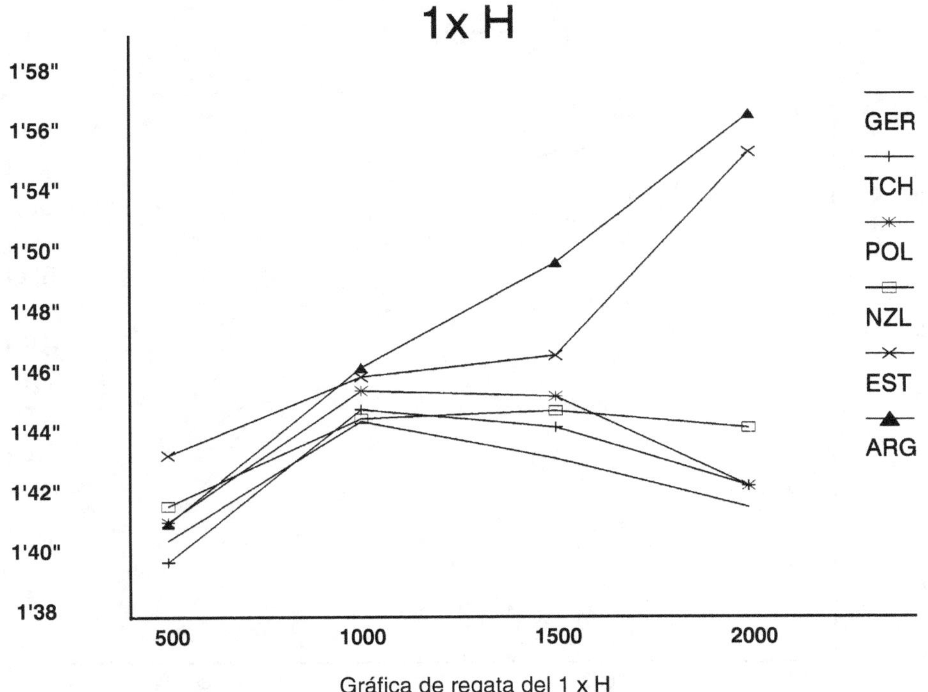

Gráfica de regata del 1 x H

2+ H

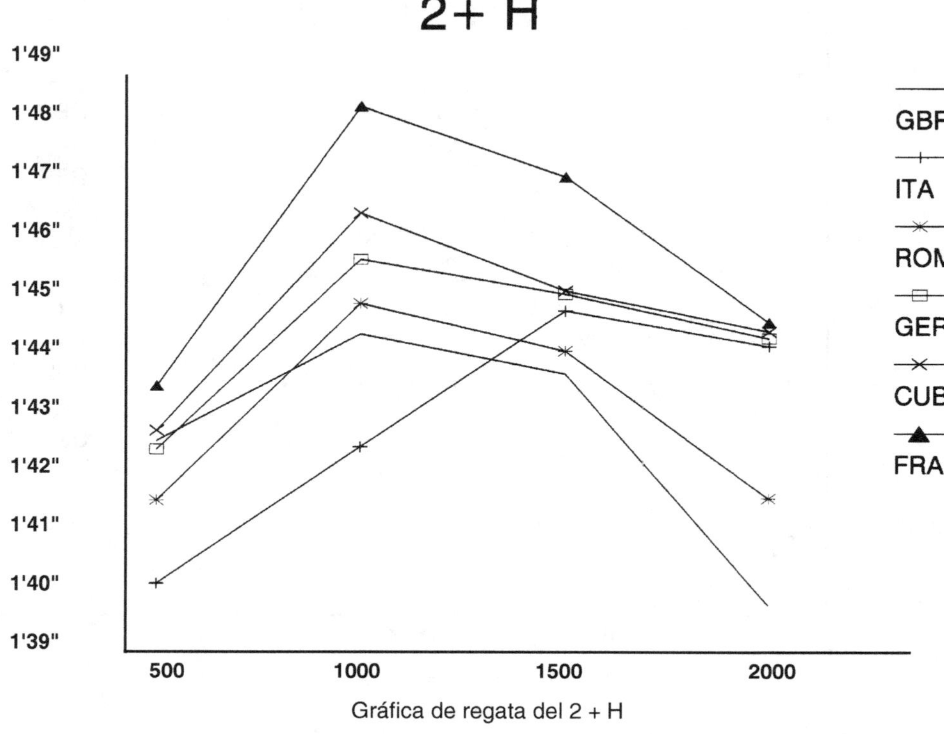

Gráfica de regata del 2 + H

4- H

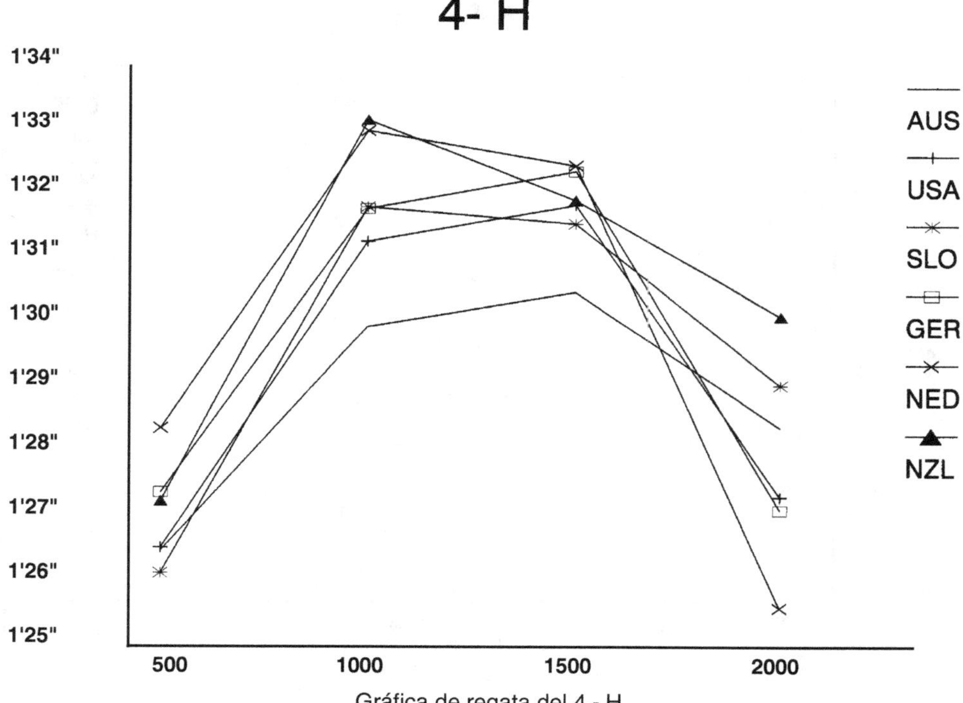

Gráfica de regata del 4 - H

4x H

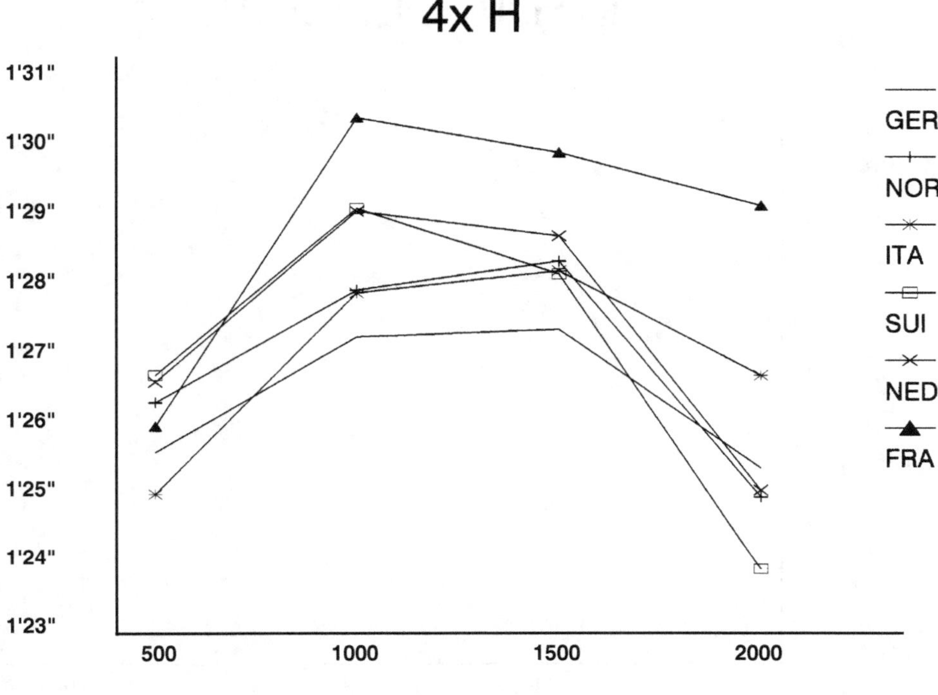

Gráfica de regata del 4 x H

8+ H

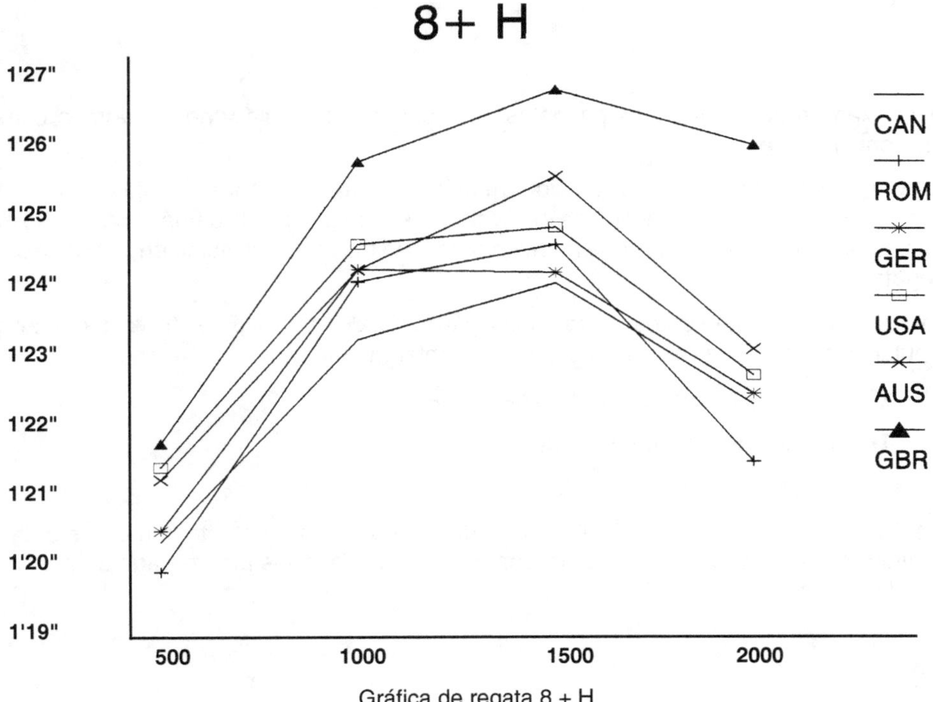

Gráfica de regata 8 + H

MEDIA GENERAL

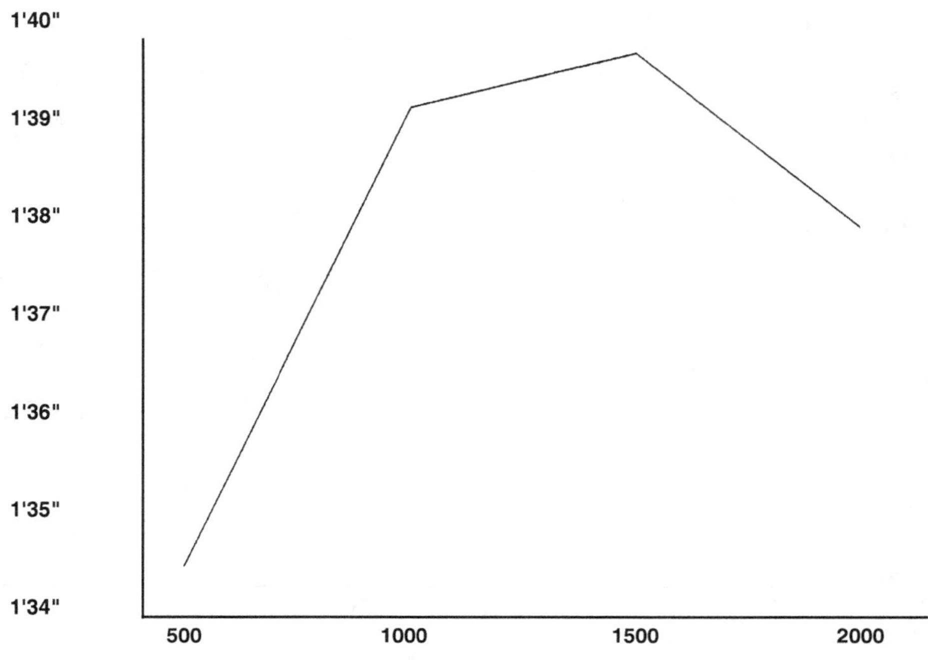

Gráfica de regata "DATOS MEDIOS"

Del examen de los tiempos parciales de todas estas tripulaciones podemos extraer algunas conclusiones:

a) Vemos cómo las regatas de los botes más cortos presentan más altibajos, son regatas en las que el juego táctico, las acciones y reacciones en función de los demás son mucho más patentes que en los botes largos que mantienen mucho mayor paralelismo en la ejecución de sus regatas.

b) Aunque no existen datos sobre parciales a cada 250 metros, me atrevo a afirmar que las tripulaciones vienen a realizar el siguiente planteamiento:

250 primeros metros explosivos de salida.

Tres tramos de 500 metros muy estables.

Últimos 250 metros «a reventar».

c) Es importante una buena salida que permita no perder contacto con el resto de los competidores, pero excederse, siquiera sea un par de segundos puede pagarse muy caro cuando llega la segunda mitad.

Capítulo 20. LOS REGLAMENTOS DE COMPETICIONES.

20.1. NORMAS O REGLAMENTOS.

Las Competiciones de Remo se desarrollan con arreglo al Código de Regatas. Los Campeonatos de la FISA tienen además su Reglamento propio para su organización y las Federaciones Nacionales generalmente tienen dictadas normas para la ejecución de sus competiciones.

A continuación desarrollaremos los elementos más importantes en las Competiciones y su desarrollo en el Código de Regatas.

20.2. EL CÓDIGO DE REGATAS DE LA FISA.

N. del A.: El texto del Código de Regatas aquí transcrito es la versión en castellano traducida por la Federación Española de Remo de los textos oficiales de la FISA. Al momento de la publicacion de este libro está pendiente de homologación por la FISA.

CAPITULO PRIMERO. ÁMBITO DE APLICACIÓN.

Artículo 1. Remo. Botes. Regatas. Remeros

El Remo consiste en la propulsión de un bote en el agua, con o sin timonel, por la fuerza muscular de uno o varios remeros utilizando remos como palancas simples de segundo grado y sentados con la espalda en dirección del movimiento del barco. El Remo consiste también en remar en una máquina o en un tanque de agua simulando el movimiento del remo.

En una embarcación de remo, los portantes e incluso los ejes de los elementos móviles, deben estar fijados sólidamente al cuerpo de la embarcación, solamente el carro del remero puede desplazarse en el eje del bote.

Una regata de remo es una manifestación deportiva que consiste en una o varias pruebas que a su vez, si es preciso, compuestas de varias mangas disputadas en una o distintas modalidades de botes con remeros diferenciados en principio en distintas categorías según su sexo, edad y peso.

Este importantísimo primer artículo nos define en sus dos primeros párrafos las características que deben reunir los barcos. En el tercer párrafo hace una introducción a varios términos cuyo significado conviene que determinemos perfectamente ya que pueden resultar confusos debido a que en otros capítulos de este libro y en el ámbito coloquial del remo, se utilizan muchas veces con significados diversos:

REGATA (race, regatta) equivale a «Competición» en un sentido amplio, por ejemplo, unos campeonatos, la regata internacional de ..., etc. Hay que cuidar de no confundirlo con el concepto que habitualmente los remeros entienden por regata que es todo lo que transcurre desde la salida hasta la meta.

PRUEBA (course, event) es aquella parte de la competición definida por las características de los remeros (categoría, sexo, peso) y las modalidades de los barcos. Ejemplo: el dos con timonel junior masculino. Comprende todas las mangas o series que deban realizarse: eliminatorias, repescas, semifinales, finales.

MANGA (manche, heat) también denominada SERIE, es realmente lo que los remeros y en otras partes de este libro denominamos regata. Es la unidad básica de la competición, o sea, desde que se da la voz de salida hasta que entra en meta la última tripulación.

Artículo 2. Campo de aplicación.

El presente Código de Regatas y su Reglamento de ejecución se aplicarán en:

1.- Los Campeonatos del Mundo de la FISA.

2.- Las Regatas disputadas con ocasión de los Juegos Olímpicos, dentro de los límites de las competencias atribuidas a la FISA.

3.- Los Regatas disputadas con ocasión de los Juegos Regionales u otros Juegos, dentro del límite de competencias de la FISA.

4.- Los Campeonatos Continentales.

5.- Las Regatas Internacionales y en su caso, las competiciones de remo en máquina y en tanques de remo.

Los Campeonatos del Mundo FISA y las Regatas Olímpicas son igualmente regidos por el Reglamento de los Campeonatos de la FISA y por su Reglamento de Ejecución.

Una federación nacional, un club o un deportista que participe en una competición de remo en la que se aplique el presente Código de Regatas, acepta sin restricción ni reserva el respetar las normas del Código de Regatas, Reglamento de los Campeonatos FISA, Estatutos, y los Reglamentos de ejecución. Esta aceptación concierne en particular a las disposiciones relativas a la autoridad y a la jurisdicción de la FISA y del Tribunal arbitral del deporte de Lausana.

Artículo 3. Excepciones.

En casos excepcionales, la Federación nacional competente o el Comité organizador, actuando de acuerdo con su Federación nacional, puede apartarse de las presentes disposiciones y aplicar las normas particulares de su Código nacional, salvo en el caso de Campeonatos del Mundo FISA y en el caso de regatas disputadas con ocasión de los Juegos Olímpicos.

En estos casos, se deberá comunicar al Comité ejecutivo inmediatamente antes de la regata, justificando la decisión tomada.

Artículo 4. Campeonatos del Mundo FISA.

Las manifestaciones que están considerdas como Campeonatos del Mundo FISA son:

1. Campeonatos del Mundo (Hombres y Mujeres).

2. Campeonatos del Mundo Juniors (Hombres y Mujeres).

3. Campeonatos del Mundo para Pesos Ligeros (Hombres y Mujeres).

Los denominaciones arriba indicadas, están exclusivamente reservadas para los Campeonatos del Mundo organizados por la FISA de acuerdo con una decisión tomada por el Congreso.

Las regatas disputadas con ocasión de los Juegos Olímpicos o Juegos Regionales, tienen la misma reglamentación de los Campeonatos del Mundo. En las regatas de competencia de la FISA, se aplicarán las mismas reglas del Código de Regatas, Reglamento de los Campeonatos FISA y su Reglamento de ejecución.

Artículo 5. Regatas Internacionales: definición.

Una regata internacional es una competición de remo abierta a los remeros amateurs pertenecientes a las federaciones afiliadas a FISA, no importando la distancia de la competición o si las embarcaciones están alineadas en la salida o corren contra reloj.

Cada federación nacional debe informar a FISA de todas las competiciones que se disputen en su país y que se correspondan a la definición del artículo 5. La FISA decidirá si una competición puede ser denominada Regata Internacional. Si este es el caso, esta Regata figurará en el calendario FISA de regatas internacionales conforme al artículo 12.

Artículo 6. Regatas internacionales. Autoridad de la FISA.

Las regatas internacionales se disputan de acuerdo con el Código de regatas FISA y su Reglamento de ejecución, pero la FISA puede autorizar excepciones.

Las regatas internacionales se disputan bajo la autoridad de la F.I.S.A. que puede dar sus directrices al Comité Organizador y designar un delegado técnico para supervisar la competición y controlar la aplicación del Código de Regatas y su Reglamento de ejecución u otras normas aprobadas por la FISA.

Toda modificación del Código de Regatas o del Reglamento de Ejecución, debe ser notificada en la invitación dirigida a las federaciones o clubes que participen en la Regata.

Cada federación nacional tiene la responsabilidad de vigilar que la organización en su país de una regata nominada por la FISA como regata internacional, respete las obligaciones contenidas en este artículo.

Artículo 7. Participación en Regatas internacionales.

Los remeros no pueden inscribirse directamente en las regatas internacionales o de forma en general, dirigirse a los órganos de la FISA (por ejemplo, cuando éstos tienen calidad de instancia de recurso) excepto que éstos actúen en nombre o como intermediario de un Club o una federación nacional.

Una federación nacional puede participar en todas las regatas internacionales bajo el nombre de su equipo nacional sin mencionar el nombre del club. Un remero que participe en una regata internacional bajo el nombre del equipo nacional, debe ser ciudadano del país de esta federación nacional. Excepcionalmente, el Comité ejecutivo puede acordar una derogación.

El Consejo puede autorizar competiciones entre miembros y no miembros de la FISA.

La FISA consagra en este artículo la absoluta titularidad que tienen los clubes y, en su caso, las federaciones nacionales, siendo totalmente imposible la participación «por libre» de un remero.

Artículo 8. Encuentros («Matches») internacionales. Definición.

Un Encuentro internacional (Match), es una competición de remo disputada sobre una distancia cualquiera, contrarreloj o con salida en línea, en la que sólo pueden participar remeros de ciertas federaciones afiliadas a la FISA.

Cada federación nacional debe informar a la FISA de todas las competiciones que se disputen en su país y que correspondan a esta definición. La FISA decidirá si una competición puede denominarse «Encuentro internacional». Si este es el caso, dicha regata figurará en el calendario FISA de regatas internacionales definido en el artículo 12.

Constituye una excepción al principio fundamental de que todas las regatas internacionales están abiertas a todos los miembros de la FISA. Sin embargo, no por ello no quedan plenamente sometidas a la autoridad de la FISA en lo que se refiere al Código de Regatas, como se determina en el artículo siguiente.

Artículo 9. Encuentros internacionales. Autoridad de la FISA.

Los Encuentros internacionales se disputan de acuerdo con el Código de Regatas FISA y su Reglamento de ejecución, pero la FISA puede autorizar excepciones.

Los Encuentros internacionales se disputan bajo la autoridad de la FISA que puede dar sus directrices al Comité organizador y puede designar un delegado técnico para supervisar y vigilar la aplicación del Código de regatas y su Reglamento de ejecución u otras normas aprbadas por la FISA.

Toda modificación del Código de Regatas o del Reglamento de ejecución, debe ser notificada en la invitación dirigida a las federaciones o clubes que participen en la regata.

Cada federación nacional tiene la responsabilidad de vigilar que la organización en su país de toda competición nominada por la FISA como Encuentro Internacional, respete las obligaciones contenidas en este artículo.

Artículo 10. Regatas nacionales.

Una regata nacional es una competición de remo abierta a los remeros amateurs pertenecientes a una sola federación, no importando la distancia de la competición o si las embarcaciones están alineadas en la salida o corren contrarreloj.

Si unos remeros pertenecientes a otra federación participan en una regata nacional, la regata no puede ser denominada Regata Internacional.

Las regatas nacionales se disputan de acuerdo con el Código de Regatas de la Federación nacional de los organizadores de la competición.

En este artículo la FISA concede plena autonomía a las Federaciones nacionales para regular sus propias competiciones.

Artículo 11. Aprobación de regatas internacionales.

Hasta el 30 de septiembre de cada año, las federaciones nacionales tienen tiempo de informar a la Secretaría de la FISA de las regatas o Encuentros internacionales que se disputarán al año siguiente en su país y que son conformes a la definición de Regatas internacionales (art. 5) o de Encuentros internacionales (art. 8).

Se someterán a la aprobación del Consejo:

1. Las fechas de las regatas o encuentros.

2. Las características de los campos de regatas (planos de agua e instalaciones técnicas),

3. Clase de regata (en línea o contrarreloj, abiertas a todas las federaciones o no, etc.).

4. Las categorías de los remeros y modalidades de embaraciones, etc.

5. Todas las excepciones que, eventualmente, se apliquen al Código de Regatas y al Reglamento de ejecución de la FISA.

Artículo 12. Calendario FISA de regatas internacionales.

Todas las regatas o encuentros internacionales aprobados por FISA de conformidad a los artículos 6 o 9, figurarán en el calendario de regatas internacionales FISA.

No obstante, FISA puede incluir a su criterio otras competiciones, pero mencionando que estas no están organizadas bajo su control.

Antes del 31 de octubre de cada año, la FISA comunicará a las federaciones afiliadas la relación de todas las regatas o encuentros internacionales reconocidos que se disputarán al año siguiente.

CAPITULO II.   REMEROS Y TIMONELES.

Sección 1. Disposiciones generales.

Artículo 13. Amateurismo.

La FISA solo reconoce a los remeros y timoneles amateurs.

El remero o timonel amateur es aquél que practica su deporte sin obtener o haber obtenido en el pasado, ningun beneficio material directo o inmediato de esta práctica deportiva.

Con el consentimiento de su federación nacional, el remero o timonel puede aceptar el reembolso de los gastos y la falta de ganancias o salarios que le ocasione su entrenamiento, así como su participación en las regatas o en las concentraciones organizadas por su federación nacional o aprobadas por ella.

Artículo 14. Categorías.

La FISA reconoce las siguientes categorías de remeros:

a) Juniors (hombres y mujeres).

b) Seniors B (hombres y mujeres).

c) Seniors A (hombres y mujeres).

d) Master (hombres y mujeres y equipos mixtos).

Además de estas categorías por edad, la FISA reconoce tanto en hombres como en mujeres, la categoría de «pesos ligeros» (art. 23).

Ambas categorías, masculina y femenina, son exactamente iguales en su consideración deportiva, la distancia de competición es la misma y tan solo hay que señalar la diferencia existente en cuanto a las modalidades, ya que las mujeres no reman en ningún caso sobre el dos con timonel ni el cuatro con timonel. Esto, como vimos en el primer capítulo, no ha sido siempre así ya que fueron necesarios muchos años para lograr esta equiparación del remo femenino con el masculino.

Artículo 15. Categorías suplementarias.

Las federaciones nacionales pueden, para las regatas sometidas a su competencia, crear categorías suplementarias siguiendo el nivel de superación o rendimiento de los remeros.

La Federación Española de Remo, en la actualidad no establece categorías en función de la «habilidad» o «nivel de rendimiento» y, siguiendo el mismo criterio de la FISA, la edad constituye el único referente para determinar las categorías:

	Edad al 1 de enero	Años en que se cumplen	Distancia de competición
SENIOR	18 o más	19 o más	2.000 mts.
JUVENIL	16-17	17-18	2.000 mts.
CADETE	14-15	15-16	1.500 mts.
INFANTIL	12-13	13-14	1.000 mts.
ALEVIN	10-11	11-12	1.000 mts.

Artículo 16. Licencias.

Para todas las categorías de remeros, el Consejo puede decidir que se introduzcan las licencias.

En este caso, al inicio de cada competición, como mínimo dos horas antes de la primera salida de la prueba del remero concerniente, una persona designada por el jurado, controlará las licencias.

Artículo 17. Timoneles.

El timonel forma parte integrante del equipo. Así pues, un hombre no puede ser timonel de un equipo femenino y viceversa, salvo en las regatas de la categoría master.

No hay restricción de edad para los timoneles en las regatas seniors. Sin embargo, el timonel de un equipo junior debe pertenecer a la categoría junior.

El peso mínimo del timonel (en camiseta y pantalón u otra prenda de competición) está fijado en 50 kg. para los hombres y de 45 kg. para las mujeres, los juniors y equipos mixtos.

Para alcanzar este peso, el timonel puede disponer de un lastre de 5 kgs. como máximo. Este lastre se situará en el bote, lo más cerca posible del timonel. Debe consistir en un peso muerto y ninguna pieza del bote vale como tal.

Las disposiciones del párrafo anterior son igualmente válidas para los timoneles de equipos masculinos y femeninos de competiciones de «Pesos Ligeros».

Artículo 18. Pesaje de timoneles.

Los timoneles deberán ser pesados en camiseta y calzones de competición sobre una báscula contrastada, entre una hora y dos horas antes de la primera manga en la cual participan, cada día de competición.

La Comisión de Control puede efectuar pesajes complementarios. Ésta puede también exigir, en el primer día de pesaje o subsiguientes, el depósito de un documento de identificación oficial con fotografía.

Sección 2. Juniors (hombres y mujeres).

Artículo 19. Definición.

Todo remero o timonel que no tenga más de 18 años pertenece a la categoría junior.

Un remero o timonel pierde su cualidad de junior el 31 de diciembre del año en curso en que cumple 18 años.

Artículo 20. Examen médico.

Las federaciones nacionales deben velar por la salud de los remeros juniors y someterles a controles médicos.

Los juniors deben, además, saber nadar y tener seguro de accidentes.

Artículo 21. Limitación de participación.

Los juveniles no pueden participar en mas de dos mangas por día, con un intervalo mínimo de dos horas, salvo en caso de repetición de una manga.

En estos dos artículos la FISA se exonera de responsabilidad a la vez que hace una especial protección a los remeros menores de edad.

Sección 3. Seniors A y B (hombres y mujeres).

Artículo 22. Seniors A y B.

Un remero que deja de ser junior pertenece a la categoría Senior B hasta el 31 de diciembre del año en el que cumpla los 22 años, después, pasa a la categoría Senior A.

Sección 4. Pesos ligeros (hombres y mujeres).

Artículo 23. Pesos ligeros.

La categoría pesos ligeros está reglamentada de la forma siguiente:

Para los hombres, el peso medio de los remeros de un equipo (sin timonel) no debe superar 70 kgs. El peso individual de cada remero no debe sobrepasar de 72,5 kgs.

El peso del skiffista está limitado a 72,5 kgs.

Para las mujeres, el peso medio de las remeras de un equipo (sin timonel) no debe superar 57 kgs. El peso individual de cada remera no debe sobrepasar de 59 kgs.

El peso de la skiffista está limitado a 59 kgs.

Los remeros pesos ligeros deben pesarse, llevando camiseta y pantalón u otra prenda de competición, en una balanza contrastada, entre una una y dos horas antes de la primera manga en la que participen, cada día de competición. Deben presentarse al pesaje ya vestidos con su camiseta y pantalón de competición.

Si esta primera manga fuera aplazada o anulada, el remero peso ligero no tendrá que someterse a un segundo pesaje el mismo día.

La Comisión de control puede exigir, en el primer pesaje o subsiguientes, el depósito de un documento oficial con fotografía.

Para los timoneles se aplicarán los artículos 17 y 18.

Este conciso artículo nos define la categoría de los pesos ligeros sin dejar márgenes a la duda o la interpretación.

Sección 5. Masters (hombres, mujeres y equipos mixtos).

Artículo 24. Masters.

A partir del año en que se cumplen los 27 años, un remero puede participar en la categoría master.

Artículo 25. Pruebas equipos master mixtas.

Las pruebas para equipos mixtos pueden ser incluidas dentro del programa general de los master.

El equipo debe estar compuesto de la mitad de mujeres y la mitad de hombres sin contar con el timonel que puede ser de cualquiera de los dos sexos.

Estos artículos nos crean la categoría de «Masters» también conocida por «Veteranos». El Reglamento de ejecución nos da más precisiones sobre las diferentes categorías de edad:

A	Edad mínima 27 años.
B	Media de edad 36 años.
C	Media de edad 43 años.
D	Media de edad 50 años.
E	Media de edad 55 años.
F	Media de edad 60 años.
G	Media de edad 65 años.
H	Media de edad 70 años.

En el cálculo de la edad mínima o de la media queda excluido el timonel. Se establece que no se pueden hacer más de dos mangas el mismo día y que cada remero es responsable de su estado de salud.

CAPÍTULO III. CLASES DE EMBARCACIONES (MODALIDADES).

Artículo 26. Clases de embarcaciones (modalidades).

La FISA reconoce las siguientes clases de embarcaciones:

1 remero (skiff)	(1x)
2 remeros en cuple (doble scull)	(2x)
2 remeros en punta sin timonel (dos sin)	(2-)
2 remeros en punta con timonel (dos con)	(2)
4 remeros en cuple sin timonel (cuatro scull)	(4x)
4 remeros en punta sin timonel (cuatro sin)	(4-)
4 remeros en punta con timonel (cuatro con)	(4+)
8 remeros en punta con timonel (ocho con)	(8+)

Más adelante detallamos el cuadro de modalidades para las diferentes categorías y para los diversos Campeonatos.

CAPITULO IV. MATERIAL.

Artículo 27. Libertad de construcción.

En principio, la construcción, forma y dimensiones de las embarcaciones y los remos es libre, atendiendo a los límites establecidos en el artículo 1, párrafos 1 y 2. No obstante, el Consejo puede fijar nuevas normas en el Reglamento de ejecución.

Este importante artículo que establece la libertad plena con respecto al material sí ha sido ampliamente desarrollado en el Reglamento de ejecución en el que se establecen normas que buscan bien la seguridad o bien otras condiciones para reducir costos y contribuir a la difusión del remo:

1. La proa de todos los botes debe estar equipada con una bola de caucho, u otro material blando de 4 cms. de diámetro mínimo, si bien también puede admitirse cuando está construida de modo que ofrezca las mismas garantías de seguridad y visibilidad.

2. Respetar las normas sobre nombres, símbolos, etc. reguladas por la FISA.

3. Está prohibido utilizar aparatos de transmisión sin hilos dentro de los botes, tanto para la transmisión como para la recepción de mensajes.

4. Está prohibido utilizar sobre el casco de los botes productos o elementos tales como películas susceptibles de modificar las propiedades naturales del agua o de la superficie de deslizamiento.

5. El peso mínimo que deben tener las embarcaciones en las Regatas Internacionales y Campeonatos de la FISA es el siguiente:

Modalidad	1x	2x	2-	2+	4x	4-	4+	8+
Peso	14	27	27	32	52	50	51	96

Los barcos se pesan con el equipamiento indispensable para su uso (portantes, pedalinas y carros) pero sin los remos ni amplificadores, altavoces, etc.

6. Las pedalinas deben permitir a los remeros liberarse del bote en caso de vuelco sin utilizar las manos en el menor tiempo posible.

7. Las aristas de las palas de los remos deben presentar en todo su perímetro los grosores mínimos siguientes:

Remo de punta: 5 mm. (a 3 mm. del borde exterior)

Remo de cuple: 3 mm. (a 2 mm. del borde exterior)

8. La abertura del espacio previsto para el timonel debe tener una longitud de al menos 70 cm y tener la misma anchura del bote en un tramo de al menos 50 cm. La superficie interior de la parte cerrada debe ser lisa y ningún elemento debe limitar la anchura interior del sitio reservado al timonel.

9. A partir del 1º de enero de 1996 todos los ochos utilizados en Campeonatos de la FISA, Juegos Olímpicos, Campeonatos Continentales y Juegos Regionales deben tener dos piezas, las cuales no deben sobrepasar la longitud de 11.9 metros.

10. En Campeonatos FISA y Juegos Olímpicos el Consejo podrá requerir a los equipos que lleven en sus botes minicámaras y otros equipos para la mejor promoción del remo. Estos equipos serán iguales para todos los que participen en la manga.

CAPITULO V. CAMPOS DE REGATAS.

Artículo 28. Características.

El campo de regatas standard utilizado para Regatas Internacionales, Campeonatos Continentales, Campeonatos del Mundo FISA y Regatas Olímpicas, debe ofrecer a los seis equipos participantes en calles separadas pero paralelas sobre una distancia de 2.000 mts., unas condiciones de competición idénticas.

Los campos de regatas utilizados para los Campeonatos del Mundo FISA y los Juegos Olímpicos, deben estar equipados con instalaciones técnicas de categoría A, conforme al Reglamento de ejecución. Igualmente deberán seguir todas las descripciones y especificaciones del manual «Guía para la construcción de Campos de regatas para Campeonatos FISA y regatas internacionales».

Para que un campo de regatas de campeonatos pueda ser clasificado como tal, debe remitirse a la FISA una documentación completa al respecto. Dos expertos designados por FISA deberán inspeccionarlo para poder dar su conformidad, siendo los gastos generados por cuenta de la federación organizadora.

Para los Campeonatos del Mundo, Juegos Olímpicos, Juegos Regionales o Campeonatos Continentales, el Consejo puede ordenar exigencias particulares.

Artículo 29. Longitud del recorrido de las regatas internacionales.

1. La longitud standard de las pruebas FISA es:

a) para los seniors A y B (hombres y mujeres): 2000 mts. en línea recta;

b) para los pesos ligeros (hombres y mujeres): 2000 mts. en línea recta;

c) para los juniors (hombres y mujeres): 2000 mts. en línea recta;

d) para los master (hombres, mujeres y mixtos): 1000 mts. en línea recta.

La longitud del recorrido y las distancias intermedias deben medirse por un topógrafo independiente con título oficial y el Comité de organización debe disponer de un plano exacto y certificado. Este plano debe estar a disposición de la FISA para inspeccionarlo en todo momento.

2. Las longitudes no estándar pueden ser más cortas (sprints) o más largas (larga distancia, «descensos», etc.) que las regatas estándar. No son obligatoriamente en línea recta.

Artículo 30. Número de calles.

En los campos de regatas estándar las pruebas se disputarán, en principio, sobre seis calles.

En este capítulo se han marcado las líneas generales de los Campos de Regatas, si bien en el Reglamente de ejecución se amplían algunos detalles:

1. Deben ser no menos de 6 calles y no más de 8. En lugares estrechos es recomendable que sean 8 y así poder utilizar las seis calles que en cada momento garanticen mejor la igualdad de todos los participantes.

2. El agua debe tener una longitud de al menos 2.150 metros (para los masters 1.150 mts.). La distancia 0 debe ser la salida. Cada 250 metros deben estar claramente señalizados.

3. La anchura mínima debe ser de 81 metros (6 x 13.5 mts.). Para la determinación de la anchura requerida deben tenerse en cuenta diversos factores como son el hecho de que el canal sea natural o artificial, riesgos de vientos, espacio para trafico de barcos, etc.

4. Profundidad: 3 metros en el lugar menos profundo. Para nuevos campos se recomienda una profundidad mínima de 3.5 metros.

5. Los campos de regatas deben estar resguardados en lo posible de vientos ya sea por medios naturales o artificiales. Asímismo no debe haber corrientes salvo que estas sean tan pequeñas que no provoquen diferencias de unas calles a otras. Las orillas deben absorber las olas.

6. El Plano del Campo de Regatas debe estar incluido en la información de la Regata.

A continuación el Reglamento de ejecución inicia una detallada descripción de los elementos e instalaciones técnicas que deben tener los Campos de Regatas de las categorías A y B, las cuales vienen minuciosamente descritas en la citada «Guía para la construcción de campos de regatas para Campeonatos FISA y regatas internacionales».

CAPITULO VI. ORGANIZACIÓN Y DESARROLLO DE LAS REGATAS.

Sección 1. Disposiciones generales.

Artículo 31. Autoridad de la FISA.

Toda regata o competición internacional de remo en máquina o en tanque de remo, está bajo la autoridad de la FISA y, subsidiariamente, de la federación nacional competente. Un Comité organizador será responsable de la organización de las regatas.

Artículo 32. Funciones del Comité organizador.

El Comité organizador desempeña las siguientes funciones:

1. Fijar la fecha y el programa de regatas, de mutuo acuerdo con su federación nacional y el Consejo de la FISA.

2. Establecer y divulgar el anteprograma.

3. Tener un plano del campo de regatas y de las instalaciones técnicas conforme al presente Código de regatas.

4. Designar el jurado (excepto para Campeonatos del Mundo y regatas Olímpicas).

5. Designar un responsable de seguridad.

6. Designar un responsable médico.

7. Tomar todas aquellas otras medidas apropiadas que permitan el buen desarrollo de las regatas.

Artículo 33. Litigios y recursos.

Los litigios entre clubes o federaciones nacionales son dirimidos por el Comité organizador.

Los interesados pueden recurrir contra la decisión adoptada ante el Comité ejecutivo de acuerdo con el artículo 75.

Artículo 34. Premios y contratos de patrocinio.

Están autorizados los premios en efectivo, siempre y cuando sean entregados al club o federación del remero premiado, pero nunca directamente al remero.

La federación nacional o el club pueden entregar todo o parte de sus premios a los remeros en la medida en que este dinero sirva para cubrir gastos relativos por la práctica del remo o falta de ganancias del remero de acuerdo con el artículo 13.

Cuando un remero deja de estar en activo, podrá recibir los premios en metálico que hayan percibido por él su federación nacional o su club.

Los remeros están autorizados a recibir como premio, material que esté relacionado directamente con la práctica del remo.

El mismo reglamento se aplica a los contratos de patrocinio.

Artículo 35. Compensaciones.

Podrán concederse compensaciones a los remeros, timoneles, acompañantes y directivos en concepto de gastos de desplazamiento y transporte de embarcaciones. Estas compensaciones no pueden ser en ningún caso superiores a los gastos reales.

El Comité organizador puede, además de las compensaciones por viaje, hacerse cargo del alojamiento y manutención de los remeros, timoneles, acompañantes y directivos durante el período de regatas.

En caso de descalificación de un equipo, el Comité organizador decide si éste último tiene derecho a las compensaciones.

Artículo 36. Promoción, patrocinio y publicidad comercial.

El Consejo puede dictar una normativa relativa a la promoción, patrocinio y publicidad comercial en el ámbito de las regatas.

El Reglamento de ejecución hace una más pormenorizada relación de las limitaciones existentes a la publicidad y rotulación en general sobre barcos, remos, ropa deportiva, etc. La complejidad y minuciosidad con que está regulado este asunto no hace recomendable extendernos aquí sobre el mismo y nos remitimos al citado Reglamento de ejecución para ello.

Artículo 37. Derechos de venta de la FISA.

La FISA se reserva el derecho de poner a la venta recuerdos u otros artículos, sin gasto para ella, en todas las regatas que estén bajo su autoridad.

Artículo 38. Copa del Mundo de la FISA.

Solo la FISA puede designar una regata como Regata de la Copa del mundo y utilizar el nombre y el emblema de la Copa del Mundo de la FISA. El Consejo puede prescribir un reglamento para regir la Copa del Mundo.

Artículo 39. Autorización de la Federación Nacional.

Un equipo no puede participar en una regata internacional de otro país sin la autorización por escrito de su federación nacional. Esta última es responsable subsidiaria del pago de los derechos de inscripción. Esta normativa no es aplicable a los masters.

Si el Comité organizador de una regata acepta la inscripción de un equipo sin la autorización por escrito de su federación nacional, ésta no será responsable de este equipo ni de sus actos.

Artículo 40. Restricciones.

Ningún remero podrá competir representando a dos entidades diferentes en la misma regata.

Artículo 41. Inscripciones.

La inscripción de un equipo en una regata internacional debe hacerse en un formulario tipo establecido por la FISA. La inscripción no será válida si todas las secciones del formulario no están debidamente cumplimentadas.

Se mencionará primero el nombre del remero situado en la proa de la embarcación y se termina con el marca seguido por el timonel. La inscripción por télex o fax es igualmente válida, siempre y cuando contenga toda la información prevista en los formularios tipo de la FISA y que proceda de la federación nacional relacionada o de un directivo autorizado por ésta última. La organización de una regata internacional tiene la obligación de aceptar todas las inscripciones válidas recibidas hasta la fecha de cierre.

En los apéndices del Reglamento de ejecución figuran los modelos de hoja de inscripción válidos para las regatas FISA.

Artículo 42. Lista de participantes.

Como máximo dos días siguientes al cierre de inscripciones, el Comité organizador debe enviar a las federaciones nacionales o clubes inscritos, la lista de inscripciones, el horario provisional de las mangas, la hora y el lugar de la reunión de delegados y del sorteo, así como una descripción de las reglas de tráfico sobre el agua.

Artículo 43. Declaraciones falsas.

Una declaración falsa sobre el nombre, cateogría de un remero o la pertenencia a un club, comporta la descalificación de todos los remeros del equipo en cuestión, en todas las pruebas en que estaban inscritos en esta competición.

Artículo 44. Reclamaciones.

Toda reclamación contra una inscripción deberá dirigirse, en los dos días siguientes a la recepción de la lista de participantes, conjuntamente al Comité organizador y al Comité ejecutivo de la FISA.

Después de efectuada la consulta, el Comité organizador y el Comité ejecutivo se pronunciarán sobre si la reclamación está bien fundada.

En caso de divergencia, prevalecerá la apreciación del Comité ejecutivo.

Sección 2. Desarrollo de los entrenamientos y de las pruebas.

Artículo 45. Seguridad.

La seguridad de los remeros y timoneles debe constituir la principal preocupación del Comité organizador y de los directivos responsables de la regata.

El Reglamento de ejecución contiene las disposiciones destinadas a garantizar la seguridad de los remeros. El comité organizador debe, no obstante, dictar las normas complementarias que requieran las particularidades de su competición o de su campo de regatas.

En todos los casos, un servicio médico y un servicio de seguridad deberán estar listos para intervenir en tierra o en el agua durante toda la duración de la competición.

El Consejo puede retirar una regata del calendario internacional de la FISA, si estima que el reglamento relativo a la seguridad no ha sido respetado.

Efectivamente la seguridad ocupa un lugar absolutamente prioritario en todas las normas que regulan las competiciones. Las infracciones en este aspecto tanto por la organización como por los propios equipos suelen tener una respuesta sancionadora inmediata y severa.

Artículo 46. Circulación en el agua.

Con el fin de controlar el desplazamiento de las embarcaciones en el agua, el Comité organizador debe publicar y anunciar claramente en la zona del parque de embarcaciones, el reglamento y el plano de circulación a respetar en el agua. Este reglamento debe especificar:

1. Las reglas de circulación en el agua durante el entrenamiento.

2. Las reglas de circulación en el agua durante la competición.

Se remarca en el Reglamento de ejecución y en el Reglamento de los Campeonatos de la FISA la obligatoriedad de que las normas de tráfico tengan una amplia difusión.

Artículo 47. Mangas eliminatorias.

Si existieran más equipos participantes que lugares de salida, se recurre a un sistema de eliminatorias (mangas) para designar a los finalistas. El sorteo de las mangas se hace al menos una hora antes de la primera eliminatoria de la regata. Las mangas se sortean a menos que el Comité ejecutivo de la FISA decida, para una regata importante, distribuir los equipos según su presunto potencial.

Una serie de mangas de una prueba deberá terminarse al menos dos horas antes de la serie de mangas siguientes de la misma prueba.

El artículo 20 del Reglamento de los Campeonatos y más concretamente su ampliación en el Reglamento de ejecución nos dan el detalle sobre el sistema de clasificación en función del número de participantes en una prueba. Debido a su extensión e importancia, hacemos una transcripción del dicho sistema al final de este capítulo.

Artículo 48. Cambios en la composición de los equipos antes de la primera manga.

Los clubes o federaciones pueden modificar la composición de los equipos que han inscrito, hasta un máximo de la mitad de los remeros más el timonel en su caso, con la condición que los sustitutos sean miembros del mismo Club (o de uno de los clubes interesados, en el caso de equipos mixtos, o de la misma federación en el caso de equipo nacionales) y que la modificación sea comunicada por escrito al Comité organizador al menos una hora antes de la primera manga de la prueba.

Un skiffista no puede ser sustituido, salvo la excepción prevista en el el artículo 7 del Reglamento de los Campeonatos FISA.

Este artículo 7 citado prevee la posibilidad de cambiar a un skiffista inscrito solo en el caso de que haya caído enfermo o sufrido un accidente, con el correspondiente certificado médico, antes de remar su eliminatoria.

Artículo 49. Cambios después de la primera manga.

La composición de un equipo que ha participado en la primera manga de una prueba no puede ser modificada, salvo caso de enfermedad seria o accidente de un remero, probado mediante certificado médico.

La decisión será tomada por el Comité organizador, en las regatas internacionales, y por el Comité ejecutivo en los Campeonatos del Mundo FISA, los Campeonatos continentales, las regatas olímpicas y los Juegos regionales.

En una regata internacional, un remero sustituido ya no podrá participar en la regata, incluso si se restablece.

En los Campeonatos del Mundo FISA, las regatas de los Juegos Olímpicos, de los Juegos Regionales o de los Campeonatos continentales, se aplicará el Reglamento de los Campeonatos FISA.

Artículo 50. Retiradas o renuncias.

Si un club renuncia a participar en una prueba en la que estaba inscrito, deberá indicarlo al menos una hora antes de la salida de dicha manga, entregando una declaración escrita de la retirada al Comité organizador.

Una vez declarada, la renuncia es definitiva.

En caso de retirada en una prueba, el Comité organizador puede proceder a un nuevo sorteo.

Comportamiento de los equipos.
Artículo 51. a) en general.

Todos los participantes deben disputar sus mangas de forma correcta.

Deberán seguir las indicaciones del Jurado y del Comité organizador y respetar las reglas de tráfico.

En particular, deberán:

1. No rebasar la línea de llegada (ni en el sentido de las regatas ni en sentido contrario) durante la llegada de botes de otra manga.

2. Detenerse cuando otros equipos en regata van a pasar a su altura.

3. Respetar las reglas de tráfico durante el calentamiento y la recuperación.

Las normas contenidas en este artículo y los siguientes deberían ser transcritas para que todo remero las conozca perfectamente. Son normas sencillas y claras cuyo fin no es otro que el mejor desenvolvimiento de las regatas, el mutuo respeto entre los participantes y la mayor seguridad de éstos.

Artículo 52. b) en la zona de salida.

Un equipo no puede entrar en la zona de salida mas que cuando ésta queda libre para la manga en la que dicho equipo esta inscrito y que el starter le haya asignado su calle.

Los equipos deben encontrarse en su pontón de salida dos minutos antes de la hora fijada para la salida.

El starter puede dar la salida sin consideración alguna para con los retrasados.

El starter puede dar una amenstación al equipo que se presente con retraso a la salida, como si hubiera provocado una salida falsa. También puede excluirlo.

Artículo 53. c) durante las regatas.

Los remeros son los únicos responsables de su dirección. Cada equipo dispone de una calle que le está reservada. Puede bajo su responsabilidad dejar su calle, siempre que no moleste a cualquiera de sus rivales o que consiga con ello alguna ventaja.

Sólo el juez-árbitro decide si un equipo se encuentra en su calle o no.

A los equipos ajenos a una manga, está prohibido seguirla en todo o parte de su recorrido, incluso fuera del balizaje.

Artículo 54. Vestimenta de los remeros.

Los remeros de un mismo equipo deben competir con una vestimenta uniforme (camiseta, pantalón y otras prendas eventuales). Si solamente algunos miembros del equipo desean llevar gorra, está permitido a condición que la gorra sea idéntica para todos los remeros que la lleven.

Los remeros deben llevar la camiseta de su club, excepto si se trata de un equipo mixto.

Sus palas deben estar pintadas de forma idéntica (por las dos caras).

El Consejo puede dictar otras prescripciones relativas a la vestimenta de los remeros en las regatas y los campeonatos.

Artículo 55. Indicaciones («Coaching»).

Está prohibido dar indicaciones o consejos a los remeros o equipos en regata y dirigirles directa o indirectamente, con aparatos eléctricos o electrónicos o con otros sistemas técnicos.

Artículo 56. Sanciones.

El jurado impondrá las sanciones apropiadas en caso de incumplimiento de las normas arriba mencionadas.

Sección 3. Funciones del jurado y reglas de arbitraje.

Artículo 57. Función del jurado.

El jurado cuida que las regatas se desarrollen conforme al presente Código de Regatas y, en particular, de que cada equipo compita en las mismas condiciones.

Artículo 58. Colaboración con el Comité organizador.

El buen desarrollo de una competición de remo requiere una estrecha colaboración entre el Comité organizador y el jurado. Los miembros del jurado, dentro de los límites de sus funciones, deben constantemente controlar las diferentes instalaciones técnicas del campo de regatas.

Artículo 59. Composición del jurado.

Las personas que componen el jurado cumplen las siguientes funciones:

1. Presidente del jurado.

2. Starter.

3. Juez de salida.

4. Arbitro.

5. Jueces de llegada, entre los cuales uno es responsable.

6. Responsable y miembros de la comisión de control.

El presidente del jurado, los starters, los jueces de salida, los árbitros, el juez responsable de llegada y el responsable de la comisión de control deben ser titulares de una licencia de juez árbitro internacional.

El presidente del jurado, un starter y un árbitro designados por el presidente del jurado y el responsable de los jueces de llegada constituyen el Comité del jurado, desde el principio hasta el final de la regata. El presidente del jurado designa tres reservas. Este Comité es el responsable de redactar el informe previsto en el art.68 y de estudiar las reclamaciones hechas conforme al art.73. En el caso de una reclamación, una persona implicada en el litigio (por ejemplo el árbitro o el starter) no puede formar parte del comité que decide sobre esa reclamación. En este caso, el presidente del jurado designará a uno de los reservas.

Artículo 60. Presidente del jurado.

El presidente del jurado designa la función de cada miembro del jurado y supervisa su actividad. Dirige las sesiones y asume la coordinación con el Comité organizador.

Cuando han de adoptarse decisiones extraordinarias (por ejemplo, aplazamiento de manga o suspensión de la competición) designa el órgano de decisión y lo preside, salvo en los Campeonatos del Mundo FISA donde se aplica el Reglamento de los Campeonatos de la FISA.

Artículo 61. Starter y juez de salida.

El starter y el juez de salida son responsables del correcto desarrollo de la salida.

El starter indica a los equipos su calle de salida.

Él da la orden de salida cuando los equipos estén preparados y que según las indicaciones del juez de salida, estén alineados.

El juez de salida es el único que decide si las embarcaciones están alineadas y si uno o varios equipos han provocado una salida falsa.

Si el juez de salida comprueba una salida falsa, el starter debe interrumpir la manga y amonestar al o a los equipos que la ha o han provocado, según la apreciación del juez de salida. Deberá excluir de la prueba a un equipo que haya recibido dos amonestaciones.

Recalcar que el equipo que recibe dos salidas falsas queda excluido de la prueba, no solo de la manga.

El procedimiento de salida viene detallado en las últimas modificaciones del Reglamento de ejecución y es el siguiente:

Sistema de salida sin mecanismo de alineación:

Los equipos entran en sus calles poniendo la popa de sus embarcaciones a disposición del pontonero al menos dos minutos antes de la hora de su manga.

Cuando el starter anuncia «Dos minutos» («Two minutes») significa que los equipos se encuentran formalmente a las órdenes del mismo y es también una instrucción para que las tripulaciones se preparen para la regata, es decir, retiren la vestimenta accesoria, revisen la embarcación, etc. Durante ese tiempo el juez de salida alinea los botes.

Antes de dar la salida, el starter debe asegurarse de que tanto el árbitro como el alineador están preparados. Cuando los barcos están alineados (bandera blanca del alineador levantada) y los equipos listos para la salida, el starter procede a una llamada, en el orden de las calles, nombrando a cada una de las tripulaciones.

Mientras esta llamada comienza, los equipos deben asegurarse de que su barco está correctamente enfilado. Cada equipo es responsable tanto de la enfilación de su bote como de estar preparado para tomar la salida al finalizar la ronda de llamada, ya que una vez ha comenzado ésta, el starter no tomará en consideración las indicaciones que pudieran hacerle los equipos sobre si no están preparados o su bote no está enfilado.

Una vez que ha nombrado al último equipo, el starter se asegura que la bandera blanca del alineador continúa levantada y dice:

«Atención»   («Attention»).

levantando, a la vez, la bandera roja.

Después de una pausa clara, da la salida bajando rápidamente la bandera roja hacia el lado y diciendo simultáneamente:

«Va»   («Go»)

La pausa entre la elevación de la bandera y la orden salida (bajada de bandera diciendo «va») tiene una duración discrecional y variable.

Si el proceso de la salida se interrumpe por cualquier causa independiente de los equipos o por una salida falsa, el starter comenzará de nuevo con el llamamiento a los equipos.

Sistema de salida con mecanismo de alineación:

Cuando existe este mecanismo, todo el proceso de salida es igual solo que en el momento en que el starter dice «Atención», en vez de levantar una bandera roja, lo que hace es apretar un botón que enciende una luz roja sobre cada pontón de salida. Tras la correspondiente pausa, da la orden de salida presionando un botón que, simultáneamente:

a) apaga la señal roja y se enciende amarilla,

b) produce una señal acústica en los altavoces,

c) libera el mecanismo de control de alineación,

d) acciona el sistema de cronometraje.

Salida rápida:

En circunstancias excepcionales (mal tiempo, viento), el starter puede decidir utilizar el sistema de «salida rápida». Sin embargo si ya ha utilizado el sistema ordinario, no puede utilizar en la misma manga el sistema de salida rápida.

En la salida rápida, se informa a los equipos que se va a utilizar este sistema y en lugar de la ronda de llamada a los equipos se sustituye por:

«Salida rápida, atención»   («Quick start, attention»)

y eleva a la vez su bandera roja.

Después de la pausa da la salida de la misma forma: dice «Va» y

baja la bandera.

Salida falsa:

Cuando ya se ha dado la salida, el starter mira al juez alineador para asegurarse de que todo se ha desarrollado correctamente. Si no es así hará sonar la campana y agitará la bandera roja para interrumpir la manga.

El juez de salida (alineador) le dice el nombre del o los equipos que han cometido la falta y el starter expresa la advertencia a los mismos, a la vez que los pontoneros colocarán una señal (boya, cono, etc.) de color rojo bien visible sobre la calle del equipo infractor.

Una llegada con retraso a la salida supone también la advertencia de tener una salida falsa.

Una salida falsa se produce siempre que un bote traspase la línea de salida después que el starter haya levantado su bandera roja y antes de que se ordene la salida, siendo el jurado el que determina quién o quiénes han causado la falsa salida y deben ser sancionados.

La segunda salida falsa sobre una tripulación supone la descalificación quedando fuera de regata.

Artículo 62. Avería en la zona de salida.

Los primeros 100 metros del campo de regatas constituyen la zona de salida.

Si, en la zona de salida, un equipo indica que ha sufrido una avería, el starter debe interrumpir la regata. El árbitro decide entonces que medidas tomar, consultando, si lo considera necesario, con el presidente del jurado.

Artículo 63. Arbitro.

El árbitro cuida la normalidad de las regatas y la seguridad de los remeros. En particular, evitará que un equipo se benefecie de una ventaja o sufra una desventaja que provenga de sus rivales o causas externas.

Si un equipo es molestado, el árbitro debe cuidar por restablecer totalmente sus posibilidades de victoria.

Impone las sanciones oportunas contra los equipos infractores, normalmente tras haberles amonestado.

El árbitro no debe dar indicaciones de dirección a los equipos. Debe cuidar que se eviten los accidentes y procurar que los equipos no sean molestados por sus rivales.

Si fuera necesario, el árbitro puede interrumpir una manga y después de sancionar, hacer que se repita, desde la salida, inmediatamente o más tarde. En éste último caso debe fijar la hora de la nueva salida, de acuerdo con el presidente del jurado e informar a los equipos implicados.

El árbitro puede también expulsar a los equipos, una vez que la manga ha terminado, o hacer que repitan los equipos que designe.

Es muy conveniente que los remeros conozcan bien la autoridad del árbitro. Una lectura detenida de este artículo nos informa de todo aquello que el árbitro «puede» hacer o «debe» hacer. Merece destacar quizás la importancia de la afirmación de que el árbitro no debe dar instrucciones de dirección salvo si se va a molestar a otro equipo o se va a producir un accidente.

Artículo 64. Jueces de llegada.

Los jueces de llegada determinan el orden en el cual las proas de las embarcaciones pasan la línea de llegada, miden el tiempo realizado por cada equipo en cubrir el recorrido, se aseguran que la manga se ha desarrollado correctamente y establecen la clasificación.

Un equipo ha llegado en el momento en que la proa de su embarcación traspasa la línea de llegada. El recorrido es válido incluso si el equipo está incompleto, a menos que sea el timonel el que falte; en éste caso el equipo no se clasifica.

En las regatas de remo disputadas en línea, el tiempo no constituye un criterio de clasificación.

Cabe destacar aquí el hecho de que no importa que falte algún remero del bote en el momento de la llegada, lo cual podría resultar un recurso válido en caso de avería o entrada de agua en el bote que ponga en peligro su flotación. Sin embargo, no cabe la menor duda que no es fácil saltar de un bote en plena competición.

Asímismo este artículo consagra un principio fundamental de las competiciones de remo: el tiempo cronometrado es meramente indicativo y nunca clasificatorio.

Artículo 65. Comisión de control.

La comisión de control cuida de que los equipos estén compuestos y equipados según el reglamento. Se asegura también que los remeros designados para el control de dopaje se sometan al examen tan pronto hayan desembarcado.

Este escueto artículo encierra un numeroso y complejo conjunto de tareas a realizar por los miembros de dicha comisión.

Artículo 66. Seguridad de los remeros.

La seguridad de los remeros y timoneles debe constituir la preocupación principal del jurado durante la competición. En todos los casos debe estar preparado un servicio médico y de salvamento para intervenir en tierra o en el agua durante toda la competición.

El presidente del jurado asegura la coordinación entre el jurado y el Comité organizador, sobre todo con el responsable de la seguridad y el responsable médico.

Este artículo nos indica que la seguridad es lo más importante para el jurado, pero creo que todos debemos tomar buena nota y la seguridad debe ser el principal objetivo de todos los que estamos involucrados en competiciones.

Artículo 67. Daños materiales.

Si un equipo sufre un avería material, el jurado establece las responsabilidades. Las partes afectadas pueden recurrir la decisión del jurado ante el Comité ejecutivo en un plazo máximo de tres días.

Artículo 68. Informe del jurado.

El jurado mantiene su función durante toda la competición.

El jurado se reúne al término de la competición y su comité redacta un documento o «Acta» en el que figuran la clasificación de las diferentes pruebas, así como un informe sobre el desarrollo de las mangas y sobre las incidencias y reclamaciones surgidas.

Este documento, firmado por los miembros del comité de jurado debe estar disponible máximo dos horas después de la última manga. Esto pondrá fin a la actividad del jurado.

El Comité ejecutivo puede pedir la comunicación de este documento.

Cada Comité organizador debe dirigir a la FISA, en el plazo máximo de dos días después de terminada la regata, si es posible por fax o telex, un informe del desarrollo de la misma.

Para ello se utilizará el formulario previsto la FISA.

Sección 4. Licencia de juez árbitro internacional.

Artículo 69. Condiciones de obtención.

Todo juez árbitro titular de una licencia nacional con una antigüedad mínima de tres años, puede convertirse en árbitro internacional, a condición de:

1. Poseer una vista y oído normales y,

2. Aprobar el examen establecido por la FISA.

La licencia de juez árbitro internacional es válida por un período de cuatro años. Su validez es automáticamente renovada cuando el titular participa en un seminario de arbitraje organizado por la FISA.

Estos seminarios se organizan, en principio, con ocasión de los Campeonatos del Mundo FISA, de algunas regatas internacionales o por la petición de una federación nacional. En éste último caso, dicha federación debe soportar los gastos del transporte, alojamiento y manutención de los expertos de la FISA que asistan.

Artículo 70. Caducidad.

El titular de una licencia caducada que desee actuar de nuevo como juez arbitro debe someterse a un nuevo examen.

Artículo 71. Caducidad de la licencia nacional.

La caducidad de la licencia nacional conlleva automáticamente la caducidad de la licencia internacional.

Sección 5. Reclamaciones, recursos, medidas disciplinarias y procedimientos.

Artículo 72. Principios.

En caso de reclamación (art.73), recursos (art.33 y 75), y sanción (art.74 y 78), se aplican los siguientes principios:

1. Una reclamación o un recurso debe ser dirigido por escrito e indicar los hechos y motivos en que se justifica. Se acompañará de la suma de 100 francos suizos o equivalente, que será devuelta si la reclamación o el recurso es aceptado.

2. Todo remero o individuo advertido de una infracción debe ser informado y escuchado antes de que una eventual sanción pueda ser tomada contra él.

3. Ningura persona implicada en una reclamación o recurso, puede formar parte del órgano apelado a deliberar sobre el recurso o la reclamación.

4. El recurso no suspende el efecto de la sanción impuesta. No obstante, toda persona penalizada puede presentar una solicitud de efecto suspensivo al órgano encargado de resolver el recurso que deliberará.

5. Las decisiones del Comité ejecutivo son inapelables. El Tribunal arbitral de deportes de Lausana constituye la única jurisdicción externa competente para, eventualmente, conocer los casos.

Artículo 73. Depósito de la reclamación.

Un equipo que estime que una manga se ha desarrollado de forma incorrecta debe anunciar su reclamación a un miembro del jurado inmediatamente después de la llegada, antes de desembarcar, salvo en casos de fuerza mayor.

Un equipo expulsado en la salida puede anunciar su reclamación al árbitro en ese mismo momento.

El equipo o su representante debe confirmar la reclamación entregando al jurado, no más tarde de una hora después de la manga, un escrito indicando los hechos y motivos de la reclamación.

El comité del jurado decidirá si la reclamación es o no fundada y comunicará su decisión antes de la próxima manga de la prueba a la que concierne y, en todo caso, antes de dos horas después de la última manga de la jornada.

En principio, cuando una reclamación concierne a la final de una prueba, la entrega de medallas se pospondrá hasta que el jurado tome una decisión al respecto.

Sección 8. Medidas disciplinarias.

Artículo 74. Sanciones.

El jurado o, en el caso de Campeonatos del Mundo FISA, regatas olímpicas, campeonatos continentales, Juegos regionales y en todos los casos de dopaje, el Comité ejecutivo pueden, tras haber oído a las partes implicadas, imponer a los remeros, timoneles o acompañantes que se hayan comportado de una forma antideportiva o incorrecta, las medidas disciplinarias siguientes:

1. Reprimenda.

2. Amonestación (se aplicará a la siguiente manga en la que el equipo participe).

3. Exclusión.

4. Descalificación.

Un remero o un equipo excluido lo será para todas las mangas de una prueba determinada.

Un remero o un equipo descalificado lo será para todas las pruebas de una o varias regatas.

Solo el Comité ejecutivo puede descalificar a un remero o a un equipo para otra regata distinta de aquella en la que participan.

El Comité ejecutivo puede imponer una sanción económica a una federación nacional, un club o un remero que se comporta de forma que hace sufrir pérdidas a un comité organizador o a otra persona y puede exigir la reposición del daño causado.

Las decisiones del Comité ejecutivo sobre sanciones son inapelables.

Artículo 75. Recursos.

Toda persona sancionada puede, durante los tres días siguientes a la comunicación de la decisión, recurrir contra la decisión del jurado (o contra una decisión del Comité organizador según el artículo 33) ante el Comité ejecutivo.

En el caso de los Campeonatos del mundo de la FISA, de las regatas disputadas con ocasión de los Juegos Olímpicos o de los Juegos regionales o en el caso de los Campeonatos continentales, éste plazo termina el mismo día en que le ha sido comunicada la decisión.

El Comité ejecutivo dictará una decisión definitiva antes de las siguientes mangas de la prueba a que concierne.

Las decisiones del Consejo o del Comité ejecutivo sobre los recursos son inapelables.

CAPITULO VII. DISPOSICIONES DE ORDEN MEDICO.

Artículo 76. Dopaje.

El dopaje está estrictamente prohibido.

Se considera como dopaje la utilización, intencionada o por negligencia, de una o varias sustancias terapéuticas prohibidas (que figuran en la lista de sustancias prohibidas del Comité Olímpico Internacional en vigor en el momento de la toma), de sangre o de sus derivados, y/o manipulaciones farmacológicas, físicas o químicas con la intención de conseguir que estas sustancias sean difíciles de detectar.

La presencia de tales sustancias en la orina o en la sangre de un remero o un timonel se considerará como absorción voluntaria.

El Consejo Ejecutivo, de acuerdo con la Comisión médica de la FISA, dictará todas las disposiciones destinadas a la protección de remeros y timoneles.

Artículo 77. Controles.

El comité ejecutivo, la federación nacional correspondiente o el Comité organizador pueden ordenar controles de dopaje y de sexo, que se efectuarán bajo la autoridad de la Comisión médica de la FISA con ocasión de toda regata internacional, de los Campeonatos del Mundo, de las regatas disputadas con ocasión de los Juegos Olímpicos, Juegos regionales y Campeonatos continentales así como en las competiciones sobre máquinas o tanques de remo.

En todos los casos el Comité organizador o la federación nacional afectada correrán con los gastos ocasionados por estos controles.

El Comité ejecutivo también puede ordenar tales controles fuera de toda competición, principalmente durante el período de preparación, a todo remero o timonel de una federación afiliada.

Artículo 78. Sanciones en caso de dopaje.

Un remero o timonel que infrinja las disposiciones relativas al dopaje dictadas por el Consejo de la FISA, rehúse someterse a un control o realice cualquier manipulación o irregularidad durante un control, será descalificado conforme al artículo 74.

El Comité ejecutivo puede igualmente imponer a dicho remero o timonel una pena adicional, pudiendo llegar, dependiendo del caso, hasta una exclusión a perpetuidad de toda competición.

Todo equipo del remero que haya dado positivo en un control antidopaje de una competición, sean cuales sean las circunstancias, no obtiene clasificación en esa regata y todos los equipos que llegaron después ganarán un lugar.

El Comité ejecutivo también puede imponer sanciones a toda persona, club o federación implicada en el dopaje de un participante o que no coopere en la realización de los controles antidopaje, en particular, cuando éstos se realizan fuera de competición. En este último caso, incluso puede sancionar a los remeros o timoneles de la federación correspondiente.

Artículo 79. Controles efectuados por las federaciones nacionales u otras instancias nacionales.

Una federación nacional debe informar por escrito a la FISA de cualquier remero o timonel de su país que haya dado positivo en un control antidopaje efectuado por ella misma u otra institución nacional. En caso de resultar positivo o alguna otra infracción de las normas sobre dopaje, el Comité ejecutivo de la FISA puede tomar sanciones contra los remeros, timoneles u otras personas implicadas, conforme al artículo 78, considerando esta violación como una infracción al reglamento de la FISA sobre el dopaje, siempre que el control haya sido efectuado conforme a las disposiciones esenciales del Reglamento de la FISA o del código médico del COI y de la Carta olímpica.

Los remeros, timoneles u otras personas implicadas tienen el derecho de ser oídos por el Comité ejecutivo antes de que cualquier sanción les pueda ser impuesta.

Las federaciones nacionales se deberán inspirar en la práctica de la FISA en materia de sancionar a remeros, timoneles u otras personas o clubes implicados en una violación de las reglas de dopaje o en un control efectuado por ellas u otras instancias nacionales.

Las federaciones nacionales deben reconocer como válido todo control efectuado a sus remeros o timoneles si ha sido efectuado conforme a las disposiciones esenciales del reglamento de la FISA o del Código médico del COI y de la Carta olímpica.

Todo organismo nacional que desee efectuar algún control antidopaje con motivo de una regata internacional debe hacerlo a través de la federación nacional a la que concierne y con la aprobación de ésta última.

CAPITULO VIII. DISPOSICIONES FINALES.

Artículo 80.

El presente Código de Regatas, adoptado por el Congreso extraordinario del 3 al 6 de noviembre de 1977 en Montecarlo y el 6 y 7 de julio de 1978 en Lucerna, reemplaza al de 1º de enero de 1974 y entra en vigor el 1 de enero de 1979. Éste ha sido modificado por los Congresos ordinarios de Munich, del 31 de agosto y 1 de septiembre de 1981 y de Bled, del 2 y 8 de septiembre de 1989, así como por los Congresos extraordinarios de Roma, del 10 al 13 de enero de 1985, de Atenas del 26 al 28 de enero de 1989 y de Budapest del 22 a 24 de enero de 1993. Estas últimas modificaciones han entrado en vigor inmediatamente salvo las modificaciones a los artículos 32 (puntos 5 y 6), 45 y 66 apartado 3 que entran vigor el 1 de enero de 1994.

Federación Internacional de Sociedades de Remo

El Presidente	El Secretario General
Denis OSWALD	John BOULTBEE

20.3. MODALIDADES DE BOTES EN LOS DIVERSOS CAMPEONATOS

A) Pruebas en Juegos Olímpicos:

		1x	2x	2-	4x	4-	8+
Hombres	H	•	•	•	•	•	•
Mujeres	F	•	•	•	•		•
Hombres peso ligero	HPL		•			•	
Mujeres peso ligero	FPL		•				

B) Pruebas en Campeonatos del Mundo:

		1x	2x	2-	2+	4x	4-	4+	8+
Hombres	H	•	•	•	•	•	•	•	•
Mujeres	F	•	•	•		•	•		•
Hombres peso ligero	HPL	•	•	•		•	•		•
Mujeres peso ligero	FPL	•	•				•		

C) Pruebas en Campeonatos de España:

		1x	2x	2-	2+	4x	4-	4+	8+
Senior masculino	SM	•	•	•	•	•	•	•	•
Peso ligero masc.	PLM	•		•					
Senior femenino	SF	•	•			•			
Juvenil masculino	JM	•	•	•	•	•	•	•	•
Juvenil femenino	JF	•	•			•			
Cadete masculino	CM	•	•	•	•	•	•	•	•

Cadete femenino	CF	•	•			•		•
Infantil masculino	IM	•	•			•		
Infantil femenino	IF	•	•			•		
Alevín masculino	AM	•	•			•		
Alevín femenino	AF	•	•			•		
Veterano masculino	VM	•	•	•			•	

20.4. SISTEMA DE CLASIFICACIÓN

Las regatas oficiales de Remo se desarrollan generalmente sobre un Campo de Regatas de seis calles, por lo que cuando existen más de seis competidores debe establecerse un sistema de clasificación a través de series eliminatorias, repescas, y semifinales para llegar a las finales. El Reglamento de los Campeonatos y más concretamente su Reglamento de ejecución en su artículo 20 regulan con detalle este importante aspecto buscando la mayor equidad e igualdad de oportunidades para todos los competidores.

El sistema de clasificación se establece en función del número de competidores, celebrándose las siguientes series o mangas:

Eliminatoria	E
Repesca	R
Semifinal para finales A y B	D
Semifinal para finales C y D	DC/D
Semifinal para finales E y F	DE/F
Semifinal para finales G, H e I	DG/H/I
Final A (final para los puestos 1 al 6)	FA
Final B (final para los puestos 7 al 12)	FB
Final C (final para los puestos 13 al 18)	FC
Final D (final para los puestos 19 al 24)	FD
Final E (final para los puestos 25 al 30)	FA
Final F (final para los puestos 31 al 36)	FB
Final G (final para los puestos 37 al 42)	FC
Final H (final para los puestos 43 al 48)	FD
Final I (final para los puestos 49 al 54)	FD

Cuando el sistema prevea dos opciones, éstas se sortearán.

En los Campeontos del Mundo de la FISA y en las Regatas Olímpicas, el sorteo para las 5 primeras mangas eleminatorias se efectuará en la reunión de delegados el día anterior a las eliminatorias o en su caso antes.

Si un equipo anuncia su renuncia o retirada después del sorteo, siempre al menos una hora antes de la salida de la primera manga y si el número de equipos restantes en competición corresonde a otra variante del sistema eliminatorio, el Comité Ejecutivo procederá a un nuevo sorteo.

1 a 6 participantes

La adjudicación de calles se realizará por sorteo que se realizará o bien con el sorteo principal o en una reunión de delegados que se celebre al menos un día antes de la final.

7 a 8 participantes

Dos mangas eliminatorias y una manga de repesca. El primero de cada eliminatoria pasa a la final A; los otros pasan a la repesca.

Los cuatro primeros de la repesca pasan a la final A; los otros pasan a la final B.

ELIM.		REPESCAS	FINALES	
A	1º 2º 3º 4º	2º EA 2º EB 3º EA 3º EB	A	1º EA 1º EB 1º R 2º R 3º R
B	1º 2º 3º 4º	4º EA 4º EB	B	4º R 5º R 6º R

9 a 12 participantes

Dos mangas eliminatorias y dos mangas de repescas. El primero de cada eliminatoria pasa a la final A, los otros pasan a las repescas.

El primero y el segundo de cada repesca pasan a la final A, los otros pasan a la final B.

Hay dos opciones para las repescas.

E		REPESCAS OPC.I		REPESCAS OPC.II		FINALES			
A	1º 2º 3º 4º 5º 6º	A	2º EA 3º EB 4º EA 5º EB 6º EA	A	2º EA 3º EB 4º EB 5º EA 6º EA	B	3º RA 4º RA 5º RA 3º RB 4º RB 5º RB	A	1º EA 1º EB 1º RA 2º RA 1º RB 2º RB
B	1º 2º 3º 4º 5º 6º	B	2º EB 3º EA 4º EB 5º EA 6º EB	B	2º EB 3º EA 4º EA 5º EB 6º EB				

13 a 15 participantes

Tres mangas eliminatorias y una manga de repesca. Los tres primeros de cada eliminatoria pasan a las semifinales; los demás pasan a la repesca.

Los tres primeros de la repesca pasan a las semifinales; los demás pasan a la final C.

Los tres primeros de cada semifinal pasan a la final A; los otros pasan a la final B.

Hay dos opciones para las semifinales.

E	R	SEMIFINALES OPC.I	SEMIFINALES OPC.II	FINALES
A 1º 2º 3º 4º 5º		A 1º EA 1º EC 2º EB 3º EA 3º EC 2º R	A 1º EA 1º EB 2º EC 3º EB 3º EA 3º R	FA 1º DA 2º DA 3º DA 1º DB 2º DB 3º DB
B 1º 2º 3º 4º 5º	4º EA 5º EA 4º EB 5º EB 4º EC 5º EC			FB 4º DA 5º DA 6º DA 4º DB 5º DB 6º DB
C 1º 2º 3º 4º 5º		B 1º EB 2º EA 2º EC 3º EB 1º R 3º R	B 1º EC 2º EA 2º EB 3º EC 1º R 2º R	FC 4º R 5º R 6º R

6 a 18 participantes

Tres mangas eliminatorias y tres mangas de repesca. El primero de cada eliminatoria pasa a semifinales; el resto pasa a repesca.

Los tres primeros de cada repesca pasan a semifinales; los demás pasan a final C.

Los tres primeros de cada semifinal pasan a final A; el resto pasa a final B.

Hay dos opciones para las repescas y dos opciones para las semifinales.

E		REPESCAS OPC.I	REPESCAS OPC.II	SEMIFINALES OPC.I	SEMIFINALES OPC.II	FINALES
A	1º					1º DA
	2º	2º EA	2º EB			2º DA
	3º	A 3º EB	A 3º EA			FA 3º DA
	4º	4º EC	4º EC	1º EA	1º EA	1º DA
	5º	5º EA	5º EB	A 1º EC	A 1º EB	2º DB
	6º	6º EB	6º EA	1º RB	1º RC	3º DB
B	1º			2º RA	2º RA	4º DA
	2º	2º EB	2º EB	2º RC	2º RB	5º DA
	3º	B 3º EC	B 3º EC	3º RB	3º RC	FB 6º DA
	4º	4º EA	4º EB			4º DB
	5º	5º EB	5º EA	1º EB	1º EC	5º DB
	6º	6º EC	6º EC	B 1º RA	B 1º RA	6º DB
C	1º			1º RC	1º RB	4º RA
	2º	2º EC	2º EC	2º RB	2º RC	5º RA
	3º	C 3º EA	C 3º EB	3º RA	3º RA	4º RB
	4º	4º EB	4º EA	3º RC	3º RB	FC 5º RB
	5º	5º EC	5º EC			4º RC
	6º	6º EA	6º EB			5º RC

19 participantes

El cuadro de clasificación es el mismo que para 20-24 participantes solo que el último equipo clasificado en la semifnales C/D pasa a final D, con lo que la final C, con cinco equipos, se disputa para los lugares 13 al 17 y la final D para los lugares 18 y 19.

20 a 24 participantes

Cuatro mangas eliminatorias y cuatro mangas de repesca.

El primero de cada eliminatoria pasa a semifinales A/B; el resto pasa a repesca.

Los dos primeros de cada repesca pasan a semifinales A/B; el resto pasa a semifinales C/D.

Los tres primeros de cada semifinal A/B pasan a la final A; el resto a final B.

Los tres primeros de cada semifinal C/D pasan a la final C; el resto a final D.

Hay dos opciones para las repescas y dos opciones para las semifinales.

E		REPESCAS		SEMIFINALES		FINALES
		OPC.I	OPC.II	OPC.I	OPC.II	
A	1º			1º EA	1º EA	
	2º	3º EB	2º EC	1º EC	1º EB	1º DA
	3º	A 3º EB	A 3º EC	A 1º RB	A 1º RC	FA 2º DA
	4º	4º EC	4º EB	1º RD	1º RD	3º DA
	5º	5º ED	5º EA	2º RA	2º RA	1º DB
	6º	6º EA	6º ED	2ºRC	2º RB	2º DB
						3º DB
B	1º			1º EB	1º EC	
	2º	2º EB	2º EC	1º ED	1º ED	4º DA
	3º	B 3º EC	B 3º EB	B 1º RA	B 1º RA	5º DA
	4º	4º ED	4º EA	1º RC	1º RB	FB 6º DA
	5º	5º EA	5º ED	2º RB	2º RC	4º DB
	6º	6º EB	6º EC	2º RD	2º RD	5º DB
						6º DB
C	1º			3º RA	3º RA	
	2º	2º ED	2º EA	3º RC	3º RB	1º DC
	3º	C 3º EA	C 3º ED	C 4º RB	C 4º RC	2º DC
	4º	4º EB	4º EC	4º RD	4º RD	FC 3º DC
	5º	5º EC	5º EB	5º RA	5º RA	1º DD
	6º	6º EC	6º EB	5º RC	5º RB	2º DD
						3º DD
D	1º			3º RB	3º RC	
	2º	2º ED	2º EA	3º RD	3º RD	4º DC
	3º	D 3º EA	D 3º ED	D 4º RA	D 4º RA	5º DC
	4º	4º EB	4º EC	4º RC	4º RB	FD 6º DC
	5º	5º EC	5º EB	5º RB	5º RC	4º DD
	6º	6º ED	6º EA	5º RD	5º RD	5º DD
						6º DD

25 a 36 participantes

Seis mangas eliminatorias y seis mangas de repesca.

El primero de cada eliminatoria pasa a las seifinales A/B; los demás pasan a las repescas.

El primero de cada repesca pasa a semifinales A/B; los segundos y terceros de cada repesca pasan a semifinales C/D; los otros pasan a semifinales E/F (si han concurrido de 31 a 36 participantes) o pasan a final E (si han concurrido de 26 a 30 participantes).

Los tres primeros de las semifinales A/B pasan a la final A; los otros pasan a final B.

Los tres primeros de las semifinales C/D pasan a la final C; los otros pasan a final D.

Los tres primeros de las semifinales E/F pasan a la final E (excepto cuando concurren 31 participantes, en cuyo caso, los últimos de cada semifinal E/F pasan a la final F.

Hay dos opciones para las repescas y dos opciones para las semifinales.

Grupo	E	REPESCAS OPC.I	REPESCAS OPC.II	SEMIFINALES OPC.I	SEMIFINALES OPC.II	FINALES
A	1º	2º EA	2º EF	1º EA	1º EB	1º DA
A	2º	3º EB	3º EE	1º EB	1º EC	2º DA
A	3º	4º EC	4º ED	1º EC	1º ED	3º DA
A	4º	5º ED	5º EC	1º RF	1º RE	1º DB
A	5º	6º EE	6º EB	1º RE	1º RF	2º DB
A	6º			1º RD	1º RA	3º DB
B	1º	2º EB	2º EE	1º ED	1º EE	4º DA
B	2º	3º EC	3º ED	1º EE	1º EF	5º DA
B	3º	4º ED	4º EC	1º EF	1º EA	6º DA
B	4º	5º EE	5º EB	1º RC	1º RD	4º DB
B	5º	6º EF	6º EA	1º RB	1º RC	5º DB
B	6º			1º RA	1º RB	6º DB
C	1º	2º EC	2º ED	2º RA	2º RB	1º DC
C	2º	3º ED	3º EC	2º RB	2º RC	2º DC
C	3º	4º EE	4º EB	2º RC	2º RD	3º DC
C	4º	5º EF	5º EA	3º RF	3º RE	1º DD
C	5º	6º EA	6º EF	3º RE	3º RF	2º DD
C	6º			3º RD	3º RA	3º DD
D	1º	2º ED	2º EC	2º RD	2º RE	4º DC
D	2º	3º EE	3º EB	2º RE	2º RF	5º DC
D	3º	4º EF	4º EA	2º RF	2º RA	6º DC
D	4º	5º EA	5º EF	3º RC	3º RD	4º DD
D	5º	6º EB	6º EB	3º RB	3º RC	5º DD
D	6º			3º RA	3º RB	6º DD
E	1º	2º EE	2º EB	4º RA	4º RB	1º DE
E	2º	3º EF	3º EA	4º RB	4º RC	1º DF
E	3º	4º EA	4º EF	4º RC	4º RD	2º DE
E	4º	5º EB	5º EE	5º RF	5º RE	2º DF
E	5º	6º EC	6º ED	5º RE	5º RF	3º DE
E	6º	5º RD	5º RA	3º DF		
F	1º	2º EF	2º EA	4º RD	4º RE	4º DE
F	2º	3º EA	3º EF	4º RE	4º RF	4º DF
F	3º	4º EB	4º EE	4º RF	4º RA	5º DE
F	4º	5º EC	5º ED	5º RA	5º RD	5º DF
F	5º	6º ED	6º EC	5º RB	5º RC	6º DE
F	6º			5º RC	5º RB	6º DF

37 a 54 participantes

Nueve mangas eliminatorias y nueve mangas de repesca.

El primero de cada eliminatoria y de cada repesca pasa a las semifinales A/B/C; los segundos y terceros de cada repesca pasan a las semifinales D/E/F; los otros pasan a la final G (si concurren de 38 a 42 participantes), o pasan a semifinales G/H (si concurren de 43 a 48 participantes), o pasan a semifinales G/H/I (si concurren de 49 a 54 participantes).

Los dos primeros de las semifinales A/B/C pasan a la final A; los terceros y cuartos pasan a la final B y los otros pasan a la final C.

Los dos primeros de las semifinales D/E/F pasan a la final D; los terceros y cuartos pasan a la final E y los otros pasan a la final F.

Si concurren 43 participantes, el útlimo de cada semifinal G/H pasa a la final H (dos equipos), los otros pasan a la final G (cinco equipos).

Si concurren entre 44 y 48 particpantes, los tres primeros de cada semifinal G/H pasan a la final G, los otros pasan a la final H.

Cuando los concurrentes sean 49 o 50 participantes, los dos primeros de cada semifinal G/H/I pasan a la final G, los últimos de cada semifinal G/H/I (tres equipos) pasan a la final I; los otros pasan a la final H (cuatro o cinco equipos).

Cuando los concurrentes sean entre 51 y 54 participantes, los dos primeros de cada semifinal G/H/I pasan a la final G; los tercros y cuartos pasan a la final H y los otros pasan a la final I.

Hay dos opciones para las repescas y para las semifinales.

E		REPESCAS		SEMIFINALES		FINALES
		OPC.I	OPC.II	OPC.I	OPC.II	
A 1º	A	2º EA	A 2º EI	A 1º EA	A 1º EB	A 1º DA
2º		3º EB	3º EH	1º EB	1º EC	2º DA
3º		4º EC	4º EG	1º EC	1º ED	1º DB
4º		5º ED	5º EF	1º RG	1º RG	2º DB
5º		6º EE	6º EE	1º RE	1º RF	1º DC
6º				1º RD	1º RE	2º DC
B 1º	B	2º EB	B 2º EH	B 1º ED	B 1º EE	B 3º DA
2º		3º EC	3º EG	1º EE	1º EF	4º DA
3º		4º ED	4º EF	1º EF	1º EG	3º DB
4º		5º EE	5º EE	1º RI	1º RA	4º DB
5º		6º EF	6º ED	1º RH	1º RI	3º DC
6º				1º RB	1º RH	4º DC
C 1º	C	2º EC	C 2º EG	C 1º EG	C 1º EH	C 5º DA
2º		3º ED	3º EF	1º EH	1º EI	6º DA
3º		4º EE	4º EE	1º EI	1º EA	5º DB
4º		5º EF	5º ED	1º RC	1º RD	6º DB
5º		6º EG	6º EC	1º RF	1º RC	5º DC
6º				1º RA	1º RB	6º DC
D 1º	D	2º ED	D 2º EF	D 2º RA	D 2º RB	D 1º DD
2º		3º EE	3º EE	2º RB	2º RC	2º DD
3º		4º EF	4º ED	2º RC	2º RD	1º DE
4º		5º EG	5º EC	3º RG	3º RG	2º DE
5º		6º EH	6º EB	3º RE	3º RF	1º DF
6º				3º RD	3º RE	2º DF
E 1º	E	2º EE	E 2º EE	E 2º RD	E 2º RE	E 3º DD
2º		3º EF	3º ED	2º RE	2º RF	4º DD
3º		4º EG	4º EC	2º RF	2º RG	3º DE
4º		5º EH	5º EB	3º RI	3º RA	4º DE
5º		6º EI	6º EA	3º RH	3º RI	3º DF
6º				3º RB	3º RH	4º DF
F 1º	F	2º EF	F 2º ED	F 2º RG	F 2º RH	F 5º DD
2º		3º EG	3º EC	2º RH	2º RI	6º DD
3º		4º EH	4º EB	2º RI	2º RA	5º DE
4º		5º EI	5º EA	3º RC	3º RD	6º DE
5º		6º EA	6º EI	3º RF	3º RC	5º DF
6º				3º RA	3º RB	6º DF
G 1º	G	2º EG	G 2º EC			
2º		3º EH	3º EB			
3º		4º EI	4º EA			
4º		5º EA	5º EI			
5º		6º EB	6º EH			
6º						
H 1º	H	2º EH	H 2º EB			
2º		3º EI	3º EA			
3º		4º EA	4º EI			
4º		5º EB	5º EH			
5º		6º EC	6º EG			
6º						
I 1º	I	2º EI	I 2º EA			
2º		3º EA	3º EI			
3º		4º EB	4º EH			
4º		5º EC	5º EG			
5º		6º ED	6º EF			
6º						

Las semifinales y finales para 43 á 54 participantes consultar las tablas siguientes

43 á 48 participantes:

SEMIFINALES		FINALES
OPC. I	OPC. II	
4º RG	4º RC	1º DG
4º RI	4º RE	2º DG
G 4º RH	D 4º RB	D 3º DG
4º RD	4º RI	1º DH
4º RE	4º RG	2º DH
5º RF	5º RD	3º DH
4º RB	4º RF	4º DG
4º RA	4º RD	5º DG
H 4º RC	E 4º RA	E 6º DG
4º RF	4º RH	4º DH
5º RG	5º RE	5º DH
5º RH	5º RC	6º DH

49 á 54 participantes:

SEMIFINALES		FINALES
OPC. I	OPC. II	
4º RG	4º RF	1º DG
4º RH	4º RE	1º DH
G 4º RI	D 4º RD	D 1º DI
5º RF	5º RA	2º DG
5º RA	5º RB	2º DH
5º RC	5º RH	2º DI
4º RA	4º RC	3º DG
4º RB	4º RB	3º DH
H 4º RC	E 4º RA	E 3º DI
5º RE	5º RD	4º DG
5º RI	5º RI	4º DH
5º RD	5º RG	4º DI
4º RD	4º RI	5º DG
4º RE	4º RH	5º DH
I 4º RF	F 4º RG	F 5º DI
5º RE	5º RC	6º DG
5º RI	5º RE	6º DH
5º RG	5º RF	6º DI

Atribución de las calles.

La adjudicación de calles en las series eliminatorias y repescas se realizará por sorteo.

En las semifinales se colocarán las tripulaciones que hayan obtenido mejores resultados en las fases previas en las calles del centro. Las tripulaciones con peores resultados en las fases previas ocuparán las calles exteriores. Por ejemplo, en un prueba con 16 a 18 participantes, las calles de las semifinales se atribuirán de la siguiente forma:

Calle	Equipo
1	2º RC
2	1º RB
3	1º EA
4	1ª EC
5	2º RA
6	3º RB

Calle	Equipo
1	3º RC
2	2º RB
3	1º RA
4	1ª EB
5	1º RC
6	3º RA

Si los equipos ocupan una plaza igual en las eliminatorias o las repescas, la calle se atribuirá por sorteo.

Para las finales, de pruebas que no hayan tenido semifinales:

- los vencedores de las eliminatorias, por las calles 3 y 4.
- los vencedores de las repescas, por las calles 2 y 5.
- los segundos de las repescas, por las calles 1 y 6.

(Se sorteará en cada caso la calle correspondiente).

Para las finales, de pruebas que hayan tenido semifinales,

- Los vencedores de las semifinales, por las calles 3 y 4.
- Los segundos, por las calles 2 y 5.
- Los terceros, por las calles 1 y 6.

(Se sorteará en cada caso la calle correspondiente).

Mangas con empates

Si dos o más equipos terminan su manga empatados, se aplicará el siguiente procedimiento:

a) Si en una manga eliminatoria, una repesca o una semifinal, alguno de los equipos termina ex-aequo y no puede ser clasificado para la manga siguiente, todos los equipos clasificados ex-aequo deberán repetir la manga. Esta manga repetida se celebrará durante el mismo día, pero no antes de dos horas desde el final de la manga en que se haya producido la clasificación de empate.

Si los equipos que han terminado empatados se clasifican todos para la siguiente manga, no necesitarán repetir ésta para determinará la composición de las mangas siguientes ya que la composición se decidirá por sorteo.

b) Si dos equipos terminan ex-aequo en una final, se otrogará el mismo rango y la (o las) plaza(s) siguiente(s) que será(n) dejada(s) vacante(s). Si la llegada empatada implica una plaza con derecho a medalla, el Comité Organizador deberá proporcionar la(s) medalla(s) suplementaria(s).

RESUMEN DEL SISTEMA DE CLASIFICACIÓN		
Nº part.	**Series**	**Clasificación**
4 - 6		FINAL DIRECTA.
7 - 8	2 ELIM 1 REP	1 a FINAL A, resto a REPESCA 4 a FINAL A, resto a FINAL B
9 - 12	2 ELIM 2 REP	1 a FINAL A, resto a REP 2 a FINAL A, resto a FINAL B
13 - 15	3 ELIM 1 REP 2 SEMIFIN	3 a SEMIFINAL, resto a REPESCA 3 a SEMIFINAL, resto a FINAL C 3 a FINAL A, resto a FINAL B
16 - 18	3 ELIM 3 REP 2 SEMIFIN	1 a SEMIFINAL, resto a REPESCA 3 a SEMIFINAL, resto a FINAL C 3 a FINAL A, resto a FINAL B
19 - 24	4 ELIM 4 REP 2 SEMIF A/B 2 SEMIF C/D	1 a SEMIF A/B, resto a REPESCA 2 a SEMIF A/B, resto a SEMIF C/D 3 a FINAL A, resto a FINAL B 3 a FINAL C, resto a FINAL D
25 - 36	6 ELIM 6 REP 2 SEMIF A/B 2 SEMIF C/D 2 SEMIF E/F	1 a SEMIF A/B, resto a REPESCA 1 a SEMIF A/B, 2º y 3º SEMIF C/D resto a SEMIF E/F 3 a FINAL A, resto a FINAL B 3 a FINAL C, resto a FINAL D 3 a FINAL E, resto a FINAL F
37 - 54	9 ELIM 9 REP 3 SEMIF A/B/C 3 SEMIF D/E/F 2 ó 3 SEMIF G/H/I:	1 a SEMIF A/B/C, resto a REPESCA 1 a SEMIF A/B/C 2º y 3º a SEMIF D/E/F resto a SEMIF G/H/I 1º y 2º a FINAL A 2º y 3º a FINAL B 4º y 5º a FINAL C 1º y 2º a FINAL D 2º y 3º a FINAL E 4º y 5º a FINAL F en función del número de participantes.

NOTA: Atención a los casos particulares mencionados, tales como 19, 31, etc.

PARTE VI. LOS CLUBES Y LAS SELECCIONES.

Capítulo 21. LOS CLUBES DE REMO.

21.1. LOS CLUBES.

Normalmente la práctica del Remo se lleva a cabo en los Clubes, Sociedades o Asociaciones, en las que se agrupan un conjunto de personas con un interés común.

Desde un punto de vista legal, se entiende por Club o Asociación deportiva aquella entidad dotada de personalidad jurídica propia y con unos Estatutos que conforman el funcionamiento interno de la misma así como su modo de relacionarse con terceros.

Un Club es un conglomerado de personas, que dispone de unos medios y bienes para poder llevar a cabo un conjunto de ideas. En este «todo» podemos encontrar diferentes aspectos:

Legales/administrativos: Normativa legal a la que se encuentra acogido, normas de inscripción y de registro, condiciones de pertenencia a las federaciones, estatutos, órganos directivos, etc.

Económicos: Presupuestos, ingresos, gastos, adquisiciones de material, solicitud y recepción de subvenciones y ayudas, colaboración con otras entidades y federaciones, etc.

Deportivos: Promoción de remo, cursillos, entrenamientos, controles, competiciones, acceso a selecciones nacionales, etc.

21.2. ASPECTOS LEGALES Y ADMINISTRATIVOS.

Prácticamente todos los países tienen una legislación específica sobre clubes o asociaciones deportivas en la que se determinan los requisitos para su creación y el régimen jurídico a que quedan sometidos. En líneas generales la creación de un club parte de un Acta fundacional, unos Estatutos y la inscripción en un Registro. Asimismo para practicar el Remo será normal que se exija la afiliación del Club a la Federación territorial o nacional correspondiente. Ésta le dictará las normas y el procedimiento para la expedición de Licencias federativas de sus remeros y entrenadores, y de este modo participar en competiciones y en los órganos de decisión de la Federación.

Los Estatutos del Club determinarán los órganos de gestión y dirección. Éstos son los encargados de elaborar y llevar a cabo el proyecto deportivo del Club, la puesta en marcha de los medios y la gestión del Presupuesto correspondiente.

Otro sistema bastante habitual en la formación de un equipo de Remo es la creación dentro de un Club ya existente, de una Sección de Remo. Esta decisión corresponde en cualquier caso a los órganos de decisión del club y tras ello deberá seguir los pasos antes citados de afiliación a la Federación correspondiente.

Una vez establecidas las bases de funcionamiento de un Club deben establecerse la corrientes de comunicación con las entidades que lo rodean y que pueden resumirse en:

- Federación Regional.
- Colegio, Comité o Asociación de Entrenadores.
- Colegio de Jueces-Árbitros.
- Otros Clubs.
- Ayuntamiento, otras Administraciones regionales.
- Federación Nacional.
- F.I.S.A.

21.3. ASPECTOS ECONÓMICOS.

La vertiente económica de un Club o Sección de Remo se refleja en la elaboración y posterior gestión de un Presupuesto.

Si se trata de un Club de Remo exclusivamente el Presupuesto será el global de la Entidad y por tanto incluirá toda una serie de gastos corrientes tales como personal, vigilancia, consumos de energía, mantenimiento, administración, comunicaciones, impuestos, etc. Estas partidas deberán ser elaboradas por los directivos y, obviamente, no entran en el tratamiento de este libro. Nos centraremos aquí en la elaboración del Presupuesto de gastos que atañe exclusivamente a la actividad del equipo de Remo:

1) Entrenadores y monitores.
2) Servicio médico.
3) Adquisición embarcaciones y remos.
4) Mantenimiento de embarcaciones.
5) Mantenimiento de instalaciones.
6) Gastos de funcionamiento: agua, luz, gasolina.
7) Participación en competiciones.
8) Uniformidad: camisetas, chandals, 'platanitos'.
9) Adquisición y mantenimiento de otro material deportivo.
10) Material didáctico.
11) Cursillos
12) Competiciones internas.
13) Trofeos y premios.

Las partidas de ingresos han debido venir conformadas desde los momentos de creación de la entidad: cuotas sociales, cobro por servicios, subvención de alguna entidad pública, patrocinio por empresas, etc. En cualquier caso es más que probable que algunas de las partidas de gastos puedan llevar aparejado algún tipo de subvención: los cursillos pueden verse incluidos en programas públicos de promoción del deporte, el material o los desplazamientos pueden tener alguna subvención federativa, etc.

21.4. ASPECTOS DEPORTIVOS.

De modo muy especial al crear la entidad o Sección de Remo, pero también cada temporada o cada ciclo de gobierno hay que plantearse cuáles son los elementos que conforman la filosofía deportiva del Club, cuáles son sus condiciones naturales y los medios con los que cuenta y cuáles son los objetivos a corto, medio y largo plazo en el aspecto deportivo.

La filosofía deportiva del Club responde a la pregunta de qué es lo pretende conseguir, cuál es el lugar que tratará de conseguir. ¿Pretende ser un club pequeño con un número reducido de remeros buscando una buena calidad en alguna categoría?, o por el contrario, ¿buscará convertirse en un Club grande, con remeros en todas las categorías, remeros internacionales, importantes cursillos de promoción, etc.? ¿Pretende alcanzar la alta competición o bien dedicarse exclusivamente a un trabajo de deporte lúdico? En fin se trata de concretar, mejor por escrito, las ideas de los fundadores de la entidad o de los que en ese momento la gobiernan.

En un deporte como el nuestro, las condiciones naturales son determinantes y forman parte intrínseca de la realidad del club. Es totalmente claro que solo puede crearse un club de remo allí donde pueda practicarse y la calidad del emplazamiento será un factor muy importante en el desarrollo ulterior del Club. Sin embargo no es menos cierto que la firme voluntad de los miembros de un Club pueden conformar como objetivos la modificación de las propias condiciones naturales.

Sobre estas condiciones naturales habrá que crear, a base de gestiones y trabajo, la infraestructura necesaria para acceder a la lámina de agua: hangares, pontones, accesos, etc.

A las condiciones naturales y de infraestructura habrá que añadir las variables ambientales y de material del Remo:

- Entorno: población, edades, etc.

- Material: contactos con constructores de barcos, talleres para reparaciones, ropa deportiva, gimnasio, desplazamientos, etc.

- Atención médica: aparte del seguro médico que cubre, los posibles accidentes y lesiones en la actividad deportiva es muy importante establecer algún contacto con médicos que puedan actuar cuando sea necesario.

Tomando como punto de partida la realidad concreta en un momento determinado y la filosofía general de los miembros del Club, debemos detallar las acciones a realizar en algo muy concreto que llamamos OBJETIVOS. Éstos son aquellas pretensiones, concretadas por escrito, en todos sus aspectos: temporal «cuándo», material «qué» y cuantitativo «cuánto».

Ejemplo:

Un grupo de entusiastas, entre los que se encuentran antiguos remeros y entrenadores aprecian la existencia de una lámina de agua que reúne condiciones para la práctica del Remo. Asimismo encuentran un viejo edificio de propiedad municipal en las proximidades que podría ser válido para el almacén de botes. Individualmente y con el apoyo de federativos se han hecho algunas gestiones que apuntan a una buena disposición por parte del Ayuntamiento para la cesión de tal edificio.

Estas personas deciden la creación del Club de Remo X con la convicción y la idea de llegar a ocupar un lugar importante en el Remo nacional si bien son conscientes de que ello puede llevar muchos años. Disponen de un buen lago, un edificio que hay que hacerle algunas reformas y en el aspecto económico alguna ayuda municipal y las cuotas que se cobren por servicios. En cuanto a material (botes y remos) hay buenas gestiones para empezar con material usado.

Por otro lado encuentran que entre ellos hay algunos que pueden tener la disponibilidad de tiempo necesaria para poder asumir la tarea de entrenador.

Con tales condiciones pueden concretar los objetivos de la siguiente forma:

- A corto plazo (esta temporada):
  - gestionar la adquisición de material usado para rentabilizar al máximo el dinero de que se dispone.
  - poner a punto de uso el material.
  - preparar el proyecto económico para presentarlo al Ayuntamiento.
  - poner en marcha un primer cursillo destinado a la formación de remeros infantiles si bien, en principio no se descartaría totalmente la admisión de personas de más edad ya que su ayuda puede ser necesaria.
  - participar en competiciones locales o regionales.
- A medio plazo (las próximas dos o tres temporadas):
  - reforzar la posición con respecto al Ayuntamiento.
  - participar en competiciones nacionales.
  - mantener la incorporación de nuevos remeros.
  - adquirir nuevo material.
  - adquirir motora.
- A largo plazo (más de cuatro años):
  - mejorar la formación de los entrenadores.
  - afianzar las posiciones conseguidas.
  - mejorar el material.
  - mejorar las instalaciones.

21.5. EL ENTRENADOR.

Aunque en un sentido estricto, es la persona que dirige el entrenamiento de los remeros a su cargo, sin embargo, es un auténtico coordinador de toda la actividad que gira en torno al remero, dirigiendo su enseñanza y su formación deportiva, coordinando su participación en competiciones y apoyando en todo momento a sus remeros.

El entrenador de remo debe ser capaz no solo de conocer a fondo la preparación técnica y física de los remeros sino también dominar el mantenimiento y reglaje de los barcos y remos y tener una gran capacidad de liderazgo.

Cuando el equipo alcanza un grado elevado de rendimiento, el entrenador debe saber convertirse en el coordinador de un equipo multidisciplinar: médico, fisioterapeuta, psicólogo, carpintero y por tanto debe incluir en su formación los fundamentos de todas estas disciplinas para poder llevar a cabo su labor de modo satisfactorio.

La preparación de los entrenadores suele ser llevada a cabo por las Federaciones o por el propio sistema educativo del país a través de Cursos o Cursillos de formación tras los cuales, y una vez superadas determinadas pruebas, se emite una titulación a favor del alumno.

Además de ello el entrenador necesita de una constante actualización y documentación por medio de libros, revistas y otras publicaciones. Libros específicos de Remo hay poco publicado en español aunque sí hay una extensa bibliografía en inglés y otros idiomas como el alemán o el francés. De todos modos el entrenador debe encontrar la información a través de la importantísima bibliografía deportiva general. Existen numerosísimas y excelentes obras sobre entrenamiento, programación, biomecánica, medicina, fisiología, etc. Con las revistas sucede algo parecido, hay varias en inglés, etc. pero ya hay buenas publicaciones periódicas en español. También hay otros medios de documentación entre los que cabe destacar los vídeos de los que puede encontrarse un catálogo muy extenso tanto específico de remo como generales.

Al entrenador corresponde la labor de PLANIFICACIÓN de toda la actividad del grupo deportivo. Ésta la podemos entender tanto en un sentido amplio -organización de todo lo que afecta al grupo deportivo-, como en un sentido más estricto refiriéndose solamente a la planificación del entrenamiento que ya hemos analizado en capítulos anteriores.

Conviene tomar conciencia de que de todos los factores que afectan al rendimiento del grupo deportivo unos presentan más posibilidades de control que otros. Podemos resumirlos en la siguiente tabla:

	FACTORES INTERNOS	**FACTORES EXTERNOS**
Planificables	Entrenamiento Estado físico Formación de equipos Calendario competiciones	Material Asistencia Condiciones Calendario escolar y laboral
Medianamente planificables	Características individuales Técnica Motivación Lesiones «típicas».	Estudios y Trabajo Alimentación Climatología
Poco o nada planificables	Lesiones fortuitas	Algunas ausencias Climatología.

21.6. LOS MEDIOS MATERIALES.

Para la práctica del Remo, como para cualquier otro deporte, es necesario disponer de un conjunto de elementos materiales, unos son absolutamente imprescindibles y otros van contribuyendo a un mejor aprovechamiento de los anteriores y a un trabajo más eficaz del entrenador y de los remeros.

Imprescindibles	Lámina de agua Botes y remos Hangar o almacén de botes. Herramientas Caballetes
Muy importantes	Vestuarios Gimnasio Motora Carpintería Repuestos Cronómetro
Importantes	Pontón Remoergómetro Gabinete médico Tanque de remo Remolque de transporte de botes.
Convenientes	Megáfono Videocámara y TV. Walkie-talkies. Material didáctico.
Interesantes	Cuentapaladas electrónicos. Laboratorio

Capítulo 22. LOS EQUIPOS DE SELECCIÓN.

22.1. INTRODUCCIÓN.

En la labor cotidiana de cada entrenador es bastante normal que se presenten situaciones en los que tenga que seleccionar de entre sus remeros para formar un determinado equipo o tripulación; a lo largo de bastantes días se pasará pensando y trabajando para determinar quién puede ser el remero más adecuado para ocupar un puesto o bien qué conjunto de remeros lograrán una tripulación más rápida.

Pero en este capítulo nos referimos a los equipos que se forman a partir de otros equipos, a las tripulaciones cuyos remeros se extraen de Clubes o Federaciones y a los que se supone una capacidad de rendimiento bastante igualada.

El entrenador, en este caso, el seleccionador, tendrá que valorar una serie de variables de cada uno de los remeros de la lista para decidir cuál será la tripulación o tripulaciones.

Si planifica bien, tiene determinados los objetivos que se buscan, recaba suficiente información de los remeros, y establece los criterios con claridad, será mucho más probable que obtenga éxito que si se abandona a la improvisación.

Tampoco podemos olvidar que el trabajo de un seleccionador siempre está siendo observado por otros entrenadores, por todos los deportistas a los que afecta, por los miembros de la Federación que patrocina e incluso por la Prensa. El Seleccionador se mueve pues en un espacio radicalmente distinto del interno del Club, aunque el trabajo objetivamente considerado no sea tan diferente.

22.2. ORGANIZACIÓN Y PLANIFICACIÓN DE LOS EQUIPOS DE SELECCIÓN.

22.2.1. OBJETIVOS Y MEDIOS.

El objetivo de una selección se concreta en la participación en una regata o evento deportivo que puede ir desde una regata amistosa hasta la participación en los Juegos Olímpicos. La importancia de dicha competición decidirá el ámbito en el que hay que buscar a los remeros, los medios que se ponen a disposición y el rigor con el que ha de ser llevado a cabo el proceso. El objetivo debe comprender también el resultado esperable en dicha competición.

Normalmente el objetivo le viene dado al seleccionador por el patrocinador de la selección, generalmente las federaciones y/u otros órganos superiores de ámbito estatal o gubernamental.

En función de los objetivos, los técnicos deben precisar los medios necesarios para poder llevar a cabo su labor y llegar a un acuerdo con el patrocinador sobre el equilibrio entre tales medios y los objetivos establecidos.

Los medios pueden ser:

Materiales: barcos, remos, ergómetros, laboratorios, etc.

Económicos: deciden las posibilidades de concentraciones, número de remeros a evaluar, desplazamientos, participación en regatas previas, etc.

Personales: además del número de remeros y su dedicación, hay que tener en cuenta la existencia de otros entrenadores, ayudantes, médicos, fisioterapeutas, etc.

El tiempo del que se dispone también podría estar incluido dentro de los medios.

Llegado a este acuerdo es el momento de ponerse a trabajar.

22.2.2. INFORMACIÓN.

La información constituye la base de todo proceso de toma decisión. El seleccionador debe recabar la máxima información posible sobre los elementos y variables que afecten al resultado definitivo:

* Remeros de los que se dispone: datos de su nivel de rendimiento, historial, actitudes ante la competición, disponibilidad, etc.

* Rivales a los que se va a enfrentar: una buena línea de comunicación que nos permita conocer a los posibles rivales siempre será un dato de gran importancia para lograr unos buenos resultados.

* Lugares de concentración, entrenamiento y competición. Previsión de todos los aspectos que puedan afectar al funcionamiento del grupo: climatología, alimentación, alojamientos, distancias a recorrer, etc.

22.2.3. CRITERIOS DE VALORACIÓN.

En función de los medios y de la información previa tenemos que ponernos a extraer de los propios remeros la información más importante: la valoración individual y colectiva del grupo, la detección de posibles tripulaciones idóneas.

Los criterios de valoración que puede emplear el técnico pueden ser clasificados en dos grupos generales: subjetivos y objetivos.

Subjetivos serían aquellos que basan la selección en la propia capacidad del técnico en apreciar 'a ojo' la capacidad física y técnica de los remeros. De este modo el entrenador 've' a los remeros, examina su comportamiento en diversas tripulaciones y en diversas circunstancias -ritmos, series, etc.- y va haciéndose una decisión sobre los equipos más idóneos. La experiencia, solvencia y capacidad del seleccionador sustentan este sistema que ha sido muy utilizado y que ha dado resultados tanto brillantes como estrepitosos. Una ventaja indudable de este sistema es que puede ser muy económico y tan rápido como el seleccionador quiera.

Criterios objetivos serían todos los demás. Todos aquellos que fundamentan la decisión de formación de una tripulación en datos objetivamente extraídos de los remeros y las tripulaciones: tests de valoración funcional desde muy simples a los más avanzados en la investigación médico deportiva, controles en remoergómetro, series sobre botes, y un largo etcétera.

Lo más frecuente es una solución intermedia con una marcada tendencia hacia una mayor objetivación. A medida que han ido aumentando los sistemas de valoración funcional y los medios materiales se va tendiendo a una mayor utilización de criterios objetivos.

Resumidamente el proceso queda plasmado en el diagrama adjunto:

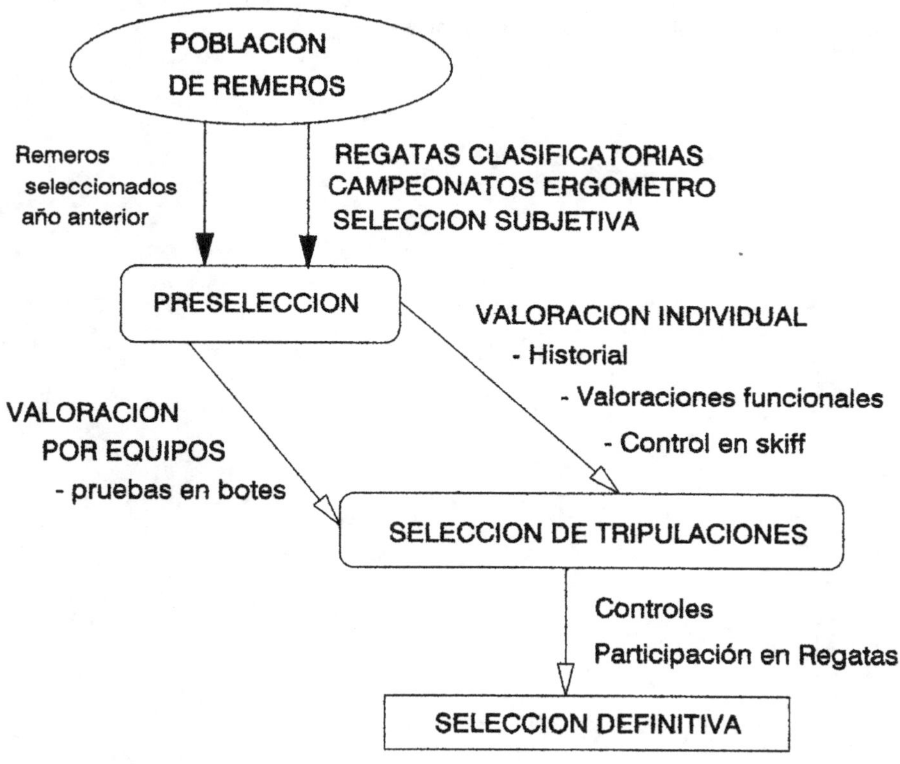

Esquema del proceso de selección

De la población total de remeros el seleccionador deberá extraer un primer grupo, para lo cual es indudable que partirá del grupo de remeros seleccionados en la temporada o temporadas anteriores que continúen con la actividad. Previsiblemente debe suponerse que estos remeros aspiran, como mínimo, al mismo nivel de rendimiento que ya han demostrado. Para aumentar el grupo se suele recurrir a los resultados de regatas clasificatorias o de campeonatos de remoergómetro, pero también se pueden considerar vías más subjetivas como pueden ser recomendaciones de otros entrenadores, o simple decisión personal del seleccionador.

Con el grupo preseleccionado y normalmente ya en una concentración se procede a la valoración tanto individual como colectiva. En la valoración individual utilizaremos todos aquellos medios que el seleccionador tenga a su alcance: test de remoergómetro, valoraciones funcionales en laboratorio, valoración del historial, controles en skiff, etc. En la valoración colectiva o por equipos tenemos fundamentalmente las pruebas en botes efectuando diversas combinaciones. Las variantes son innumerables y están en función del material disponible, del número de remeros, de las modalidades buscadas, etc.

Con este cúmulo de información el seleccionador toma la decisión de formar una o varias tripulaciones con las que continuará el proceso de entrenamiento, la realización de nuevos controles y la participación en regatas previas. Si éstas confirman el acierto en la decisión las tripulaciones constituirán la selección definitiva.

BIBLIOGRAFÍA:

ARMSTRONG, MALCOLM. 1987.
Learning methodology. Colección de manuales del Programa Fisa de desarrollo. FISA.
BOMPA, TUDOR. 1979.
Technique and muscle efficiency. Report of FISA Coaches Conference.
BOURNE, GILBERT. 1925.
A textbook of oarsmanship. H.Milford. London. Reeditado en 198 por Sports Books Publisher.Toronto. Canadá.
BRIONES PEREZ DE LA BLANCA, ENRIQUE. 1990.
Remo. Entrenamiento de base y élite. Editorial Wanceulen. Sevilla.
BURNELL, RICHARD. 1989.
The complete sculler. Sports Books publisher. Toronto. Canadá.
DODD, CHRISTOPHER. 1992.
The Story of World Rowing. Stanley Paul.
FAIRBAIRN, IAN. 1990.
Steve Fairbairn on Rowing. London. The Kingswood Press.
FEDERACION ESPAÑOLA DE REMO. VARIOS AUTORES. 1964.
Manual del entrenador de remo.
FISA.
Répertoire FISA/FISA Directory 1995.
HAHN, ERWIN. 1988.
Entrenamiento con niños. Barcelona. Ediciones Martínez Roca.
HARRE, DIETRICH. 1982.
Principles of Sports Training. Sportverlag Berlin.
HERBERGER, ERNST, et al. 1977.
Rudern. 4ª ed. Sportverlag Berlin. Traducción de KLAVORA, PETER. 1990. Rowing. Sport Books Publisher. Toronto. Canadá.
KLAVORA, PETER. 1976.
Die wichtigseten biomechichen untershiede bei den heutigen Stilarten im Internationalen Ruderwettkampf. V Coloquio FISA.
KLAVORA, PETER. 1982.
Rowing 1. Canadian Amateur Rowing Association. Ottawa. Canadá.
KLAVORA, PETER. 1982.
Rowing 2. Canadian Amateur Rowing Association. Ottawa. Canadá.
KLAVORA, PETER. 1982.
Rowing 3. Canadian Amateur Rowing Association. Ottawa. Canadá.
KÖRNER, THEODOR. 1979.
Algunas ideas fundamentales acerca de la técnica del remo y sus tendencias internacionales de desarrollo. VII Coloquio FISA.
MARCHESI, BRUNO y COL. (FEDERAZIONE ITALIANA DI CANOTTAGGIO). 1984.
Il canottaggio per tutti. Roma. Gremese Editore.
MARTIN GOMEZ, ANTONIO. 1993.
Federación Española de Remo. Años 1918-1992. Primera parte. Federación Española de Remo. Madrid.
MARTIN GOMEZ, ANTONIO. 1993.
Memorias de la Federación Española de Remo. Federación Española de Remo. Madrid.

MATVEYEV, L.P.
Periodización del entrenamiento deportivo. Traducción al español (1977) por Daniel Romero. Instituto Nacional de Educación Física. Madrid.
MEURET, JEAN-LOUIS. 1992.
Le Livre du Centenaire de la FISA. Suiza. FISA.
MOLINA CASTILLO, CARLOS. 1986.
Remo, Conceptos básicos. Sevilla.
NAVARRO VALDIVIELSO, FERNANDO. 1993 (?).
Metodología del entrenamiento para el desarrollo de la resistencia. Centro Olímpico de Estudios Superiores. Master en Alto Rendimiento Deportivo. Madrid.
NILSEN, THOR. 1978.
Remo Olímpico. Bañolas.
NILSEN, THOR. 1987.
Basic rowing physiology. Colección de manuales del Programa Fisa de desarrollo. FISA.
NILSEN, THOR. 1987.
Basic rowing technique. Colección de manuales del Programa Fisa de desarrollo. FISA.
NILSEN, THOR; DAIGNEAULT, TED; SMITH, MATT. 1987.
Basic training methodology. Colección de manuales del Programa Fisa de desarrollo. FISA.
NILSEN, THOR; DAIGNEAULT, TED; SMITH, MATT. 1987.
General fitnes training. Colección de manuales del Programa Fisa de desarrollo. FISA.
NILSEN, THOR; DAIGNEAULT, TED; SMITH, MATT. 1987.
Intermediate rigging. Colección de manuales del Programa Fisa de desarrollo. FISA.
NILSEN, THOR; DAIGNEAULT, TED; SMITH, MATT. 1987.
Intermediate rowing technique. Colección de manuales del Programa Fisa de desarrollo. FISA.
NILSEN, THOR; DAIGNEAULT, TED; SMITH, MATT. 1987.
Intermediate training methodology. Colección de manuales del Programa Fisa de desarrollo. FISA.
NILSEN, THOR; DAIGNEAULT, TED; SMITH, MATT. 1987.
Specific fitnes training. Colección de manuales del Programa Fisa de desarrollo. FISA.
NILSEN, THOR; DAIGNEAULT, TED; SMITH, MATT. 1987.
Rowing medicine. Colección de manuales del Programa Fisa de desarrollo. FISA.
NILSEN, THOR; NOLTE, VOLKE. 1987.
Basic rigging. Colección de manuales del Programa Fisa de desarrollo. FISA.
NOLTE, VOLKE. 1984.
Técnica de remo. Coloquio FISA de entrenadores.
PASTORIZA, ELOY M. 1970.
Remo. Delegación Nacional de la Juventud/Organización Juvenil Española. Editorial Doncel. Madrid.
STAROSTA, WLODZIMIERZ. 1991.
Algunos problemas de la técnica deportiva. Scuola dello Sport. Sep. 1991.